Die Emme

Die Emme

Ihre Landschaften und Siedlungen

Text René Neuenschwander
Bild Walther Stauffer

Verlag Vogt-Schild AG, Solothurn

Drittes und viertes Tausend

©1976 by Vogt-Schild AG, 4500 Solothurn 2
ISBN 3.85962.026.6

Vorwort

Als Emmentaler freut es mich sehr, dass nach den Bildbänden über die Aare und die Reuss in dieser Reihe nun auch einer über die Emme erscheint. Der Fluss, seine Landschaft und deren Bewohner kommen darin zur Darstellung von der Bergwelt des Oberlaufs bis in die Industrielandschaft des Wasseramtes. Wenn auch das oberste Quellgebiet teilweise im Kanton Luzern liegt und der unterste Teil im Kanton Solothurn, so ist doch die Emme ein bernischer Fluss, dem ein gewichtiger Landesteil unseres Kantons den Namen verdankt. Zum Emmental zählt freilich nicht allein das Gebiet, das von der Emme entwässert wird. Aus meiner Wohngemeinde fliesst zum Beispiel das Wasser durch den Kiesenbach der Aare zu, aber wir Zäziwiler sind vollgültige Emmentaler. Und niemand wird Langnau seinen Rang als Hauptort des Emmentals abstreiten, weil es an der Ilfis liegt, die sich erst drei Kilometer weiter unten in die Emme ergiesst.

Für den Direktor der Forsten und der Landwirtschaft ist das Emmental von besonderer Bedeutung. Hier zeigt sich in eindrücklicher Weise, wie der Bauer in unermüdlicher, harter Arbeit einer zunächst unwirtlichen Waldwildnis das Weide-, Wies- und Ackerland abgerungen hat, bis dann die Einsicht in den Wert des Waldes dem Roden der Bergwälder und der Holzausfuhr ihre Grenzen setzte. Und als im 16. Jahrhundert der Landhunger einer kräftig wachsenden, fleissigen Bevölkerung in die bisher unbesiedelten Talsohlen vordrang und man die Schachenwaldungen zu roden begann, ergaben sich daraus schwere Auseinandersetzungen wegen der Gefährdung des natürlichen

Uferschutzes. Heute sind wir dankbar, dass an der Emme die wechselseitigen Ansprüche von Landwirtschaft und Flussverbauung ihr Gleichgewicht gefunden haben und die noch erhaltenen Uferwälder gleichzeitig das Landschaftsbild bereichern, der Tier- und Pflanzenwelt natürlichen Lebensraum bieten und den erholungsuchenden Menschen erfreuen.

Möge dieser schöne Band vielen Lesern das Emmental näher bringen und ihnen die Augen öffnen für eine durch menschliche Arbeit zwar veränderte, aber nicht verödete, sondern in mancher Hinsicht bereicherte Landschaft. Sie ist mit ihren weit zerstreut im einstigen Waldland begründeten Einzelhöfen – «Heimet», wie sie in unserer Sprache heissen – und mit ihren Dörfern zur Heimat geworden, der unsere Liebe gilt.

Regierungsrat Ernst Blaser
Direktor der Forsten
und der Landwirtschaft
des Kantons Bern

Das Wildwasser aus den Hochweiden

Emmum rivus

Die Emme – das «Landwasser», der «Fluss». In einem gallisch-römischen Glossar aus dem 5. Jahrhundert wird «ambe» mit «rivo», «inter ambes» mit «inter rivos» («zwischen den Flüssen») wiedergegeben. J. U. Hubschmied schliesst auf den gallischen Nominativ «ambis». Diesem Ausdruck liegen die Vorstellungen «starke Strömung», «reissender Bergbach», «Giessbach» zugrunde. «Ambis» bedeutet aber auch Fluss. Die Verwandtschaft mit dem lateinischen «amnis» liegt auf der Hand. Auch «amnis» ist der «Waldstrom», der «Giessbach», das Gewässer überhaupt.

Ein kleiner Schritt führt von «ambis» zu «ambia», das zu «ammia» und dem mundartlichen «Ämma» verschmelzt. Urkundlich 1249 «Emmum rivus», 1261 «Emma», 1267 «Emmen». Diesen Formen wird das Sanskritwort «ambhas» zugrunde gelegt.

Der Fluss ist der Talherr, der Talbildner. In der Vorstellung der alten Griechen der Grundherr des Tals, der, «der die Gewächse befruchtet», «die Herden ernährt». Das Wasser besitzt bewegende Kraft. Hat es einen eigenen Willen, ist es Sitz eines göttlichen oder eines dämonischen Wesens? So fragten sich die Vorvordern.

In der Antike waren die Volksgenossen die, «die aus dem gleichen Flusse trinken». Der Fluss schafft Heimat. Er begrenzt auch. An seinen Ufern wirtet der «rivalis», der Anwohner am Bach, am Gewässer. Siedelt er auf dem fremden

Ufer, so wirft er etwa einen scheelen Blick herüber. Er wird zum naturgegebenen Gegner, zum Rivalen.

Der Fluss gibt dem Land den Namen. Nach Aigyptos ist das Reich der Pharaonen benannt, wie das Emmental nach der Emme. Und wie der Nil zum Sinnbild eines unabhängigen Staates wurde, so entwickelt sich im Emmental eine Bauernschaft von freiem Sinn und Willen. Die an den Ufern der Emme leben, lassen sich «von denen draussen» nicht dreinreden.

In Serpentinen («i Chrümp») windet sich der Fluss. Er bäumt sich auf, gischtet, bricht aus. Wohnt nicht eine Schlange in seinem Bett? Eine Riesenschlange, so lang wie der Fluss selbst? Hat sie sich nicht geheimnisvoll mit seinen Wassern verbunden? Nicht nur an der Emme herrschte einst dieser Glaube, zahlreiche Flussnamen belegen diese Vorstellung auch an andern Orten.

Die Grenzen des Emmegebietes

Die Emme gehört mit der Aare, Gürbe und Sense zu den vier Flüssen im Kanton Bern, die in den Alpen entspringen und mit ihren Seitenbächen das schattenwärts von ihrem Quellgebiet liegende Berg- und Hügelland gliedern.

Die Emme, am Saume der Alpen entsprungen, ist ein Wildwasser, mühsam gezähmt in ihrem Lauf durch die emmentalischen Berge. Ihr Einzugsgebiet wird im Süden durch den Rieder- und Brienzergrat begrenzt. Von diesem läuft die Wasserscheide im Osten zur Schrattenfluh und Beichlen, senkt sich – das Talgebiet der kleinen Emme von dem der Grossen trennend – nach Escholzmatt, klettert in nördlicher Richtung zum Napf auf, hält sich linkerhand der Gräben von Wigger und Langeten, erreicht die Höhe von Affoltern und Heiligeland-Pöli, nähert sich Burgdorf und zieht von dort, sich eng an den Fluss haltend, einen ziemlich geraden Strich gegen den Affolterwald und das

Dorf Luterbach. Im Westen läuft die Scheidelinie vom Augstmatthorn zum Hohgant, folgt dem Kamm der Honegg, fällt gegen Süderen ab und sucht nordwärts einen Weg über die Höhen von Bucholter- und Churzenberg zur Talwasserscheide bei Bowil. Von dort zieht sie, die Mulde von Oberthal ausklammernd, an Grosshöchstetten und Biglen vorbei ins Enggisteinmoos, wo der Biglenbach seine Wasser teils zur Aare, teils zur Emme sendet, umgreift die Krauchthaler Berge und das Gebiet der Urtenen und des Limpachs und erreicht bei Solothurn das Emmenholz. Das von diesen Grenzen umschlossene Einzugsgebiet umfasst 1156,4 Quadratkilometer. Der Fluss durchmisst es auf einer Länge von 59 Kilometern und legt dabei 80 Kilometer zurück. Die ersten Wasser sammeln sich auf 1700 Metern, der Wasserspiegel beim Einlauf in die Aare befindet sich auf nicht viel mehr als 400 Metern. Der Fluss verliert gegen 1300 Meter an Höhe. Wenn wir auf der Landkarte das Gebiet, das die Emme mit ihren Bächen bespült, herausschneiden, so erhalten wir, ohne die Ausbuchtungen des Limpach- und Urtenentales, annähernd die

Form eines hochgestellten, sich nach Norden verschmälernden Rhomboids, in das der Fluss eine von Osten nach Westen laufende Diagonale eingezeichnet hat.

Beziehen wir das umschriebene Gebiet auf das Gradnetz, so liegen die berührenden Punkte im Quellraum der Emme auf rund 46 Grad 44 Minuten, am Ort ihrer Mündung auf ungefähr 47 Grad 18 Minuten nördlicher Breite. Die östliche Länge von Greenwich wechselt von nicht ganz 7 Grad 21 Minuten im Raume von Ottiswil auf etwas über 8 Grad und 1 Minute am Brienzergrat. Der bei 46 Grad 48 Minuten liegende mittlere Breitengrad der Schweiz schneidet den Schibengütsch.

Emmental oder Tal der Emme?

Das Tal umfasst, je nach Gesichtspunkt, eine oder mehrere Landschaften. Landschaft und Name – Ding also und bezeichnender Begriff – müssen sich nicht gültig decken. Eine Urkunde von 1467 spricht von den «gemeinen Landleuten unserer Herrschaft Trachselwald und des Emmentals». Und 1542: «die Unsern aus dem Emmental oder der Herrschaft Trachselwald». Die emmentalische Landsatzung von 1559 spricht nicht vom Emmental, sondern von den darin gelegenen sieben Gerichten, als da sind Trachselwald, Langnau, Trub, Schangnau, Lauperswil und Rüderswil, Affoltern und Eriswil. Die Ämter Sumiswald und Brandis und das Städtchen Huttwil stehen unter Sonderrechten. Die revidierte Landsatzung von 1659 hebt in der Vorrede die drei Ämter Trachselwald, Brandis und Sumiswald heraus. Sie werden als «Landschaft Emmental» zu einem militärischen Verband enger zusammengefasst.

Bei der Umwälzung von 1798 gingen die Ämter Brandis und Sumiswald ein. Das Gebiet oberhalb Burgdorfs wurde in Ober- und Niederemmental geteilt und erhielt als

Hauptorte Langnau und Sumiswald. 1803 fasste man die Ämter Signau und Trachselwald als «Emmental» zusammen. Als die Eidgenossenschaft 1848 Wahlen für den Nationalrat ausschrieb, zerlegte man den Kanton in sechs Kreise. Bei dieser Gelegenheit wurde der Amtsbezirk Konolfingen mit dem ihm zugehörigen Teil des Aaretals zum Emmental geschlagen. Damit reicht dieses verwaltungsmässig im Westen bis an die Grenze der Gemeinde Muri.

Aber auch der «alte Bestand» buchtet aus. So gehören die zum Amt Trachselwald zählenden Gemeinden Dürrenroth, Walterswil, Huttwil, Eriswil und Wyssachengraben, das sogenannte Unteremmental, ins Flussgebiet der Langeten und sind weitgehend nach dem Oberaargau ausgerichtet. Zum Oberaargau gehörten auch Burgdorf und Teile von Fraubrunnen.

Hält man sich an die topographischen Gegebenheiten, so begreift man unter dem Emmental das Berg- und Hügelgelände, das sich vom Quellgebiet bis nach Burgdorf hinzieht, wobei die landschaftlichen Grenzen im Osten und Westen unklar sind. Man kann aber unter der gleichen Bezeichnung, wie wir dies bei Gotthelf finden, das Tal der Emme von seinen Ursprüngen bis zur Mündung des Flusses in die Aare verstehen. Die Emme selbst und die ihr zuströmenden Bäche liefern die begrenzenden Linien.

Der Hohgant

Wenden wir vom Gurten den Blick ostwärts, sehen wir die Gipfel eines Vorgebirges, das sich vom Sigriswilergrat bis zum Pilatus hinzieht. Es sind die Ketten der Emmengruppe, die den Namen nach den beiden Flüssen trägt, die in ihr den Ursprung haben: der Grossen und der Kleinen Emme. Wie ein von Riesenhand geschaffenes Bollwerk mutet uns der Gebirgsrand an, drohend, kaum ersteigbar. Als mächtigstes Massiv erhebt sich darin mit rund 2200 Metern der Hohgant. Er gehört zur Landschaft der Emme, bildet aber mit den nachbarlichen Graten zugleich ein Stück vorgeschobenen Oberlandes, eine Bastion von Fels und Fluh, die sich scharf von den weicheren Formen des anliegenden Emmentals abhebt.

Nähern wir uns dem Hohgant von der Höhe der Hochwacht oder des Rämisgummen, so hebt sich seine Nordwand kühn aus den Hochweiden um Schangnau heraus. Wir unterscheiden die Rippen und Runsen, die die steilen Hänge zerfurchen, und sehen die waagrecht gelagerten Schichten. Das Grün der Weiden und das am Fuss des Felsens liegende Geröll decken die tiefliegenden Mergel und Kalke des Valanginien. Höher hinauf schiebt sich eine Schicht von bräunlichgrauem Kieselkalk, den ein Schiefergürtel, das «Schynige Band», durchzieht. Dieser Kalk, der sich in der Kreidezeit tief unter einem Meer gebildet hat, weist Abdrücke von Seeigeln und Schwämmen auf. Der Kammlinie näher bildet heller Schrattenfluhkalk das Gebirge. Der Gipfel wird von dunklem Hohgantsandstein gebildet. Die Geologen sprechen vom «verkehrten Berg», denn in der Schichtenfolge des Hohgants liegt älteres Gestein über jüngerem, ist doch bei der Entstehung dieses Gebirges die Faltung übergekippt. Die Nordwand ist imposant, aber wenig einladend. Geissenpfade führen in die Höhe und verlieren sich in den Felsen. Auf der Nordseite gibt es nur einen einzigen einigermassen begehbaren Aufstieg, nämlich vom Schulhaus Bumbach nach der Sänggenmattschwand und von dort über das Felsband der Luterschwandegg auf den höchsten Gipfel, den Furggenstock (Furggengütsch).

Betrachtet man den Hohgant von Süden, von der Habchegg aus, sieht man die Bröndlisegg dem mächtigen Bergstock vorgelagert. Ein Kar trennt die beiden Gipfel, zwischen denen die «Drei Bären» buckeln. Abwärts zieht sich das Aelgäu, eine Weide, von Felsbrocken übersät, und weiter oben auf der «Steinigen Matte» – einem Meer von Blöcken – zeigt verwitterter Hohgantsandstein urzeitliche Formen. Die «Hohe Gand», so nennt sich mit all dem Schutt und Geröll, altes Namensgut wahrend, die vielgestaltige Berggruppe.

Pflanzen und Tiere am Hohgant

Halten wir auf dem Furggengütsch Umschau! Da das Gebiet von der Laubwaldregion über den subalpinen Nadelwaldgürtel bis zur alpinen Rasenstufe hinaufreicht und sich über verschiedene Gesteinsunterlagen ausbreitet, zeigt die Pflanzenwelt des geschützten Geländes eine seltene Reichhaltigkeit. Höhenlage, Neigung der Hänge und Dauer der Besonnung, ferner die Wind- und Schneeverhältnisse, die Vegetation der weiteren Umgebung und die Beschaffenheit des Bodens bestimmen Arten und Erhaltung des pflanzlichen Lebens. Auf dem kalkarmen Boden des Hohgantsandsteins wachsen Moos-, Preisel- und Heidelbeere, blühen die rotblättrigen Alpenrosen und einige Orchideenarten.

Hinter der Bröndlisfluh und im Westen am Innerbergli und Trogenhorn kämpft der Bergwald gegen Wetter und Wind, lugen aus einem Teppich von Rasenbinsen und Moosen die Stämme zerzauster Fichten und kräftiger Bergföhren ins weite Land hinaus. In sumpfigen Mulden wächst allerlei Zwerggesträuch, und über die Kuppen des freistehenden Felsens klettert die Rentierflechte. Noch auf der Steinigen Matte entwickelt sich pflanzliches Leben: Polster von Krummseggengras wachsen zwischen den Blöcken. Eine nordische Landschaft! Der Mornellregenpfeifer rastet hier auf seinem Flug nach Süden.

Eine andere Vegetation charakterisiert die Zone des Schrattenfluhkalkes. Da breitet sich auf Karrenfeldern und Felsterrassen die Pflanzengesellschaft der «Blaugrashalde» aus und bildet mit ihren verschiedenen Gras- und Seggenarten an der Jurtenfluh eine beachtliche Decke.

Im Schutt des Kars wächst der Steinschminkel. Die Gemskresse prangt in violetten Blütentrauben, und auf kargem Weideboden leuchtet der Purpurenzian. Wo, wie am Südosthang des Hohgantgipfels, die Unterlage aus Kieselkalk besteht, gedeihen Rostsegge, Schwingel und Berglieschgras. Hier leuchtet die Alpenlilie in ihrem schneeigen Weiss, der Bergpippau öffnet seine braunrot gerandeten Teller, die Köpfe der grossen Sterndolde schaukeln leise im Wind.

Wer auf der Nordseite des Berges über die Luterschwandegg den Hohgant erklimmt, muss sich, bevor ihn die niedrige Zwergstrauchheide aufnimmt, durch ein Gestrüpp von Erlen emporarbeiten, in dem er allerlei Hochstaudenpflanzen antrifft: gelben und blauen Eisenhut, die Waldwitwenblume, die gezackten Wedel der Farne. Auf dieser Seite des Berges leuchten auf Rasenbändern die blauweissen Fähnchen der Alpenanemone, bewegen sich die zarten Glocken der Soldanellen im Wind, flammt der Enzian, reckt der Seidelbast seine Zweige, und der Silberwurz leuchtet goldgelb. In vielen Farben spielen die Rosetten des Steinbrechs.

Und die Tiere? Wald und Weide am Hohgant bieten zahlreichen Arten Lebensraum. Grössere Raubtiere wie Luchs und Wildkatze sind in neuerer Zeit aus der Gegend verschwunden. Dafür leben Reh und Fuchs in den abgelegenen Forsten. Dachs, Baum- und Hausmarder, Iltis und Hermelin sind in der Bergwildnis zuhause. Bis zu hundert Gemsen hat man schon auf dem Grat gezählt. Der Pfiff des Murmeltieres durchdringt die Stille. Auf sonnigen Rasentriften äst am frühen Morgen der Alpenhase, im Bergwald leben Auerhahn und Waldohreule.

Das Relief des Emmentals

1788 sass auf dem Furggengütsch der an die Berner Akademie berufene Hamburger Johann Georg Tralles und machte mit dem Theodolithen Messungen zur Bestimmung der

Lage und der Höhenunterschiede der oberländischen Berge. Er wird den Blick auch gegen Norden gewandt haben über all die Hügel im Flussgebiet der Emme. Tief unten im Bumbach und in der Talweitung von Schangnau sucht sie ihren Weg, verschwindet gegen Eggiwil zu, in der Enge der Berge, und blitzt in der Ferne von neuem auf.

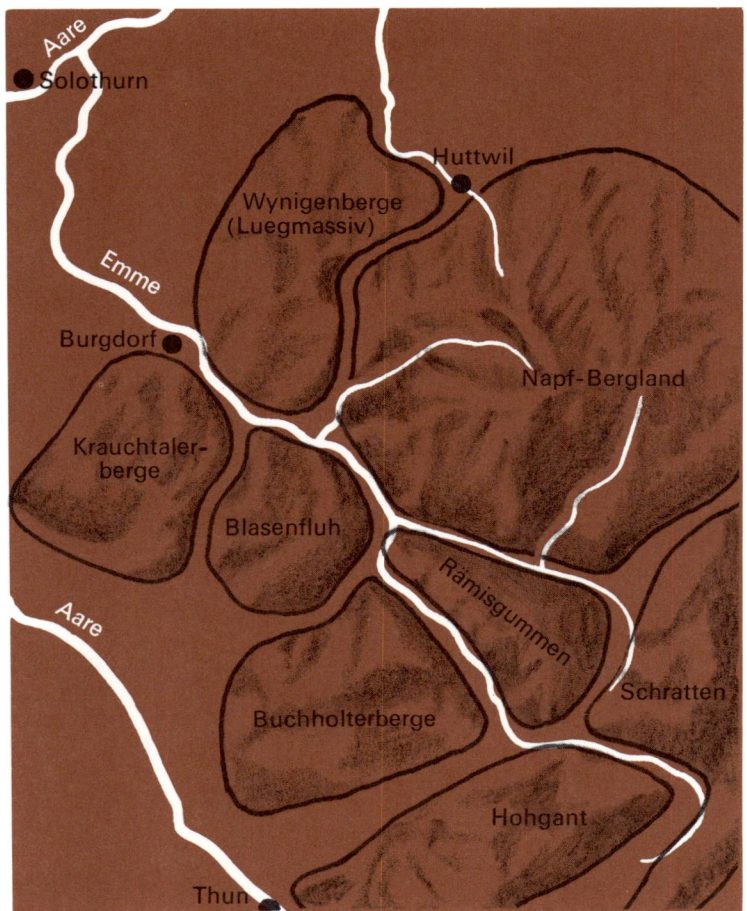

Ein welliges Relief zeigt sich im Norden: sanftes Auf und Ab von Waldrücken und Graten, die in Eggen ausmünden, ein Wechsel von Hügeln und Tälern, von Sammelpunkten und von Kämmen, die ins Weite streben. Die radiale Gliederung herrscht vor: so im Napfgebiet. Anderswo, wie etwa beim Rämisgummen, entstehen Roste und Grätemuster.

Mancherlei Vorgänge haben das Relief gestaltet. So lagerten die Flüsse die Steine aus den Alpen ins Meer, bis sich am Ende des Tertiärs das Gelände hob. Der Meeresboden wurde zu trockenem Grund, und ein Strom floss durch die Gegend von Schangnau und Marbach ins «Mittelland» hinaus. Jetzt begann das spektakuläre Ereignis: Die Decke der Alpen faltete sich und schob sich von Südosten her gegen die im Norden gelagerte Molasse. Und dann schon näher, dem Menschen greifbarer, das durch einen Klimasturz hervorgerufene Wachsen der Gletscher. Schilde von Eis legten sich über weite Flächen des Landes und schufen manchenorts schroffe, imposante Formen.

In der zweitletzten Eiszeit bedeckte ein Arm des Rhonegletschers den westlichen Teil des Geländes zwischen Alpen und Jura und trug seine Ablagerungen bis ins Gebiet des Napfs. In der jüngsten, der Würmeiszeit, flossen die Eismassen der Rhone und Aare nördlich von Bern zusammen. Der gestaute Aaregletscher suchte nach Auswegen, sandte seine Schmelzwasser beidseits des Bantigers gegen Krauchthal und Burgdorf, schuf das Tal von Walkringen und die Senke von Signau und Bowil. Auch aus dem Raum von Thun stiess er nach Osten vor: Dort fand sein Wasser durch den Graben des Rötenbachs einen Abzug und vereinigte sich bei Eggiwil mit dem

Strom, der beim Breitmoos dem Gletscher des Hohgants, dem Emmegletscher, entsprang. Nicht nur die Aare hat während der Eiszeit ihren Lauf geändert, auch die Emme nahm zeitweise eine andere Richtung und floss von Schangnau ostwärts durch die Senke zwischen Rämisgummen und Schrattenfluh.

Ursprung der Emme

Wer von Habkern zur Alp Bohl hinansteigt, oben auf Widegg oder Wintrösch Rast macht und den Blick nach Osten wendet, der erblickt einen gewaltigen Bergkessel, eine Wildnis von Steinen, Wald und Moor. Eine Wand von Kalk und Schiefer, der Rieder- und Brienzergrat, grenzt nach Süden das Wald- und Weideland ab. Jäh fällt sie gegen die Lombachalp und die Alpläger auf der langgezogenen Riedern hinunter. Über den Triften des Aelgäus wacht der Hohgant, gegen Osten bildet das wasserreiche Gelände der Salwiden einen leichten Übergang ins Tal der Kleinen Emme.

Mit den Rodungen der Hochweiden wechseln die Bergwälder. Wasser gurgeln verborgen im Moos. Gebirgskundige rechnen diese Gegend zur Habkernmulde. Mergel und Mergelschiefer sind in ihr nachzuweisen. Der Boden besitzt einen hohen Lehmgehalt, der die Versumpfung fördert, und der Mangel an Kalk führt zur Versäuerung. So durchziehen nasse Zonen die Hänge, auf denen gelbe Segge, Alpenbinse und andere Gräser wachsen. Blauvioletter Sumpfenzian schmückt im Spätsommer die Matten.

Kleine Bäche gischten und spritzen über Brocken des Gesteins von den besonnten Alpen herunter, bilden Kaskaden und verschwinden im Moor und Riedgras. Unten im sammelnden Graben vereinigen sie sich zur jungen Emme, der sie die ersten Wasser spenden.

In leichtem Bogen fliesst die Emme durch den tiefen Graben, nimmt unterhalb der Buchhütte den Leimbach aus dem Aelgäu auf, dreht im Harzersboden nach Norden und braust durch die «Wilden Bockten», die vor Jahrmillionen eine Verwerfung des Gebirges zwischen dem Schibengütsch und der Kemmeribodenfluh geschaffen hat.

Erste Siedlungen

Als im 5. Jahrhundert die Alemannen vom schwäbischen Nachbarland aus den Rhein überquerten, deckte dichter Wald die emmentalischen Hügel. So liessen sich die Ankömmlinge zuerst im offenen Gelände nieder, in dem vor ihnen die Kelten und Römer ansässig waren.

Schritt um Schritt folgten sie den Flussläufen aufwärts und wählten die gegen Süden und Westen geneigten Hänge am Rande der grossen Täler. Hier bauten sie ihre Häuser und rodeten das Land. Berg-, Fluss- und Ortsnamen lassen dies vermuten. Doch Namen erbringen nicht in jedem Fall einen Siedlungsnachweis. Haben die Gallier den Pass begangen, der von der Habkern nach dem Schöngau führt? Einheimische nennen das Gebiet «d Schangnouer Furgge». Und der Berg, der als höchster über die ganze Erhebung hinaussticht, ist der Furggengütsch. Im lateinischen «furca» für Gabel, Engpass, und in «cucutium» für Haube, Kapuze, klingen verwandte Formen an. Die Jurtenfluh weist wie der Gurten, Jura, Jorat auf einen keltischen Ausdruck für Bergwald. Der Schangnauer Gemmi ist ein romanisches «caminus» herauszuhören, und im Namen der Zulg steckt vielleicht ein gallisches «Tualla», das sich zum mundartlichen «Tüele» wandelte.

Wann die Alemannen ins Talgebiet der Emme drangen, weiss man nicht genau. Sieben Urkunden, die den Raum des Oberaargaus und Emmentals betreffen, stammen aus dem ersten Jahrtausend. Drei Dokumente der Abtei St. Gallen weisen ins Gebiet von Huttwil, eine Verfügung König Arnulfs bezieht sich auf Orte im Bigental, und ein Schenkungsbrief Kaiser Ottos III. nennt Kirchberg. Früh besass das Kloster Einsiedeln östlich und südlich von Heiligeland mehrere Liegenschaften. Ihm gehörte der Hof «Tokelenbrunnen» (Toggelbrunnen) nordwestlich von Rüderswil.

Im 12. Jahrhundert begannen die Grundherren im Emmental mit der planmässigen Besiedlung. Sie stifteten Klöster und riefen die Benediktiner und Kluniazenser ins Land. Später kam der Deutsche Orden nach Sumiswald. Kurz nach 1300 hören wir erstmals von Schangnau.

Die junge Emme in Hochtal und Schlucht wird ein Fluss

Die Emme rauscht im Bumbach

Des Emmewanderers erstes Ziel, wenn er aus dem Quellgebiet des Flusses kommt, ist das Kemmeribodenbad. In mehreren Geschossen erhebt sich das Stammhaus, ein Holzbau unter breitem Dach mit «Ründi», umgeben von landwirtschaftlichen Nutzbauten. 1835 hat man die Quellen gefasst und den Badebetrieb eröffnet. Mit dem Bau von Strasse und Brücke begann nach 1886 das Unternehmen zu blühen. Das Kemmeribodenbad: Ferienort im obersten Emmental.

Im Tal rauscht der Fluss, auf seinem Grunde schiebt er Geröll, und die Wellen raunen vom Berg und seinem Geheimnis. Dieser Berg birgt Kristalle, Marmor und Eisen. In der Pyrit- und Gipsformation am Fusse des Hohgants entspringen die Schwefelquellen. Der Bumbach ist in seinem oberen Teil ein waldbestandener Graben, auf dessen Sohle sich die Emme den bewegten Linien des Geländes anpasst und wie eine Schlange durch Gehölz und Weiden windet. Hier sind noch Kräfte am Werk, die gestaltend wirken. Die Trümmer unterhalb der Jurtenfluh erinnern an einen frühen Bergsturz.

Weiter talaus sind dem mächtigen Hohgant, der hier dem Betrachter seine nördliche Seite zukehrt, «Kuhberge» vorgelagert. In den Runsen der Bäche behauptet sich zwergwüchsiger Wald. Die sonnenbeschienenen Hänge des Lochsitenberges und die Kuppen der Habchegg begrenzen das Tal. Sanft steigen diese Berge bis zu 1400 Metern auf. Die bernisch-luzernische Grenze teilt auf halber Höhe dieses Wald- und Weideland.

In langen Jahrhunderten haben die Alemannen hier gerodet. So entstanden der Schwand- und der Kehrlihof, die Bumbach-Güter und die Höfe im «Boden» und im «Leu».

Der Schöngau

Hat sich die Emme unterhalb des «Leu» durch die Talenge gearbeitet, die die «Chilchegg» vom linksufrigen Gelände der Alpterrasse «Uf Gemmi» trennt, so öffnet sich die Landschaft des Bumbachs in die Wanne des Schöngaus. Auf der von Norden her abdachenden Halde erhebt sich das im 17. Jahrhundert errichtete Kirchlein von Schangnau. Es bildet den geistlichen Mittelpunkt der aus Streusiedlungen und Weilern bestehenden Gemeinde.

«Schongowe» – die alte Schreibweise deutet auf einen Schongau, Schonbezirk, hin und nicht auf eine «schöne Landschaft», «schöne Aussicht», an der es allerdings nicht fehlt. Das Wappen zeigt auf rotem Feld einen silbernen Wellenbalken, darüber eine ausgerissene Tanne mit goldenem Stamm. Drei Sterne prangen im obern Feld. Die Tanne weist auf das Wappen der «Landschaft Emmental» hin. Wald und Wasser versinnbildlichen den Lebensraum, die Lebensgrundlage des Menschen.

Wenig wissen wir aus der Zeit der ersten Siedler. Die Freiherren von Wolhusen, deren Burg am Eingang des Entlebuchs stand, waren hier, im benachbarten Marbach und im Tal von Trub die Herren. Von ihnen kamen die Rechte an die Vögte von Rothenburg. Später hatten die Habsburger neben der ihnen zustehenden Landeshoheit «ze Schongowe» auch die niedere Gerichtsbarkeit, die in der Folge an Johann und Burkard von Sumiswald fiel. Wir erfahren von Vereinbarungen über die Vogeljagd und den Fischfang, über die Nutzung «von Wunne und Weide», über das Pachten von Alpen und das Roden im Hochwald. Das 15. Jahrhundert brachte eine Wende. Die

Talschaft kam durch Kauf an Bern. Da die Stadt kurz vorher auch in die landgräflichen Rechte im Gebiet zwischen Aare und Napf getreten war, weitete sie ihren Machtbereich gegen den Hohgant aus. Doch in diesem Berggebiet überschnitten sich die herrschaftlichen Befugnisse. Die Stadt Luzern, als Rechtsnachfolgerin der Herzöge von Österreich, meldete ihre Ansprüche an. Die Luzerner überliessen den Miteidgenossen vom Ufer der Aare die kleine Gerichtsbarkeit in der strittigen Zone; den Entscheid über Leben und Tod behielten sie jedoch ihren eigenen Richtern vor.

Holzer fällten die Bäume, die in die nächste Kalkbrennerei oder zur Lände an der Ilfis geführt wurden. Die Köhler bauten ihre Meiler, und im Harzersboden stellten die Harzsammler ihre Pfannen auf und entzogen den angezapften Stämmen den Saft; Goldwäscher suchten im Fluss nach dem gelben Metall! An der Lochsiten standen die «Zuckerhüsli»: hier kochten die Bergler die Schotte zu einem dicken Brei, aus dem sie mittels eines Kühlverfahrens den Zuckersand gewannen.

Die Emme hat ein ziemlich starkes Gefälle und verliert vom Kemmeribodenbad bis zum Ausgang des Tales beim Räben rund 130 Meter. Da die Ufer meist steil sind, ist die Überschwemmungsgefahr hier nicht gross. Nur die früher oft leicht gebauten Stege, die von der milden rechten, stärker mit Höfen besetzten Talseite zu dem weniger besiedelten steilen Gegenufer führten, waren nicht allen Hochwassern gewachsen. Auf kurzer Strecke nur bespült die Emme die Matten des Schangnauer Beckens, dann eilt sie dem Räbloch entgegen.

Oberhalb der Schlucht führt beim Räben die Strasse von Siehen und vom Schallenberg her über den hier schon stattlichen Bergfluss. Die Brücke vor dem Räbloch ist bereits auf der 1576 gedruckten Karte von Thomas Schöpf eingezeichnet. 1607 schritt die Gemeinde zum Bau eines gedeckten Übergangs. Zugunsten seiner Instandhaltung und zeitweise auch zur Mehrung des Armengutes erhob sie hier einen Zoll.

Es waren lange Zeit recht beschwerliche Wege, und erst der Sonderbundskrieg liess die strategische und wirtschaftliche Bedeutung einer ausgebauten Strasse erkennen, die Schangnau mit dem neuen Amtssitz in Signau sowie dem Markt in Thun verbinden würde. Es vergingen noch Jahrzehnte, bis von 1876 bis 1882 die Strasse von Eggiwil über den Siehen gebaut und für die Pferdepost benutzbar wurde. Um die letzte Jahrhundertwende konnte auch die Passstrasse über den Schallenberg dem Verkehr übergeben werden.

Schangnau besitzt noch immer seinen Wald und seine Alpweiden. Holz- und Viehhandel blühen. Es gibt Zuchtbetriebe und Sägewerke. Holzverarbeitung, mechanische Werkstätten und Transportunternehmen bringen heute Verdienst.

Die Emme im Räbloch

Etwa sechshundert Meter unterhalb der Brücke nähern sich die beiden Talhänge beim Räben. Felsen tun sich auf – die Emme verschwindet im Räbloch. Die Schlucht ist vor der letzten grossen Eiszeit entstanden und wurde später, als der Emmegletscher von neuem wuchs, mit dem Schutt der Moränen verstopft. Im Becken von Schangnau bildete sich ein See. Die Uferlinie lag auf über neunhundert Metern, und das Wasser reichte talaufwärts bis ungefähr zum heutigen Schulhaus im Bumbach. Dann grub sich der Fluss ein zweites Mal einen Weg, förderte die Trümmer talauswärts und legte die Schlucht frei.

Tief rauscht er heute zwischen den Felsen, wäscht Töpfe und Strudellöcher aus und schafft eine urweltlich anmutende Landschaft. Zwanzig und mehr Meter fallen die Nagelfluhwände auf beiden Seiten schroff ab, nähern sich auf wenige Armbreiten, treten an anderen Stellen zurück und formen Kammern und Kessel, oder hangen oben über, den Grund der Schlucht verdunkelnd. Aus den Mauern der glattgescheuerten

Nagelfluh springt ein Brunnen in die schäumende Emme. Neunhundert Meter unterhalb des Eingangs ist ein herabgestürzter Felsblock in der Klemme der Schlucht steckengeblieben und verbindet als Naturbrücke die beiden Ufer. Es ist das «Räbloch» im engeren Sinne. Ein unterirdisches Gewölbe von etwa zwanzig Metern Länge verschlingt hier den Fluss und entlässt ihn am anderen Ende, so dass es aussieht, als würde dort eine Quelle aus dem Boden schiessen. Zweimal noch, bei der Vorderen und der Hinteren Waage, verengt sich die Schlucht. Auf einer Strecke von vier Kilometern büsst die Emme rund achtzig Meter an Geländehöhe ein.

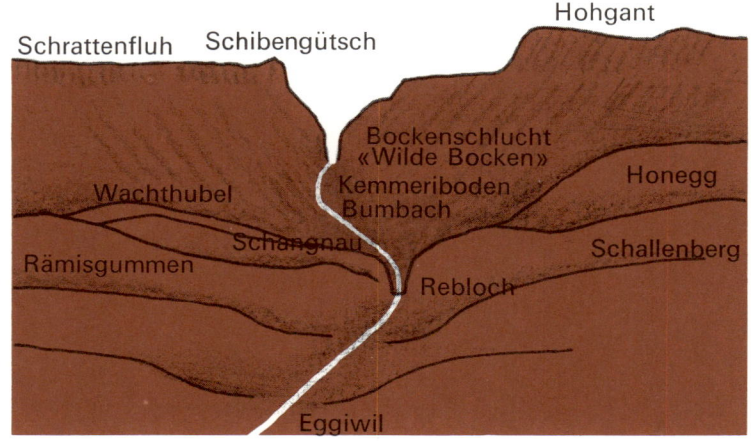

Das Räbloch hat früh die Vorstellungskraft der Schangnauer angeregt. Man sah in ihm eine Pforte zur Hölle. In der dunklen Behausung, so geht die Sage, hält sich im Winter die Emmenschlange verborgen, um im Frühling, wenn die Wasser anschwellen, mit den Fluten auszubrechen, wild die Wellen schlagend und nach Beute greifend. Es galt einst als ein verwegenes Unterfangen, das Räbloch zu durchqueren. Gelingen kann es nur einem Schwimmer und bei niederem Wasserstand. Die Bauern des Schöngaus haben früher, sobald Hochwasser eintrat, Spältenholz durch das Räbloch geschwemmt. Sie liessen sich über die Felsen hinunterseilen, um steckengebliebenes Holz zu lösen und zu verhindern, dass dieses sich, wie es 1764 geschehen war, vor der Naturbrücke staute. Damals, so heisst es, entstand oberhalb der Schlucht ein See und ertränkte die Matten.

Eggiwil

Musste sich die Emme unterhalb des Räblochs mühsam ihren Weg graben, beim Heidbüel ergiesst sie sich in einen weiten Talgrund. Einige Bäche vom Wachthubel und Rämisgummen haben sich zu ihr gesellt; von links fliesst ihr der Rötenbach zu. Seine Wasser haben ein tiefes Tal gegraben, und zwischen diesem Einschnitt und dem Tal der Emme ragt ein Bergsporn in den Talboden hinaus: es ist eine scharfgeschnittene «Egg», der vorgeschobene Posten des Höhenzuges, der sich vom Schallenberg nordwärts auf Eggiwil zu senkt. So heisst das Dorf am Fusse dieser Egg. Ob der Ort den Namen von der Geländeform erhalten hat oder ob sich darin ein Hinweis auf eine Person birgt? Eggiwil: der Weiler eines Eggo oder Eko? Mittelhochdeutsch «ecke», «egge» ist die Schneide einer Waffe, aber auch ganz allgemein die Kante, die Spitze, die Ecke. In «wil» klingt romanische Entlehnung nach.

An dem genannten Eggen gabelt sich die das Tal heraufkommende Strasse und führt in die benachbarten Gräben und Krächen. Tannenwälder ziehen sich hinauf, munter rauscht die Emme an Gärten, Feldern und Hofgruppen vorbei. Die von mächtigen Dächern beschirmten Bauernhäuser sind meist ganz aus Holz gebaut, deren Fronten «Ründine» schmücken. Manchmal verbinden «Züpfenbüge» und eine «Bühnilaube» die beiden Enden des Bogens. Lauben führen auch längs der Traufseiten hin, an denen die Treppen und Eingänge liegen. Die Bähler, Dubach, Wermuth haben diese stolzen Heimwesen geschaffen. Auf den Fensterbänken leuchtet im Sommer das Rot der Geranien, Büsche spenden in den Gärten Schatten.

Gewerbe und Handwerk haben sich von altersher um diese Höfe angesiedelt. Ein schmuckes Kirchlein mit schlankem Turm steht neben dem Wirts- und dem Krämerhaus. Das Pfarrhaus mit breiter Fensterfront wurde im Stil der Berner Landhäuser gebaut. Eine kleine Brücke führt auf das rechte Emmenufer zu den Firsten im Hofacher, eine andere verbindet den Heidbüel mit Sänggen und dem Läber.

Unberührter Wald deckte vor Zeiten die Höhen, ein Wald, der Reichsregal war und nach Recht und Gesetz dem König gehörte. Wie im Schöngau rodeten auch hier Alemannen in der Aeschau und bei Dieboldswil und später an den Hängen des Chapfs. Gegen einen Zins an den Landesherrn hatten sie

Boden und Güter zu Lehen. In einem «Frygricht» entschieden sie selbst über ihre Angelegenheiten.

1288 ist das Geschlecht der Schweinsberg auf der Burg Wartenstein bei Lauperswil in einer Urkunde erwähnt. Neuere Forscher sind der Ansicht, dass ihre Herrschaft sich aus der der Freiherren von Signau gelöst hat. Die Schweinsberg waren die reichsten Landbesitzer im Emmental, ihnen gehörte nicht nur der vordere Teil des Tales von Eggiwil, sondern auch die «zwischen Signau und Röthenbach» gelegene Gegend, die man Rotkraut nennt. Auf steiler Hügelkuppe erhob sich beim Weiler Neuenschwand eine ihrer Burgen, eine andere stand am Eingang des Eggiwiltales auf der Schweissbergfluh, unweit der Bubeneibrücke, über dem linken Ufer der Emme. Thüring, der letzte aus dem emmentalischen Zweig dieser Familie – eine andere Linie gedieh in Uri und nannte sich Attinghausen-Schweinsberg – verkaufte 1372 seine Erbgüter im Eggiwil «mit Twing und Bann und voller Herrschaft» einem Burger von Bern. Was sonst im Tal der oberen Emme an schweinsbergischen Rechten blieb, wurde an die Freiherren von Signau und durch diese später an die Kiburger abgetreten. Als die Kiburger in Burgdorf der Stadt Bern den «Widersagbrief» überreichten und allenthalben im Emmental der Lärm der Waffen erscholl, zerstörte ein bernisches Aufgebot den ehemals schweinsbergischen Turm oberhalb der Aeschau. Bern gewann den Krieg und die Herrschaft im Emmental. Es zog 1529 Signau an sich und errichtete eine Landvogtei, der es Röthenbach und das Dorf Eggiwil anschloss. Das Steinmoos und die Alpweiden zwischen der Emme und dem Rötenbach gab es als Berglehen aus.

Während des Bauernkrieges im 17. Jahrhundert wurde Eggiwil einer der Herde «heimlicher Komplotirung». Tief haftet im Erinnern des Volkes jener Thomasabend, als eine Sonnenfinsternis den Himmel verdunkelte und die «Redliführer» sich heimlich in Uli Gallis Hof trafen. Es gab aber nicht nur «widerspännig Puren» in Eggiwil, sondern auch «widerborstige» und «ungehorsame Täufer». Um ihrer verdächtigen Lehre das Wasser abzugraben, erhielt das Dorf 1632 eine Kirche und wurde anderthalb Jahrzehnte später zur eigenen Pfarre erhoben.

In Eggiwil gibt es zu ungefähr gleichen Teilen Wald, Weide und Kulturland. Doch nicht nur Land- und Milchwirtschaft, Holzhandel und Holzverarbeitung brachten der Bevölkerung Verdienst. Im 17. Jahrhundert erteilte die Regierung mehrere Konzessionen zum Betrieb von Nagelschmieden. Im 18. Jahrhundert werden die ersten Gerber, Mühlenbesitzer und ein Walker genannt. Die Tuchweberei gewann an Bedeutung, Strumpf- und Leinenweber fanden ihr bescheidenes Auskommen. Es gab auch in Eggiwil eine Glashütte.

Hoch auf dem Chapf steht noch heute das einstige Wachthaus, bei dem in Zeiten der Gefahr der «Chutz», das Feuersignal, entzündet wurde; unten im Tal steht die Kirche, die nach den Plänen von Daniel Dünz dem Jüngeren gebaut wurde. Im Turm hangen zwei Glocken mit reichem Relief aus der Hand von David Zender.

Im Tal des Rötenbachs

Der Rötenbach ist der erste grössere Zufluss der Emme. Woher hat er seinen Namen? Liegt ihm eine keltische Wurzel «rod», «rad» (fliessen, laufen) zugrunde? Ist es ein «Reutibach», ein Bach, der durch das Gereut (althochdeutsch «girauti») den Lauf nimmt? Fliesst er über rotes Gestein, hat er «gerötetes» Wasser? Gibt das Gemeindewappen von Röthenbach einen Hinweis? Es zeigt auf silbernem Grund einen roten Schrägbalken, in dem drei silberne Fische schwimmen. Die mittelhochdeutsche Lautform «rôte», Verkleinerungsform «roetelin», bezeichnet die Rotforelle. Ist der Rötenbach ein Forellenbach, ein Fischbach? Man begegnet im Tal auch diesem zweiten Namen.

Der Rötenbach entspringt droben an der Honegg, sammelt am Fusse des Berges seine Wasser und bildet auf seinem Weg nach Norden einen Bogen, der die Alp Naters und ihre Ausläufer von Westen umgreift und vom Gebiet des Bucholterberges trennt. Der Bach hat einer Siedlung im Tal den Namen gegeben und vereinigt sich dort mit dem ihm von Westen zufliessenden Jassbach. Mit vermehrter Kraft windet er sich dann, nach Osten ausholend, an Fischbach und Zilmatt vorbei, nimmt die Richtung gen Norden wieder auf und strebt zwischen waldigen Hängen auf Eggiwil und die Emme zu.

Während Schinegg und Schallenberg und das sich gegen Osten erstreckende Bergland als ein zusammenhängendes Massiv das Tal des Rötenbachs vom Graben der Emme scheiden, öffnet sich die Landschaft westwärts in weichen Übergängen über den Sattel von Linden und das Plateau der Oberei nach den Tälern der Chise und Zulg. Die Unterschiede vom Talgrund bis zu den Höhen der parallellaufenden Hügel betragen hundert bis hundertfünfzig Meter. Die Berge beengen nicht, und die Einzelhöfe mit ihren Gärten verraten Geborgenheit.

Die Lage des Dorfes Röthenbach gleicht der von Eggiwil. Auch hier laufen zwei Bäche zusammen und ragt ein Berg leicht ins Tal hinaus. Die aus unserem Jahrhundert stammende Kirche, deren Turm einen Spitzhelm trägt, wird von einigen Höfen umgeben. Das aus dem Jahre 1705 stammende Pfarrhaus ist von Schindeln umwandet. Röthenbach ist aber nicht nur das Dorf, der Talgrund. Es ist der Wald, der rauscht, der Bach, der dahineilt. In diesem einst weltabgeschiedenen Tal läutete früher das Messglöcklein. Ein Klösterchen erhob sich. Darin lebten ein Prior und ein Bruder. Sie trugen weisse Kutten, die sie als Kluniazenser auswiesen, denn die Zelle am Rötenbach war, wie das Kirchlein zu Würzbrunnen, dem Kluniazenserpriorat von Rüeggisberg unterstellt. Wahrscheinlich stand das Klösterchen auf dem Boden der Freiherren von Signau. 1148 hat der Papst die Gründung bestätigt. Die geistliche

Grundherrschaft entsprach in grossen Zügen dem heutigen Gemeindegebiet. Der Prior war Kirch-, Leib- und Gerichtsherr der im Tale lebenden Bauern. Als Bern 1244 das Kloster Rüeggisberg unter seinen Schutz nahm, kam ihm auch die Vogtei über die Filiale in Röthenbach zu. 1384 kamen die umliegenden Wälder in den Besitz der Stadt. Fünfzehn Jahre später übernahm Bern die Herrschaft Signau. Es schied das Tal des Rötenbachs als ein besonderes Amt vom signauischen Stammbesitz aus. Da auch das Freigericht Steffisburg bernisch geworden war, erstreckte sich der Machtbereich der Stadt jetzt über die Honegg und den Schallenberg bis an die Grenzen des Entlebuchs.

Rüeggisberg ist 1485 durch den Rat von Bern dem Chorherrenstift des St.-Vinzenzen-Münsters eingegliedert worden. Damit fielen auch die Besitzungen des Klosters Röthenbach an den Staat. 1529 bildete das Tal eines der drei Gerichte des neugeschaffenen Amtes Signau.

Der andere geistliche Mittelpunkt im Gebiet des Rötenbachs liegt, von Lärchen, Birken und Föhren umrauscht, am Rande eines kleinen Hochmoors auf halber Höhe gegen die Rüeggsegg. Es ist das Kirchlein von Würzbrunnen, ein schlichter einschiffiger Bau. Es besitzt einen Dachreiter und einen schindelgedeckten Vorscherm. Die um 1500 geschaffene Flachschnittdecke weist reiches Schnitzwerk auf, und die Mauern sind mit Fresken im Stil des ausklingenden Mittelalters geschmückt. Sie zeigen Christus mit den Marterwerkzeugen, Christophorus mit dem Jesusknaben auf der Schulter und den gesteinigten Stephanus, den einstigen Schutzheiligen der Wallfahrtsstätte.

Das Tal ist noch heute nur dünn besiedelt, und die fünf einst der geistlichen Herrschaft zugehörigen Höfe Riffersegg, Martisegg, Rüeggsegg, Fampach und Röthenbach liegen grösstenteils an den Hängen des östlichen Churzenberges. Sie bildeten früher eine Markgenossenschaft. Das Gebiet des Rötenbachs ist wie die Gegend um Eggiwil ein «erstklassiges Küher- und Bauernländchen». In der Landwirtschaft hat sich das Gewicht vom Kornbau auf die Milchwirtschaft verlagert. Auch hier kamen, wie im Schangnau, viele Alpweiden in die Hände der Bernburger und Bauern des Mittellandes, die sie an Küher verpachteten, die im Winter mit ihrer Herde umherzogen und die Milch auf eigene Rechnung zu Käse und Butter verarbeiteten.

Röthenbach hat einen «Ortsheiligen»; nicht den St. Vinzenz, sondern den Weibel Hans Rüegsegger, einen Erzrebellen und Märtyrer im grossen Ringen der Bauern. Auch Pfarrer Abraham Desgouttes aus Genf hat Berühmtheit erlangt. Die Predigten des ehemaligen Feldgeistlichen zeichneten sich durch Derbheit aus, und seine Urteile im Chorgericht waren gefürchtet.

Von Eggiwil nach Schüpbach

Beim Heidbüel weitet sich das Tal. Mischwald überzieht die Flanken der Berge, die von den besonnten Terrassen und Eggen bis an die zweihundert Meter zur Emme abfallen.

Der östliche der beiden Bergzüge, die in diesem Abschnitt das Tal der Emme einfassen, läuft in Höhen von 1000 bis 1300 Metern vom Rämisgummen in nordwestlicher Richtung bis zur Hochwacht ob Langnau. Der westliche Hügelzug dacht vom Chapf in einer leicht gebogenen Linie mit verschiedenen Kuppen und Lichtungen gegen Signau und Steinen ab. Die Höfe und Weiler tragen ihre Namen meist nach der örtlichen Beschaffenheit, nach einem Schwand oder Eggli, einem Berg oder Büel.

Der Talboden lag früher etwa fünfzig Meter höher als heute. Die gegen Schüpbach ansteigenden Bergstufen lassen dies leicht erkennen. Sie bilden linkerhand das Muttenfeld, am rechten Talausgang die Hälischwand. Die Talsohle ist nach der Mitte zu wenig besiedelt, da die Emme früher bei jedem Hochwasser die Wiesen überschwemmte und mit Schutt überdeckte. In dieser Niederung siedelten sich die «Tauner» (Kleinbauern, die sich als Taglöhner verdingten) an und nahmen den Kampf mit dem Fluss auf. Wo, wie in Aeschau, Dieboldswil und Holzmatt, kleinere Bäche aus seitlichen Tälern der Emme zuschiessen, bildeten sich auf deren Schuttfächern Weiler. Die Handwerker nutzten hier die Wasserkraft.

Der Fluss hält sich nach Eggiwil an den linksufrigen Hang, quert unterhalb der Holzmatt die Talsohle, fliesst bei Bürg um die dortigen Flühe, wendet sich dann, von Auwald gesäumt, nach der Hambüelseite und hält weiter unten die Richtung auf Aeschau und die Rappenfluh. Breite Sand- und Kiesbänke sind hier abgelagert.

Die alten Landwege führten über die Höhen und erreichten oberhalb Ramsei den durch Busch, Schilf und Matten rauschenden Fluss. Mehr als einmal durchquerte der Weg das Bett der Emme. Trat unversehens Hochwasser ein, so staute sich der Verkehr an den Furten.

Bereits im 15. und 16. Jahrhundert versuchte die Obrigkeit dieser Not zu begegnen. Sie wies die Anstösser an, den Weg in ihrem Bereich in gutem Zustand zu halten, verbot Einschläge im Schachen und befahl, dass jeder, der mit «Wässern, Wasserleytinen, Wasserwuhren und Gräben» den Weg «verargete» und «verwüeste», ihn auf eigene Kosten wieder ausbessern müsse. Erst in der Zeit der Regeneration griff sie entscheidend durch, zwang den Fluss in ein auf weite Strecken geradegelegtes Bett, errichtete die überdachten Holzbrücken bei Horben und in der Bubenei und baute die Talstrasse von Schüpbach nach Eggiwil aus. Später wurden die Übergänge nach Dieboldswil und von der Aeschau gegen Ramsei gebaut.

Flösse schwimmen landaus

Im Winter fällten die Bauern des oberen Emmentals im Hochwald Tannen und «fleckten» die Stämme, das heisst sie schnitten sie am dickeren Ende vierkantig zu, legten sie möglichst eng aneinander und banden sie durch vorn und hinten aufgelegte und mit Holzzapfen befestigte Balken zu Flössen zusammen. Je zwei Pfähle im Bug und Stern des Flosses klemmten die mit Weidenruten befestigten Ruder ein. Besondere Sparren sicherten das Floss gegen den Anprall ans Ufer, und ein Seil, «Limi» genannt, diente dem Anlegen an den verschiedenen Zollstätten.

Schmolz am Hohgant und an der Schrattenfluh der Schnee, wurde es im Tal von Schangnau lebendig. Im «Krämerhus» und beim Zapfenwirt herrschte Hochbetrieb. Am Ufer wurden die Flösse bereitgemacht. Kräftige Männer brachten die Stämme zur Lände an der Ilfis und übergaben sie dem Fluss. In Trubschachen und Langnau war es nicht anders. Die Flösse erreichten bei Emmenmatt den Hauptfluss. Ein weiterer Ländeplatz lag bei Eggiwil. Hier fischte man auf, was seinen Weg durch das Räbloch genommen, und übergab dem Fluss immer neue Lasten aus den umliegenden Wäldern.

Emanuel Friedli ist der Ansicht, dass wahrscheinlich schon die Römer in den Wäldern des Emmentals Holz geschlagen und in Eggiwil dem Fluss anvertraut haben. Die Ziele waren Vindonissa und die Städte am Rhein. Die Bauern aus den Tälern der Emme führten aber nicht nur Holz aus. Auch Kohle aus den Meilern im Schangnau, Eggiwil und den Gräben des Napfs schwamm vermutlich den Fluss hinunter. Ebenso im 17. Jahrhundert die «Müselen» und «Spälten», die als Brennstoff dienten. Solches Holz gelangte in grossen Mengen in die Eisenhütten des Wasseramtes. Im 18. Jahrhundert schwammen die Flösse bis nach Aarau und Rupperswil und wurden dort von den Holzhändlern in Empfang genommen. Sie trugen Bohlen und Bretter, Rieg- und Rafenholz, besondere Hölzer für die

31

Küfer und Wagner, allerhand Zaunholz und Latten, Stöcke für die Reben und Bohnenstichel, Kübler- und Drechslerwaren. Neben diesen Transporten gelangten zudem Berge von Schindeln nach Basel und dem Elsass. Die Flösser führten ferner die Erzeugnisse der Emmentaler Alpwirtschaft mit sich. Mit schweren Lasten von Käse und Butter waren die berühmten «Molkenflosse» beladen. Aus den Büchern des Amtes Trachselwald erfährt man, dass sich die Metzger in Brugg, Baden und Basel Schlachtkälber bringen liessen.

Die Obrigkeit sah diesen Handel nur ungern. Was der Boden hergab, sollte im Lande verbleiben. 1597 untersagte Bern alle Ausfuhr von Molken. Deren Verfrachtung, so hiess es, schmälere den Inlandmarkt und erhitze die Preise. Während des Dreissigjährigen Krieges hatte der «Ausverkauf» des Landes drohende Formen angenommen. Die Herren von Bern versuchten die Flösserei ganz zu unterbinden und fragten den Rat von Burgdorf an, ob er eine Kette über den Fluss spannen könne. Kein «Schiff» mehr landaus! Doch bald glitten die Flösse erneut an den Dörfern des Emmentals vorüber.

1641 wandte sich die Obrigkeit gegen das verantwortungslose Reuten und gegen das Veräussern des Holzes an die «Für-» und «Aufkäufer». 1650 verboten die Gnädigen Herren die Ausfuhr von «Holz, wie auch Laden, Latten u. dgl.», denn dadurch würden die Hochwälder «erödet». Später machten sie das Holzflössen von einem Ausweis abhängig, den die Schaffner zu Trub und Langnau oder die Weibel im Eggiwil und im Schangnau ausstellen mussten, und übertrugen den Zöllnern längs der Emme die Kontrolle. An einzelnen Zollplätzen hatten die Flösser ihre Ware zu deklarieren. Schon bei der Schüpbachbrücke gab es eine solche Station.

Mandate lösten einander ab, um die Flossfahrt in Schranken zu halten, doch man wusste sie zu umgehen. Handel und Wandel folgen eigenen Gesetzen. Das Flössen war kein ungefährlicher Beruf. Es bedurfte kräftiger Arme, um die oft bis zu 25 Meter langen, aus Bautannen gezimmerten Flösse heil durch alle Wendungen des Flusses, durch Schnellen und Engpässe zu steuern.

Mit Stangen hielt die Mannschaft die Flösse vom Ufer ab. Als man das Flussbett verbaute, wurde «wegen der Flötzung ... in mehreren Schwellen geklauset» – mit andern Worten: man tiefte die Schwellen aus, um den Flössen einen ungehinderten Durchgang zu verschaffen. Um die Kunstbauten zu schonen, beschränkte die Obrigkeit 1766 die Länge der Flösse auf elf Meter. Gute Landestellen sollten das Anhalten und den Beschau der Flösse erleichtern. 1870 verbot die Regierung die Flösserei, die Eisenbahn übernahm die Transporte.

Die Holzfrachten auf der Emme verschwanden, und mit ihnen ein Stück Romantik, das sie begleitet hatte. Nur im Lied schwingt die Erinnerung noch nach:

Holz u Lade fergge d Flöszer
d Emmen ab uf Basel zue,
Chunnt im Früehlig ds Wasser gröszer,
Hei si mit em Flosze z tue ...

Schüpbach

Bei Schüpbach tritt die Emme in ein weites Tal. Alter Ried- und Schachenboden begleiten beidseitig den Fluss, die Hänge treten zurück. Eine markant die Berge trennende Einsenkung schafft dem Verkehr einen Durchgang nach Westen.

In Schüpbach treffen sich die Strassen von Bern, Langnau, Eggiwil und Burgdorf. Früher dehnte sich in diesem Gebiet ein Sumpf aus, der seinen Ursprung der letzten Eiszeit verdankte. Westlich von Bowil hatte nämlich der Aaregletscher eine Moräne abgesetzt. Aus dem Gletscher ergoss sich ein

Schmelzwasserstrom, hob zwischen Blasenfluh und dem östlichen Teil des Churzenberges ein Tal aus und vereinigte sich bei Schüpbach mit dem Wasser aus dem Emmegletscher. Da wegen der Moräne das Wasser nicht abfliessen konnte, blieb ein See zurück, der allmählich vermooste, vertorfte. Orts- und Flurnamen beziehen sich auf diese Vorgänge. So wird Signau («Sigenowa», «Sigenuwe») sowohl als Au eines Alemannen namens Sigo als auch als «sickernde Au» gedeutet. Bezeichnungen wie Ried, Moos, Groggenmoos für bestimmte Orte und Gelände weisen auf die Beschaffenheit des Bodens hin.

1250 wird die «curtis Schuppach» erwähnt. Sie lag im Lieschgrasboden am linken Ufer der Emme. Im Namen des Ortes steckt wahrscheinlich der Begriff «schief». «Schipf», «Schipfi», «Schüpfe» ist die Schräge, die an etwas anstösst.

1376 erscheint der Ort erneut in den Urkunden. Damals verkauften Graf Hartmann III. und seine Gemahlin, Anna von Nidau, einer Burgerin von Bern eine Anzahl von Gütern «zu Signau in dem Gericht gelegen», darunter Besitzungen gegen Röthenbach; den Widenacker bei Steinen und die «Blöue» in Schüpbach. Später wird von Mühlen und Sägen an beiden Orten berichtet.

Verdankt Schüpbach der Furt sein Entstehen? Wie gelangte man über den Fluss? Wer von Bern ins Emmental reiste, musste die Emme an einer seichten Stelle überqueren. Ein mühsames Unterfangen, wenn im Frühling der Schnee zu schmelzen begann oder nach einem sommerlichen Gewitter der «Eggiwilfuhrmann», wie man den Fluss auch nennt, Hochwasser führte und über die Ufer trat. Tage- und oft wochenlang mussten Kaufleute und auch andere Reisende auf das Absinken der Wasser warten.

Eine Brücke in Schüpbach wurde dringend benötigt. 1550 beschloss der Rat von Bern, an deren Bau vierhundert Gulden zu steuern. Die Gemeinden Münsingen, Biglen und Worb stifteten je sechzig Pfund und unterstützten das Werk durch «Handreichung». Auch die Dörfer des untern Emmentals beteiligten sich. Im folgenden Jahr kamen die Arbeiten zum Abschluss. Die helfenden Gemeinden durften zollfrei «z Fuess, z Ross oder ander Gestalt über die Brücke fahren und wandlen», und die Signauer mussten die Brücke in gutem Zustand halten. Dafür wurde ihnen die Hälfte des Brückenzolls zugestanden und später der halbe Teil des Zinses überlassen. Als 1553 auch die Lauperswiler eine Brücke über die Emme schlugen, einigten sich die Nachbarn auf gegenseitige Zollfreiheit.

1651 wurde die Schüpbachbrücke «durch Gott, mit synem gerächten Gricht durch eine ungewonte Wassergrösse hinwäg genommen». Ein bei einer späteren Katastrophe bei Aarau aus der Aare gefischtes Brett bezeugt den raschen Wiederaufbau, enthält es doch die bündigen Worte: «Ich Bendicht Dälenbach Burgvogd zu de(r) zyt (in) Schüpbach han ... dise brüg lassen bou(en) 1652.» Wieder fanden sich die Gemeinden im Umkreis zu tatkräftiger Hilfe zusammen. Der Brückenvogt hatte die Aufsicht über das neue Werk.

Nach 1830 liess die bernische Regierung eine Talstrasse nach Langnau bauen. Der neue Strassenzug folgte vermutlich einem bereits bestehenden Weg, der über die Talwasserscheide von Bowil dem Steinenmoos entlang nach Signau und Schüpbach führte. Noch während der Arbeiten riss das Hochwasser 1837 neben anderen Übergängen auch die «Dälenbach-Brücke» hinweg. Mit vereinten Kräften ging man nochmals ans Werk und baute die heute noch bestehende hölzerne Bogenbrücke.

Die Emme – Herrin einer Landschaft

Signau

An der Strasse, die von Konolfingen und Zäziwil nach Schüpbach läuft, liegt das Pfarrdorf Signau. Es hat dem Amtsbezirk den Namen gegeben. Signau liegt unterhalb von Rainsberg und Hundschüpfen in einem Trockental, das bei Bowil mit kaum merklicher Erhebung die Wasser scheidet, die Chise mit dem Dürrbach nach der Aare entlässt und die Quellen aus dem Gebiet von Meienried und Schwändimatt ostwärts zur Emme lenkt. Ihnen gesellt sich aus den Höhen des Chapfs der Schüpbach zu, der an Steinen vorbei seinen Lauf auf Signau nimmt. Das schwache Gefälle des Tales bewirkt, dass die seitlich zuströmenden Bäche ihr Geröll nur unvollständig wegschaffen können. So schieben sich Schuttkegel in den Talboden hinaus und hemmen den Abfluss. Es entstanden Sümpfe und grössere Weiher: der zur Schlossherrschaft gehörende «Signouw Weyer», der vom Steinbach gespeist wurde, und ein anderes stehendes Wasser, das einst, wie Einheimische erzählen, bis zur «Stalden Matte» reichte. In der zweiten Hälfte des 17. Jahrhunderts wurde der «grosse Wyher» von Hans Lüdthin aus Schüpbach «köufflichen» erworben, «auszugraben und zu Matten gemacht». Die übrigen Teile des Talbodens legte man um die Mitte des 19. Jahrhunderts trocken.

Die Herren, die in dieser Gegend geboten, waren die Freien von Signau. Einst zähringische Gefolgsleute, hatten sie sich – wie die Herren von Lützelflüh – eine freie Herrschaft geschaffen. Ihr Stammsitz, Alt-Signau, war eine Burg auf einem schwer zugänglichen Hügel über Steinen. Sie hat diesem Ort den Namen gegeben. «Stein», «Berg» und «Burg» sind sinnverwandte Begriffe. Aus der ersten Hälfte des 12. Jahrhunderts kennt man die Namen der Brüder Werner, Ulrich und Burkhart und hört damit zum erstenmal von diesem Geschlecht. Seit 1277 standen sie im Burgrecht mit Bern, später schlossen sie sich aber dessen Gegnern, den Kiburgern und Habsburgern, an. Ulrich von Signau hat vermutlich auf der gegenüberliegenden Talseite, nicht weit vom Liechtgut, die neue Burg errichtet. Sie hatte, nach den Darstellungen von Carl Sinner, einen mächtigen gevierten Bergfried. Ulrich von Signau erwarb 1339 Twing und Bann sowie Grundbesitz in Trachselwald. Hemmann von Signau, der letzte des Geschlechts, fiel 1386 bei Sempach.

1399 gelangte die Herrschaft an Bern. Nach dem Urbar von 1547 gab es im spätern Gericht Signau zehn kleine Gütergemeinden, 83 Einzelhöfe und sechs «Taunergschickli», die höchstens ein paar Ziegen eine schmale Weide boten: insgesamt zweihundert grössere und kleinere Heimwesen. Die Höfe lagen rings auf den Eggen und Höhen zerstreut. Sie zogen sich am Churzenberg hinauf, griffen ins Tal des Rötenbachs und belebten das zerfurchte Rodungsgebiet um die Blasenfluh. Das Urbar von 1530 nennt neben Mühlen und Sägen in den benachbarten Dörfern eine Schmiede, eine Badestube und das grosse Wirtshaus zu Signau. Der zunehmende Verkehr erforderte einen zweiten Gasthof. Ein stattliches Dorf mit prächtigen Bauernhöfen begann sich zu entwickeln, dessen Zeugen, wie das «Moserhus», bis in unsere Zeit erhalten blieben. Wir hören von Tuchfärbern, Krämern und Pfistern und der alten «Schal» (Schlachthaus). Kirche, Markt und Gericht bildeten die Pfeiler des bäuerlichen Lebens. Die beiden Burgen wurden zerstört, das Leben im Dorf hingegen hat sich weiterentwickelt.

Im letzten Jahrhundert wirkten in Signau die «Mechanici» Christian und Ulrich Schenk (Christian war der Vater des späteren Bundesrats Karl Schenk), ferner der Schlosser, Freischärler, Redaktor und Mundartdichter Christian Wiedmer, der Dichter des Liedes: «Niene geits so schön u luschtig wie bi üs im Ämmital...»

Trubschachen

Am Ausgang des Marbacher Tales nimmt die Ilfis von den Höhen der Beichlen den Rämisbach auf, durchfliesst dann das Wiesengelände von Wiggen, wo ihr von Osten der Eschlisbach zuströmt, und biegt, abgelenkt durch die nördliche Nagelfluh des Napfmassivs, in nordwestlicher Richtung in die bereits erwähnte, das ganze Bergland teilende Furche ein, die über den Talsattel von Escholzmatt das Flussgebiet der Grossen mit der Kleinen Emme verbindet. Die Strasse von Bern nach Luzern und seit 1875 die Eisenbahn folgen diesem Einschnitt.

Das Tal, das sich die Ilfis hier geschaffen hat, ist in seinem obern Teil eng zwischen die beidseitigen Hänge gebettet und führt in einigen Kehren abwärts zum Zoll von Wissenbach. Dort mündet, nicht weit von der ehemaligen, mit einer Wirtschaft verbundenen Zollstätte, der Schärligbach aus einem linksseitigen Nebental in den Graben der Ilfis. Ein Fahrweg läuft ihm zur Seite und verbindet die einsamen Höfe hinter dem Guggknubel mit der grossen Talstrasse. Der Zoll wurde 1774 von der luzernischen Obrigkeit nach Wissenbach gelegt, nachdem die Berner kurz zuvor die Strasse nach Kröschenbrunnen für den Fahrverkehr ausgebaut hatten. Als die Bundesverfassung die Binnenzölle längst ausser Kraft gesetzt hatte, erhoben die Luzerner von ihren Miteidgenossen noch bis 1888 eine Abgabe auf gebrannte Wasser. Der Kanton am Vierländersee schützte seinen «Kirsch» vor der auswärtigen Konkurrenz!

Etwa fünf Kilometer unterhalb von Wiggen weitet sich das Tal. Hier stehen die Häuser von Trubschachen. Das Dorf hat sich aus sechs Höfen entwickelt. Ist es vom Berg her gegründet worden? Im Wappen von Trub wie in dem von Trubschachen findet sich das Antoniuskreuz. Der Ort gehörte im Mittelalter zur Herrschaft Lauperswil, über die die Herren auf Wartenstein, die bereits erwähnten Freiherren von Schweinsberg, geboten, und bildete das «innere Lauperswil-Viertel». Dieser Name blieb bis 1867 am Orte haften. Im 14. Jahrhundert kam Trubschachen vorübergehend an die Abtei Trub. Immer stärker löste es sich in der Folge von der Gerichtsherrschaft an der Emme. Bereits vor der Reformation wandten sich die «Innerviertler» in kirchlichen Angelegenheiten an die benachbarten Gotteshäuser, und nach mancherlei Händeln mit der Stammgemeinde gestattete ihnen die bernische Obrigkeit 1531, die Predigten in Langnau und Trub zu besuchen. 1666 änderte sie ihren Entscheid so, dass vom zwölf Heimwesen umfassenden Dorf die näher bei Trub liegenden Höfe dorthin, die unteren, Langnau benachbarten, in dessen Kirche pfarrgenössig wurden.

In der ersten Hälfte des 18. Jahrhunderts begannen die Dorfbewohner das Armen- und Burgerrechtswesen selbständig an die Hand zu nehmen. Sie stellten Heimatscheine aus und legten damit den Grund zur eigenen Gemeinde. Gleichzeitig errichteten sie im Dorf eine Pfarrhelferei und brachten 1735 in einem Vertrag mit den Nachbargemeinden die Schulverhältnisse in Ordnung. 1777 trennten sie sich von Lauperswil. 1874 erhob die Regierung die Helferei zur selbständigen Pfarre, und 1894 erhielt das Dorf seine eigene Kirche.

1772 entstand im Ort das erste Käseexportgeschäft der Schweiz, 1827 eine der ersten Dorfkäsereien. Im 19. Jahrhundert beschäftigte die Leinwandmanufaktur zahlreiche Familien. Verdienstmöglichkeiten bestehen auch in der Holzindustrie und seit 1910 durch die Biskuitfabrik Kambly.

Das Dorf, in dem im 19. Jahrhundert der Orgel- und Klavierbauer Matthias Schneider arbeitete, war der Geburtsort des Malers Karl Stauffer-Bern und ist heute dank seiner Gemäldeausstellungen weitherum bekannt geworden.

Trub

Am Trubbach liegen die Höfe von Trub, stattliche Dreisässenhäuser mit tief heruntergezogenen Dächern und schmucken Speichern mit Laubenbogen und profilierten Pfosten. Der Dorfkern ist klein. Ausser der Kirche, dem Pfarrhaus und der Wirtschaft gibt es hier nur wenige Heimwesen. Der Hauptteil der Bevölkerung wohnt in Einzelhöfen, denn das Gemeindegebiet greift weit über die umliegenden Höhen. Es umfasst den Brandösch-, Hütten- und Twärengraben, das Tal von Fankhaus und den Seltenbach, um nur die wichtigsten zu nennen. Der Edle Thüring von Lützelflüh gründete in der ersten Hälfte des 12. Jahrhunderts in dieser Bergwildnis eine klösterliche Niederlassung und unterstellte sie dem Benediktinerkloster St. Blasien im Schwarzwald. Von dort, und vielleicht auch von St. Johannsen bei Erlach, kamen die ersten Mönche. Da der Abt des Mutterklosters die junge Niederlassung nur mangelhaft betreute, klagte der Stifter vor dem König, und Trub wurde in des Reiches Schutz genommen. König Lothar erkannte den Mönchen das Recht zu, den Abt selbst zu wählen. Das Kloster, zu dem grosse Teile von Langnau, Trub, Trubschachen und das Gebiet von Marbach gehörten, entwickelte sich zur Herrschaft. Die Bauern entrichteten der Abtei Grundzinse und Zehnten und leisteten die geforderten Tagdienste. Dem Abt unterstanden Jagd, Fischfang und die Nutzung der Bodenschätze, der Wälder und Schachen. Ihm stand die niedere Gerichtsbarkeit zu, die an seiner Stelle der von ihm ernannte Ammann oder Klostermeier unter Beiziehung von zwölf Geschworenen vor dem Klosterkeller in Trub wie auch an andern Plätzen der Herrschaft ausübte. Schwere Vergehen gelangten an den Kastvogt.

Die Familie des Stifters hatte dieses hohe Amt inne, das im 15. Jahrhundert an die Stadt Bern kam, die mit der Abtei bereits ein Burgrecht geschlossen hatte. Die Klosterhörigen stiegen jetzt in den Stand der Freien auf und mussten Kriegsdienst leisten. 1528 hob Bern die Klöster in seinen Landen auf und liess die Güter der vormaligen Abtei Trub durch seine Schaffner verwalten, die dem Landvogt von Trachselwald Rechnung ablegen mussten.

1803 kam Trub ins Oberamt Signau. Kirche und Kloster brannten zweimal ab, die Kirche wurde 1642, das Pfarrhaus 1756 neu gebaut.

Rund 50 Alpen erstrecken sich über das Truber Gemeindegebiet; 34 Brücken und Stege schwingen sich über die zahlreichen Bäche. Der wichtigste ist der Trubbach, der in 1300 Metern bei der Mettlenalp entspringt, erst den obern Fankhausgraben durcheilt, von links und rechts Zuflüsse aufnimmt und in dem sich verbreiternden Tal gegen Trubschachen fliesst. Sägen und Ölmühlen wurden an seinem Wasser errichtet. Da der Bach immer wieder zerstörend über die Ufer trat, begann man zu Beginn unseres Jahrhunderts mit seiner Verbauung.

Das Truberland ist Alpland und berühmt für seine guten Schwinger.

Der Lehrer Karl Uetz wurde durch seine Erzählungen und die Bäuerin Elisabeth Baumgartner durch ihre Mundartgeschichten und Theaterstücke berühmt. Beide wussten um das Leben in dieser Talschaft, einer kleinen Welt für sich, die der Napf überragt. Er ist des Emmentals ureigenster Gipfel, in seinem Herzen gelegen und aus dem gleichen Gestein entstanden, das weitherum der Landschaft das Gepräge gibt.

Langnau

Durch den Talboden von Teufenbach eilt die Ilfis in weitem Bogen an der Bärau vorbei dem Hauptort des Emmentals, Langnau, zu. Das Tal der Ilfis wird hier breiter, aber noch ist alles Bergland. Über Grate und Gräben zieht sich die achtzig Kilometer erstreckende Gemeindemarch südlich der Ilfis gegen die Scheidegg und Hochwacht hinauf, im Norden des Tals greift sie zur Hohmatt und Rafrütti. «Langenowa», die «Lange Au», liegt eingebettet in das Helldunkel eines Wald- und Weideteppichs. Ein Dorf «in erweitertem Thalschooss an der sonnigen Seite», so rühmt es Imobersteg, und er zählt den Ort zu den ältesten «in alt Bernerlanden». Die frühen Nachrichten über das Dorf fliessen spärlich. Im Bestätigungsbrief von Papst Innozenz II. für das Kloster Trub wird unter den Besitzungen, die zur Abtei gehören, auch «Lanngnouw» erwähnt.

Die ersten Höfe werden auf dem sanft geneigten, vor den Fluten der Ilfis geschützten Gelände am Südfuss des Dorfberges entstanden sein. Dunkel bleibt, wann sich hier das erste Gotteshaus erhob. Nach einem Eintrag in einem fremden Jahrzeitbuch stand um die Mitte des 13. Jahrhunderts im Dorf ein Kirchlein. Ungefähr zur gleichen Zeit hören wir von einem einheimischen Adel: 1261 übergibt ein «H(enricus) de Langenowa, nobilis» seine Lehen im «Witinbach» (Wyttenbach) dem Vogt von Rinkenberg zurück. Andere Mitglieder dieser Familie erscheinen als Dienstmannen der Kiburger. Imobersteg nimmt an, dass die Stammburg hinter dem Dorf stand, dort, wo es noch jetzt Schlossknubel heisst, oder dass sie sich auf «dem Castellakker über der Ilfis» befand. Nach Jahn erhob sich ein Turm «eine halbe Stunde hinter Langnau» auf dem Burgbühl über der Ilfis und dem Hühnerbach, nicht weit von Bärau.

Am Ende des 13. Jahrhunderts erwirbt das Kloster Trub bei Langnau Ländereien und von den Johannitern zu Münchenbuchsee die Mühle und Stampfe im Oberdorf. 1276 schenkte Ritter Peter von Aarwangen den Mönchen die Kirche und den Kirchensatz. Seine Herrschaft umfasste zu Anfang des 14. Jahrhunderts bei dreissig Hufen, die meist um die Burg Spitzenberg oder im benachbarten Langnau lagen. Durch Kauf gelangten Burg und Herrschaft nach 1300 an die Söhne König Albrechts, denen Johann von Aarwangen und die Freiherren von Grünenberg in den Rechten folgten. Nach Sempach zogen

Luzerner und Berner in die Täler der beiden Emmen und brachen die Burgen der habsburgischen Parteigänger. Die österreichischen Rechte erloschen. 1406 wurde Langnau ein Gericht der Landvogtei Trachselwald.

Der Ort hat sich im Laufe seiner Geschichte zu einem stattlichen Dorf entwickelt, das seit dem 15. Jahrhundert über ein Badhaus, seit 1519 über eine Marktlaube verfügte. Vom erhöhten Gelände zog es sich an den Fluss hinunter. Handwerker bauten auf der Allmend ihre Häuser, und bereits in der zweiten Hälfte des 16. Jahrhunderts beklagten sich die eingesessenen Bauern, dass im Schachen, in den Auen am Fluss, nicht mehr genügend Holz zu gewinnen sei, um mit Schutzbauten den Hochwassern zu wehren. Im linksufrigen Ilfisschachen stand damals eine Säge und eine Ziegelhütte. Rodungen verletzten das Ufergehölz. Im Witschachen, auf der rechten Seite des Flusses, entstanden sieben Häuser und eine Färberei. Auch im tiefgelegenen Gelände der vorderen Gool, ilfisaufwärts, siedelten sich mehrere Familien an. 1569 zählte man bereits gegen dreissig Häuser im Schachen. Da Bern das Schachenland als staatliches Grundeigentum betrachtete, mussten sich die Dorfgenossen in Fragen der Flussverbauung, der Bewirtschaftung und Besiedlung des Ufergeländes an Rat und Schultheiss wenden. Diese überliessen 1671 den Bürgern von Langnau alle an ihre Güter stossenden Reisgründe «zu Anlegung von Gärten und Beunden». Die neuen Besitzer mussten dafür die Schwellen an der Ilfis instandhalten.

Das Langnauer Wappen zeigt in Rot auf einem grünen Dreiberg drei grüne Tannen mit goldenen Stämmen. Wald, Weide und Berge prägen noch immer Denken und Tun der Ansässigen. Von den heute rund 8800 Einwohnern der Gemeinde leben nicht ganz zwei Drittel im Dorf Langnau, die andern in den dreihundert landwirtschaftlichen Betrieben der nähern und weitern Umgebung. Drei Dutzend Alpweiden ziehen sich über die Langnauer Berge. Sie ermöglichen es, ungefähr 500 Kühe zu sömmern. Die verhältnismässig tiefen Lagen der emmentalischen Weiden verbürgen ein langes Bestossen und lieferten dem im 18. Jahrhundert blühenden Küherwesen eine gesunde wirtschaftliche Grundlage. Heinzmann, der 1795 die Verhältnisse in Langnau beschreibt, nennt ein halbes Dutzend Männer, die sich mit dem Käsehandel befassen. Jeder von ihnen handelte aber noch mit andern Erzeugnissen, war «Cotonne-» oder «Leinwandfabrikant» oder befasste sich zusätzlich mit Flachs, Milchzucker oder «Scheidwasser». Im 19. Jahrhundert kamen die genossenschaftlichen Talkäsereien auf. Man intensivierte die Milchwirtschaft und schuf damit die Grundlage für einen weltweiten Käseexport. Um die Wende vom 19. zum 20. Jahrhundert verfrachteten elf Langnauer Firmen den Käse ins Ausland. Heute dienen die Alpen im Emmental hauptsächlich der Aufzucht von Jungvieh. Ein anderes Haustier auf den grünen Triften ist das Pferd. Es wird seit dem 18. Jahrhundert unter dem Namen «Langnauer Pferd» gezüchtet und war einst im Ausland sehr begehrt.

Der rings um das Dorf hinaufgreifende Wald nimmt ungefähr einen Drittel des Gemeindebanns ein. Im Wald von Dürsrütti gibt es die wohl schönsten Tannen Europas, die über 50 Meter hoch sind.

Seit dem 17. Jahrhundert hören wir von Töpfern. Ihre Erzeugnisse, besonders die Formen und Muster aus dem 18. und 19. Jahrhundert, werden heute wegen ihres Reichtums an Farben und Figuren gesammelt.

Im 19. Jahrhundert entstanden neue Industrien. Giesser formten Schellen und Hausglocken und verfertigten die Langnauer Schlittengeläute. Ofenbauer fanden ihre Kundschaft. Die Brauer stellten ein ortseigenes Bier her, Kräuterkundige brannten einen scharfen Magenbitter, und für den Raucher galt die Losung: «Wählt Langnauer Stumpen!» Es entwickelten sich Maschinen- und Metallbau. Heute zählt Langnau 75 Handels- und Industriefirmen sowie 400 handwerkliche Betriebe.

Die Geschichte von Langnau weiss noch von anderm zu berichten: von Täufermut und -elend und von der die Wünsche des Tales zum Ausdruck bringenden Landsgemeinde der Bauern, zu einer Zeit, da der grosse Bauernbund gegen die Herren in den Städten seine Gestalt erhielt. Gelehrte und Dichter trugen den Namen des Dorfes in die Welt hinaus: Europa pilgerte zu Micheli Schüpbach; Elisabeth Müller und Ernst Eggimann schufen sich eine Lesergemeinde, in den Blumenstilleben von Clara Mattli feiern die Farben ihre Feste.

Im «Chüechlihaus» im Oberdorf, einem steilgiebligen Holzbau aus dem 16. Jahrhundert, ist ein Heimatmuseum eingerichtet.

Emmenmatt

Bei Emmenmatt empfängt die Emme die Wasser der Ilfis und fliesst nordwärts in ein Tal, das im Westen vom Höhenzug Moosegg–Mützlenberg und im Osten von der Bagischwand und dem Bänzenberg-Ramisberg begrenzt wird. Im Bergland links und recht der Emme hat der Wechsel der Gesteinsschichten, verbunden mit der abtragenden Kraft des Wassers, ein vielfältiges Relief mit rundgehobelten Kuppen, «Äbniten» und scharf geschnittenen Eggen entstehen lassen. In grössern und kleinern Höhenabständen treten Terrassen auf. Sie bestehen aus Molasse und stellen die Reste früherer Talböden dar. Zu dreien Malen hat die Emme ihr Bett vertieft und jedesmal eine etwas engere Wanne geschaffen. So hat sie noch vor der zweitletzten Eiszeit eine Art Treppe gebildet, deren unterste Stufen sie jedoch in den darauffolgenden zweihunderttausend Jahren mit Gletscherschutt, See- und Flussablagerungen bedeckt hat, in die sie sich dann neuerdings ein Bett schnitt.

Gleich bei Emmenmatt zieht sich, hart an den Fluss herantretend, eine solche Terrasse hin, ein «Landstrich voller Frucht und Wärme», auf dem sich einige kleinere Siedlungen ausbreiten, während sich auf dem rechten Ufer bei Obermatt bis nordwärts gegen Zollbrück eine tiefgelegene Talsohle erstreckt; der Schachen von Mungnau und Bomatt – heute Acker- und Mattland, auf dem Höfe und kleinere «Schachenhüsli» stehen. Mungnau: der Name birgt ein althochdeutsches «gimundi», Einmündung, und weist auf Land an zwei Flüssen hin. Dieses Land ist früher immer wieder überschwemmt, verkiest und versumpft worden, und nur einige Heimwesen an seinem Rand waren von den verheerenden Wassergrössen nicht bedroht. Erst später, nach den ersten Verbauungen, wurde dieser Schachen besiedelt.

1569 gab es von der Langnauer Gerichtsgrenze bis Zollbrück siebzehn mehr oder weniger «luftige und windschiefe Hüsli». Sie waren strohgedeckt, einstöckig mit Walmdächern wie Kappen.

Ob Bomatt baut sich eine Terrasse auf, die scharf in den dortigen Schachen abfällt. Höher liegt Aebnit: einige Höfe, sonniges Gelände am Hang. Terrassen liegen über Terrassen, und auf ihnen grüssen die Firste einsamer Bauernhöfe, leuchtet das Gold der Gärten, werfen «Hosteten», Obstgärten, ihre Schatten. Gegen Lauperswil hin, am linken Talrand, liegen, gesichert auf einer breiten Geländestufe, die Höfe von Längen und Witenbach: Hofgruppen mit schönen Fronten, schwungvollen «Ründinen» und hochgezogenem Schild. Am ersten der beiden Orte hatte das Kloster Trub 1367 eine Reihe kleiner Heimwesen gekauft. Das Urbar der Herrschaft Signau erwähnt 1530 die dortige Mühle.

Lauperswil

Bei Lauperswil tritt die Terrasse zurück. Ein Weg führt in nördlicher Richtung nach Witenbach. Matten, Weide- und Ackerland dehnen sich zu beiden Seiten. Erdig dampft am Morgen der Acker. Aus den Obstgärten lugen mächtige Dreisässenhäuser. Ihre Schilde sind leicht vorgestreckt und die Dächer beidseits tief über die Traufseiten gezogen. In den Gärten wachsen Buchs, Blumen und Kraut, und wie kleine Burgbrücken führen die Einfahrten steil zu den geräumigen Heuböden hinauf.

Steil fällt von der Ruine Wartenstein, die auf einem vom Massiv der Blasenfluh nordöstlich vorgeschobenen Kamm liegt, der Wald ins Tal hinunter: Bestände von Weisstannen, durchsetzt von Kiefern und Fichten. Ein Kirchturm mit achteckigem Helm weist uns den Weg nach Lauperswil. Rund vierzig Firste erheben sich hier, Linden verströmen ihren Duft, die Häuser sehen aus wie gewaschen.

Ob es sich um eine Niederlassung handelt, die einst «im Laub», im Eichenwald der Emme, lag? Ob der Name als Weiler eines Laubhari zu deuten ist? Eines alemannischen Sippenführers? In «wil» klingt, wie auch andernorts, das lateinische «villa» nach, das sich im Romanischen zu einem «villare» weiterentwickelt hat. Am Rande einer Flurterrasse, die nach Norden in einer Stufe von fünfzehn bis zwanzig Metern in den Schachen absinkt, entstand das Dörfchen Lauperswil. Es ist ein Haufendorf von nicht allzu viel Firsten, der Mittelpunkt einer Gemeinde, deren Grenze im Osten gegen den Napf, im Westen zur Blasenfluh hinaufsteigt. Weit sind die Höfe über die Höhen verstreut. Manch ein Spätzugezogener oder Überzähliger fand hier auf irgendeinem Gupf, einem windoffenen Kamm, am steilen Hang oder im abseitigen Graben einen schmalen Platz zum Überleben. Mittelpunkt dieses weitgedehnten Siedlungsraumes ist die Kirche. Ihre Fundamente gehen auf das 16. Jahrhundert zurück. Im Mittelalter wurden die Lauperswiler seelsorgerisch von Trub betreut.

Schon vor der Reformation gab es in Lauperswil eine Taverne. Jahn erwähnte die Badewirtschaft mit einer mineralhaltigen Quelle in der Kalkmatt und spricht von einer Nagel- und Hufschmiede. In der zweiten Hälfte des 16. Jahrhunderts verschwanden die Allmend und der Gemeindewald im Emmenschachen bis auf wenige Reste, die dem Unterhalt der Wege und Schwellen sowie der Fütterung des Gemeindestiers dienten.

Die älteste Geschichte des Ortes erzählt von einer Burg, die einst oberhalb von Lauperswil stand. Heute ragen die Ruinen aus Wald und Gesträuch. Einst herrschte Leben auf dieser luftigen Höhe. Die Herren übten sich im Speerwurf, ritten mit dem Falken durch den weiten Forst, zogen zum Kampf und fröhlichen Turnier. Von diesen ersten Herren ist wenig überliefert. Wahrscheinlich gehörte Adelbert von Röderswilare, der 1146 eine Vergabung an das Kloster Frienisberg mitunterzeichnet hat, zu ihnen. «Es waren wohl seine Nachkommen», schreibt Heinrich Türler, «die die Burg Rüderswyl verliessen und sich Wartenstein bauten.» Rüderswil und Lauperswil zählten zur wartensteinischen Herrschaft.

Um die Mitte und in der zweiten Hälfte des 13. Jahrhunderts herrschten auf der Burg nacheinander die Ritter Ulrich und Heinrich Swaro. 1284 kam die Burg mit ihren Gütern vorübergehend in den Besitz des Klosters Trub, und vom Jahre 1288 an war sie Besitz derer von Schweinsberg. Als 1382 Graf Rudolf II. von Kiburg mit einem Angriff auf Solothurn den Krieg gegen Bern und seine Freunde begann, zogen die Truppen Berns ins Emmental und brachen die Burgen derer, die zum gräflichen Hause hielten: Friesenberg, Grimmenstein und Wartenstein wurden zum Raub der Flammen. Die Herrschaft gelangte, nachdem nochmals kurz die Mönche von Trub ihre Hände im Spiel gehabt hatten, über die Familie von Balmoos 1493 an den Junker Wilhelm Hug von Sulz. Hug besass im Dorf nur noch die kleine Gerichtsbarkeit. Stock, Galgen und das hohe Gericht waren 1408 über den Ritter Burkhard von Sumiswald an Bern gekommen.

Zollbrück

Im Mittelalter gab es im Tal der Emme wenige Wege. Der Fluss mit seinem ungewissen Wasserstand und die versumpften, verschilften Niederungen hemmten den Verkehr. Wo vereinzelt ein schwankender Steg die Ufer verband, musste man damit rechnen, dass er nach dem nächsten Hochwasser fehlte. So stockte oft talaus, talein der Verkehr. Die Brücke bei Schüpbach brachte eine erste Abhilfe, doch die emmeabwärts gelegenen Dörfer fanden sich übergangen. So wandten sich 1551 die fünf Kirchspiele Langnau, Lauperswil, Rüderswil, Trachselwald und Trub an die Obrigkeit mit der Bitte, auf eigene Kosten eine Brücke bauen zu dürfen, um bei einer Feuersnot und andern Gefahren einander besser helfen zu können. Am 28. Oktober gleichen Jahres erteilte Bern den «kilchspielen im Emmental» die Bewilligung «ein nüwe Brugk ze machen» und «inen den zoll zlassen so verr si di brugk in Eeren haltend...». Ein besonderer «Brüggbrief» hält die einzelnen Bedingungen fest und erklärt das Einverständnis der betreffenden Gemeinden. Im darauffolgenden Jahre wurde die vierjochige Brücke gebaut. Sie wurde schräg über den Fluss gezogen. Dach und Verschalung schützten sie gegen die Unbill des Wetters. Im Herbst 1552 scheinen die Arbeiten vollendet gewesen zu sein, denn kurz darauf schenkte die Obrigkeit, einem alten Brauch entsprechend, «denen im Emmental knöpff, stangen und vennli» auf die neue Brücke. Auf diesen Hoheitszeichen prangte, wie auf den landvögtlichen Schlössern, der Bär.

Um den Unterhalt der Brücke sicherzustellen, durften die beteiligten Gemeinden einen Zoll erheben, von dem sich Bern den halben Teil vorbehielt. Genauestens wurde bestimmt, was ein jeder entrichten musste und wieviel ein «Krämer mit der Trage, ein Mann mit Ross» zu bezahlen habe. Käse, Salz, Wein und Korn wurden nach einem bestimmten Modus besteuert, ebenso das Gross- und Schmalvieh. Bern erwarb mit einem

Beitrag von 120 Kronen an den Bau Zollfreiheit für seine Bürger, und die Nachbargemeinden, die das Werk mit einer «Steuer» gefördert hatten, wurden ebenfalls von den Zollabgaben befreit. Im Herbst 1553 erkaufte sich auch die Stadt Burgdorf das Recht des freien Übergangs.

1559 nahm die bernische Obrigkeit einen Artikel in die emmentalische Landsatzung auf, der den Schutz der Brücken betraf. Niemand solle, so steht darin, «bei Strafe eines halben Guldens, Fackeln und offene Lichter oder Feuer über die Lauperswiler Brücke tragen». Die fünf genannten Gemeinden wählten aus ihrer Mitte einen Brückenvogt, der «sonderlich auf Pfeiler, Dach und Diele» zu achten hatte und die Bussen einzog. 1565 erteilte die Obrigkeit dem Zöllner die Erlaubnis «zu würten, so lange es miner Herren gefellig». Ein Brückenort entstand. Die Wasser der Emme dienten einer Säge, einer Blaufärberei und einer Rindenstampfe. 1568 bewilligte der Rat von Bern die Errichtung der Neumühle, ein Jahr später einer Walke. Handwerker siedelten sich an. 1584 verkauften die am Bau der Brücke beteiligten Kirchspiele dem «Ehrbaren Cueni Kräyenbühl um 500 Pfund Berner Währung» das Zollwirtshaus mit Grund und Boden und der dazugehörenden Scheune. Dem gleichen Käufer wurde auch der Zoll abgetreten: ein öffentliches Recht geriet damit in private Hände.

Das erste Zollwirtshaus stand «auf dem Rain zunächst unter der Hofstatt», vermutlich an der heutigen Aulengasse. Nach Zeugnissen des Chorgerichts wurde hier nicht nur des öftern überwirtet, sondern auch getanzt, gespielt und musiziert. Es gab heftige Reden und Streit. Einmal wurde einer der Wirte gebüsst, weil er vom Lehenmüller in der Kalkmatt gestohlenes Korn erworben und des Nachts weggeschafft hatte. So erwog die Obrigkeit mehrmals die Aufhebung des Wirtshauses, drang aber nicht durch. Im 18. Jahrhundert gab es bereits eine Taverne in Lauperswil, eine im Moosbad und die Schenke in der Kalkmatt. 1773 wurden Zoll und Wirtshaus getrennt.

Das Dorf Zollbrück dehnt sich nach Süden am Rande des Bomattschachens hin, der Kern des Dorfes liegt auf dem Boden der Gemeinde Rüderswil.

Eine Urkunde von 1782 unterscheidet das kleine Dorf an der Emme mit dem Wirtshaus und einem Dutzend Höfen von dem landwärts gelegenen «Klapperplatz», einem Ort, an dem sich neben kleineren Besitzungen und einer Schule das Zoll- und Krämerhaus befanden. Hier soll nach der Überlieferung der Bauernführer Niklaus Leuenberger mit scharfen Worten gegen die Obrigkeit losgezogen und daraufhin «verklappert» (verraten) worden sein. Auf einer Ansicht des Dorfes aus der Mitte des letzten Jahrhunderts sehen wir zur Linken der Brücke einen Hügel, der 1881 dem Schienenweg der Linie Burgdorf–Langnau weichen musste. Am Fuss der Erhebung steht das stattliche Geviert des Hoferhauses mit dem einfachen Anbau der Zöllnerwohnung, weiter rechts, unter ausladendem Dach, sieht man die breite Front des Zollwirtshauses. Von der Brücke selbst gewahren wir nur die Stützmauer und den Bogenansatz. Es ist genug, um zu erkennen, dass es sich nicht mehr um die alte Brücke handelt, die 1837 von den Fluten des Hochwassers weggerissen wurde, sondern um die verschalte Bogenbrücke, die ein Jahr nach diesem Unglück von den Zimmermeistern Christian Lüthi aus dem Ried und Christian Sommer aus Trachselwald und dem Steinmetz Johannes Herrmann von Langnau aus 500 Bautannen errichtet wurde. Die Brückeneinfahrt, die Käserei und das alte Zollwirtshaus bildeten einen imposanten Dorfeingang. Die Brücke fiel 1947 den Flammen zum Opfer.

Rüderswil und Ranflüh

Emmeabwärts führt die Strasse nach Ranflüh. Der Weg auf dem linken Ufer steigt zur Terrasse von Rüderswil. Das Dorf ist eine Doppelsiedlung: zwei Weiler, die auf Schuttkegeln gründen, auf kaum merklich aus dem Relief heraustretenden Erhebungen, die zwei Bächlein aufgeschüttet haben. Das eine plätschert vom Mützlenberg herunter und reisst am Rand der Hügel das «Chirchgräbli» auf, an dessen Bord sich das Innerdorf ausbreitet. Das andere kommt vom Rüederswilberg, nagt das «Hirzengräbli» aus und nährt weiter unten die Matten des Ausserdorfes. Die beiden um einige hundert Meter getrennten Weiler rücken längs der Strasse zusammen. Wie in Lauperswil, begegnen wir auch hier hablichen Höfen, die, Wunderwerke der Zimmermannskunst, unter ihren weiten Dächern Wohnung, Stall und Tenn vereinen.

Hat ein Ruodger die Siedlung gegründet? Eine ältere Namensform heisst Roderswile. Der Ort wurde bereits im 12. Jahrhundert erwähnt. Er teilte das Schicksal des benachbarten Lauperswil, mit dem er in die Herrschaft Wartenstein und ins Landgericht Ranflüh gehörte. Ein Streit um den Kirchensatz beweist, dass Rüderswil bereits am Anfang des 14. Jahrhunderts ein Gotteshaus besass. Es war dem heiligen Gallus geweiht. Um 1350 gelangte das Patronat dieser Kirche an den Deutschen Orden in Sumiswald. Hoch streben die Mauern von Schiff und Chor aus dem Grün des alten Kirchhofs.

Ein Bericht vom Ende des 18. Jahrhunderts erwähnt in Rüderswil ein Krämerhaus, eine Salzhütte und eine Hufschmiede. Später kamen ein Wagner und ein Sattler hinzu. Schon vor der Zeit der Reformation lud im Innerdorf eine Taverne den Reisenden zum Trunk ein. Auch im Nachbarweiler gab es schon früh eine Wirtschaft. Die zwischen den beiden Dorfkernen gelegene Käserei von 1853 weist auf die im 19. Jahrhundert erfolgte Umstellung auf Graswirtschaft und Viehhaltung hin.

Nach der Mitte des 16. Jahrhunderts teilten die Rüderswiler Bauern die Allmend unter sich auf. Es gab damals schon einzelne Häuser im Rüderswilschachen, der sich auf dem linken Ufer der Emme vom Wangelenbord nordwärts zieht und in dem an einem kleinen Kanal die Bauten der 1872 gegründeten Spinnerei und Weberei errichtet wurden. Auf dem rechten Ufer der Emme liegt der Ranflühschachen, der im Osten durch die Talstufe von Ranflüh begrenzt wird. Wie überall wurden die höheren und gesicherten Lagen zuerst besiedelt. Der Bevölkerungszuwachs zwang jedoch im Laufe der Jahre gar manchen Landlosen, manchen kleinen Handwerker und Tauner in den Schachen hinunter. Dort siedelten sie zwischen Ried und Ufergebüsch. Der Schachen war Niemandsland ohne eigentlichen Besitzer, ohne genaue March. Herrin war der Fluss, die Emme mit ihrem Ungetüm, ihren Launen. Hier schalteten die neuen Siedler nach eigenem Gutdünken und raubten ohne viel Zögern dem Ufer so manch schützendes Gehölz. Noch betrachteten die Talbewohner den Reisgrund, so nannten sie das unfeste, aus Sand, Schlamm und angeschwemmter Erde bestehende Ufergelände, nicht als staatlichen Besitz. Die Bauern der anstossenden Dörfer benutzten ihn als Allmend. Erst als die Gemeinden der regellosen Besiedlung nicht mehr Herr wurden und – wie ein Bericht aus dem 17. Jahrhundert meldet – «allerlei Bettel- und Lumpengesindel sich einschlich» und den Gemeindegenossen allerlei Schaden zufügte, trugen sie der Obrigkeit die Verfügungsgewalt über das Schachenland an. Diese stellte 1568/69 wegleitende Grundsätze auf, schränkte die Rodungen ein und verpflichtete die Schachenleute, den Zehnten zu entrichten und sich bei Hochwasser am Schwellenbau zu beteiligen. Die Bereinigung der Schachen rief nach einer Bestandesaufnahme. Für 1569, 1625/26 und 1736 liegen die Zahlen vor. Nach diesen gab es in den genannten Jahren im Ranflüh-, Bomatt- und Mungnauschachen gesamthaft je 22, 46 und 63 Häuschen. Fast jede dieser schmalen Heimstätten besass einen Umschwung von ungefähr einer Jucharte.

      Blieb unten im Schachen das Leben ein ständiges Abenteuer, ein Kampf mit dem Fluss und seinen Gewalten, so nahm es oben auf den Terrassen einen gemächlicheren Gang.

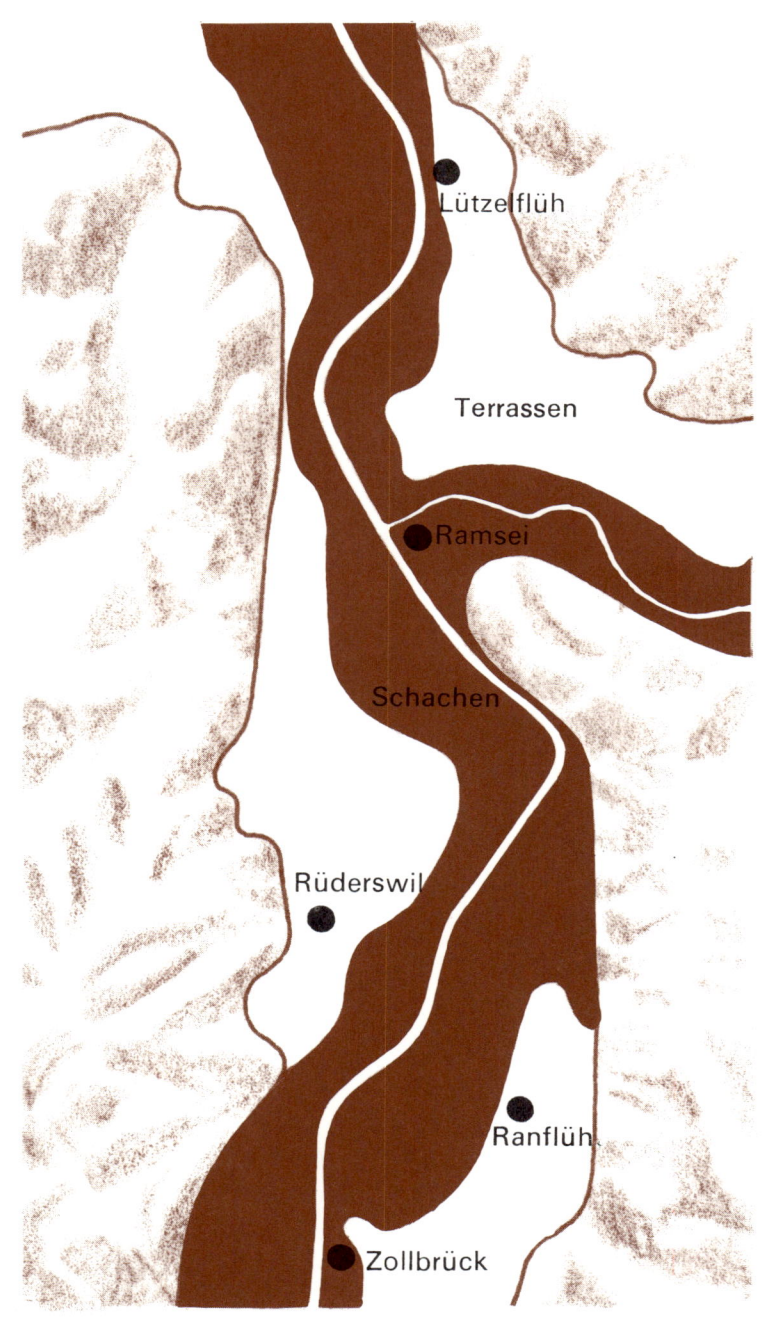

Der Bauer pflanzte seinen Hafer und Dinkel und hielt im Wechsel mit der Brotfrucht andere Teile des Kulturlandes für den Wiesenbau frei.

Wie Rüderswil liegt auch Ranflüh auf der gegenüberliegenden Talseite auf einer Terrasse. Wie zur Musterung reihen sich hier die Höfe längs der 1839 angelegten Talstrasse, die den unbequemen Weg über den Rämisberg ersetzt hat.

Ranflüh war Gerichtsort der Landschaft Emmental. Ihre Grenzen entsprachen nach einem Weistum von 1400 ungefähr dem Einzugsgebiet der Emme. Hier wurden auf der alten Malstatt vor dem Tann die «schädlichen Leute» abgeurteilt, Rechtsbrecher «verrüefft» und «verschryen» und Untäter an den Galgen gebracht.

Rüderswil war die Heimat des Bauernführers Niklaus Leuenberger; als Pfarrer wirkte an der Kirche Gottlieb Jakob Kuhn, der Dichter und Vertoner berndeutscher Volkslieder.

An den Ufern der Grüene

Aus dem weiten Talabschnitt von Rüderswil und Ranflüh zielt die Emme, in heute korrigiertem Lauf, gegen die Wannenfluh, bei der sie nach Westen abdreht. Strasse und Bahn halten sich eng an Berg und Fluss. Gegen Westen zu fällt der Höhenzug vom Ramseiberg jäh gegen den Talgrund ab. An dieser Stelle strömt der Emme die Grüene entgegen. An ihrer Mündung liegt das Dorf Ramsei.

In einem weiten, nach Norden ausgreifenden Bogen, der von ihren Quellen im Napfgebiet bis zur Mündung in die Emme an Länge dem Lauf der Ilfis nur um ein geringes nachsteht, hat die Grüene Gräben und Talgründe geschaffen und dadurch mitgeholfen, dem Massiv des «Emmentaler Rigis» seine heutige Gestalt zu geben. Ihr Einzugsgebiet sind die von der Lüdernalp und vom Hochenzi nach Nordwesten schwingenden Höhenzüge. Die Grüene wird vornehmlich aus zwei Bächen gebildet: dem Hornbach und dem Churzeneibach, die sich bei Wasen treffen. Der Hornbach fällt vom Hochenzi schroff in den nach ihm benannten Graben, rauscht erst im engen Tal am Riedbad vorbei und fliesst dann in nordwestlicher Richtung in einem schmalen Talboden hin. Weidetriften krönen den Kamm, der das Einzugsgebiet der Grüene vom Tal der Luthern und Langeten trennt. Wenige Hofgruppen beleben das Tal; auf den Eggen stehen Berghütten und Sommerställe.

Im Jahre 1825 betrug der Käseertrag auf den 23 Sumiswalder Alpweiden, die im Hornbachviertel liegen, 750 Zentner. Damals wurden auf den Weiden 600 Kühe gesömmert.

Bei Fritzenhus weitet sich das Tal und wendet sich leicht nach Westen. Der Bach strömt, durch seitliche Zuflüsse gemehrt, im breiten Kiesbett auf das Kirchdorf Wasen zu. Dieses liegt in einer Talweitung, inmitten grüner Wiesen, «auf dem Wasen», wie es im Volksmund heisst. Einst eine Schachensiedlung – im letzten Drittel des 16. Jahrhunderts wurden fünfzehn Häuser gezählt –, entwickelte sich der Ort zum gewerbereichen Mittelpunkt. Das Dorf mit seinen Gasthöfen und Bädern in der Umgebung bildet noch immer eines der beliebten Ausflugsziele der Emmentalwanderer. Das Landschaftsbild wird durch den Wald geprägt.

Verdienten früher die Armen im Tale ihr Brot mit Spinnen und Weben und stellten geschickte Hände die damals gesuchten Göllerkettchen her, so entwickelte sich Wasen seit der zweiten Hälfte des 19. Jahrhunderts zu einem an Industrie reichen Dorfe. Eine Fabrik für Metallwaren entstand, die Leinenweberei verschaffte zahlreichen Familien Lebensunterhalt.

1908 brachte der Schienenstrang der Landschaft die Verbindung mit Ramsei und den Anschluss an die Burgdorf-Langnau-Bahn.

Hornbach und Churzeneibach, die die Grüene bilden, sind Wildbäche. Immer wieder richteten sie grosse Verheerungen an. Emanuel Friedli nennt die Grüene tückisch und zügellos, «ein wildes sumiswalder Kind». In der Sturmnacht vom 4. zum 5. Juni 1853 rissen ihre Fluten das Schulhaus und mehrere Heimstätten von Wasen fort und spülten, wie ein Chronist erzählt, auf dem Kirchhof die Särge heraus.

Auf seinem Hof Lugenbach lebte im 19. Jahrhundert der Landwirt und «Wasendoktor» Ulrich Zürcher, ein viel aufgesuchter Heiler.

Sumiswald

Oberhalb des Zusammenflusses von Grüene und Griesbach liegt auf einer Terrasse das Dorf Sumiswald. Es ist im Laufe der Zeit mit dem Dorf Grünen, unten am Fluss, zusammengewachsen. Das Herz von Sumiswald, mit seinen behäbigen Bauernsitzen, Gasthöfen und schönen Brunnen, ist die Kirche, die zu Anfang des 16. Jahrhunderts erbaut wurde. Die Holzdecke weist geschnitzte Friese auf, und die herrlichen Glasgemälde des 16. Jahrhunderts sind Stiftungen aller Komture der Ballei Elsass-Burgund des Deutschen Ritterordens.

Nach örtlicher Überlieferung hat ein Alemanne namens Suomolt in der Zeit Karls des Grossen (um 800) hier den ersten Hof gebaut. Der Name des grossen Frankenkaisers muss wohl dazu herhalten, um dem Geheimnis der Frühe Ruhm und Glanz und eine gewisse Gewähr zu verleihen. In spätern Jahrhunderten herrschten die Freiherren von Lützelflüh in der Gegend, doch neben ihnen stieg ein anderes Geschlecht auf: die Edlen von Sumiswald, die über die Täler der Grüene geboten. Auf dem Burgbühl stand ihr Schloss, Graben und Wall waren vor nicht allzu langer Zeit noch erkennbar.

Lüthold von Sumiswald stiftete 1225 dem Hospital des Deutschen Ordens in Jerusalem den Kirchensatz sowie alle seine Güter und Lehen in der March des Dorfes nebst anderem

Besitz. Der Orden musste als Entgelt in Sumiswald zwei Priester halten, ein Spital führen und darin Arme und Durchreisende betreuen. Der Vorsteher dieser Niederlassung war der Komtur. Er unterstand dem Landeskomtur der Ballei Elsass-Burgund. Die neuerrichtete Kommende verfügte über die Gerichte am Ort, wuchs in landesherrliche Stellung und mehrte durch Kauf und Schenkungen ihren Besitzstand. Ausser Sumiswald und Dürrenroth verfügte der Orden über Rechte in Arni, Dieboldshusen, Affoltern, Trachselwald und Walperswil. Die Bauern waren Leibeigene des Komturs, bezahlten den Leibzins, die «stür», und mussten beim Tode eines Eigenmannes das «Besthaupt», das beste Pferd oder Rind, aus dessen Stalle entrichten.

Die Kommende stand mit Bern im Burgrecht. Als zu Beginn des 16. Jahrhunderts der Orden auf Druck der Stadt die Leibeigenschaft aufhob, geschah dies gegen den Willen der Betroffenen. Zu Beginn der Reformation zog Bern die Kommende ein, musste sie aber 1552 nach Klage bei der Tagsatzung dem Orden zurückgeben. 1698 gelang es der Stadt, die Herrschaft käuflich an sich zu bringen, und wurde damit zur Landesherrin im Tal der Grüene.

Nicht weit von Sumiswald erhob sich auf einem Bergsporn das Schloss des Deutschen Ritterordens. Eine Ringmauer mit Wehrgang umzog einst die festungsartige Anlage. Das Schloss diente gleichzeitig als Rittersitz und als Spital. Diese beiden Aufgaben beeinflussten die bauliche Gestaltung. Später wurde die Burg um- und nach dem Brand von 1730 wieder aufgebaut. Noch heute ist sie ein Armenspital. Bis auf unsere Zeit blieben für Bern die Bedingungen des Kaufvertrages mit dem Orden wegweisend.

Ein Ortslexikon von 1827 erwähnt verschiedene Handwerker, darunter einen Schlosser und einen Schmied, einen Wagner und einen Schreiner, Töpfer und Büchsenmacher und die Brüder Hirsbrunner, zwei Drechsler, die «vorzügliche Blasinstrumente» herstellten. Im 19. Jahrhundert waren Pendeluhren und Chronometer aus Sumiswald «fast unentbehrliche Stücke eines bernischen Hausrats».

Uhren und Musikinstrumente werden auch heute noch in ortseigener Industrie hergestellt. Auch Grünen, einst Sumiswalds «Taglöhner-Vorstadt» genannt, ist heute ein reges Industriedorf.

Trachselwald

Der Emme zu findet die Grüene einen ungestörten Lauf. Auf einem Sporn der Haretegg ist das malerische Schloss Trachselwald, der einzige Adelssitz des Emmentals, der aus dem Mittelalter in die Gegenwart hinübergerettet und nicht durch Zu- und Umbauten verunstaltet wurde. Der mächtige Turm erinnert an ritterliche Zeiten.

Auch in Trachselwald knüpft die Überlieferung an die Zähringer an: Adalbert aus diesem Geschlecht soll hier die Herrschaft besessen haben. Doch weiss man über die Anfänge von Trachselwald nichts Sicheres. Urkunden berichten von einem Offo und einem älteren und jüngeren Thüring. Später wird Dietrich von Rüti als Mitbesitzer der Burg erwähnt. Unter Vorbehalt seiner Rechte auf den Twing und Bann im Dorf verkaufte dieser seinen Anteil am Schloss einem Verwandten, dem Ritter Konrad von Sumiswald. Im Machtkampf zwischen der Stadt an der Aare und den Kiburgern ergriffen die Berner von der Burg Besitz und verliehen sie 1392, mit Ausnahme eines habsburgischen Pfandanteils, dem Burkhard von Sumiswald. Vorübergehend besass auch der benachbarte Deutsche Orden das Schloss. 1408 zog Bern die Herrschaft an sich und verwandelte sie in eine Landvogtei, in deren Gericht, neben dem Gebiet am Unterlauf der Grüene auch der Dürrgraben, das heutige Heimisbach, gehörte.

Über den engern Besitz der Burg hinaus unterstanden dem Landvogt von Trachselwald auch die landeshoheitlichen Rechte in grossen Teilen des Emmentals «von Schangnau bis Huttwil». Es waren Rechte, die die Stadt von den Kiburgern erworben hatte.

Das Dorf bildet den Mittelpunkt eines besondern landschaftlichen Verbandes des engeren Emmentals, zu dem auch die Landvogteien Brandis und Sumiswald gehörten. Diese «Landschaft Emmental» war die Nachfolgerin des alten Landgerichts Ranflüh. Sie bildete einen selbständigen Rechtskreis und bewahrte in verkleinertem Umfang den ursprünglichen Charakter als Blutsgerichtsbezirk. Zugleich war die Landschaft auch als militärischer Verband organisiert, dessen Mannschaft unter eigenem Fähnlein ins Feld zog. Gewählte der Landschaft versammelten sich im Wirtshaus «zur Tanne» in Trachselwald zum Gericht. Hier berieten sie über gemeinsame Interessen, wachten, dass den Satzungen nachgelebt wurde und verwalteten das «Landschaftsgut». Der Landschaft Emmental standen ein Landeshauptmann, ein Landschreiber, ein Säckelmeister und ein Landweibel vor. Von Anfang an wird es zwischen der Obrigkeit und der Landschaft Emmental zu einem Seilziehen um die Abgrenzung der beidseitigen Befugnisse gekommen sein. Der erstarkende Staat ging auf die politische Entmachtung der Landschaft aus. So wurde der Landschaftsverband nach und nach in seinem Wirken eingeschränkt, und schliesslich blieb ihm nur noch die Verwaltung der Landschaftsgelder. Sie flossen später erzieherischen Aufgaben zu. 1867 lösten die Teilhaber das Landschaftsgut auf.

Kurz oberhalb ihrer Mündung in die Emme empfängt die Grüene noch einen linksseitigen Zufluss: den Dürrbach aus dem gleichnamigen Graben (heute: Heimisbach). Noch heute liegt dieser abseits des grossen Verkehrs, nur zwei Wege verbinden ihn mit den benachbarten Tälern. In weitem Bogen umschliesst ein von der Lüdernalp zur Haretegg schwingender

Kamm Heimisbach im Norden und Osten und trennt es von der Churzenei und dem Tal der mittleren Grüene. Der Ramisberg und der Bänzenberg scheiden Heimisbach von der Emme. Acht Kilometer lang zieht sich der Talgraben von der Sparrenegg bis Grünenmatt. Im Verlaufe des 16. Jahrhunderts wurde in Grünenmatt und «in der Dürre», im vordersten Abschnitt des Hauptgrabens, von Taglöhnern und Hauslosen der Schachen besiedelt. Um 1570 standen in den beiden Gebieten bereits ein Dutzend Heimstätten. Taleinwärts entstanden die Höfe von Hopferen, Chramershus und Thal und an den gerodeten Hängen, auf Eggen und Knubeln zahlreiche Berghöfe. Eine nach Rüegsau pflichtige Mühle versorgte die Gegend. Im hintersten Binzgraben war eine Stätte der Andacht, eine Kapelle, die dem englischen Glaubensboten, dem heiligen Oswald, gewidmet war. Sie war das Ziel zahlreicher Wallfahrer im Mittelalter. Später pilgerten viele in die Hopferen zum Bader. Dort hielt 1639 Daniel Steck eine Badstube, die er mit einem Gastbetrieb verband. Der Name Steckhaus ist am Ort haften geblieben. Talaufwärts gab es einen weitern «Gesundbrunnen»: das Chrummholzbad am rechtsseitigen Berghang.

Der Dürrgraben hat aber nicht nur durch die heilende Kraft der Gebete und des Wassers von sich reden gemacht; durch das Wort eines seiner bedeutendsten Söhne, Simon Gfellers, ist er eingegangen ins bernische Schrifttum. Das Buch «Heimisbach» hat dem Tal den neuen Namen gegeben.

Lützelflüh

Von Ramsei fliesst, mit der Grüene vereint, die Emme zwischen Säumen von Uferwald. Bald winken die Höfe von Lützelflüh. Die Gemeinde reicht mit ihren fünf Bezirken bis nach Grünenmatt ins Weichbild von Ranflüh und dicht an die Kirchen von Rüderswil und Trachselwald heran. Mit Goldbach zusammengewachsen, zeigt das Dorf ein doppeltes Gesicht. Im Schachen, in dem heute das Bahnhofquartier und das Dörflein Goldbach liegen, haben sich Gewerbe und in neuerer Zeit Industrien niedergelassen: die Gersten- und die Hafermühle, holzverarbeitende Betriebe, eine Parkettfabrik.

Der Kern der Siedlung liegt jedoch auf der Terrasse über dem rechten Ufer des Flusses und ist um die Kirche und das Gasthaus «zum Ochsen» geschart. Da, wo sich eine von den Freiherren von Lützelflüh gestiftete Kapelle befand, wurde zu Anfang des 15. Jahrhunderts die heutige Kirche gebaut. Die Höfe des Oberdorfes sind freundlich in die Matten gebettet. Sanft erhebt sich in ihrem Rücken die Brandishub und schützt sie vor dem Beissen der Bise. Je nach der Jahreszeit leuchten die Obstgärten in der Blüte oder umbrandet das Gold des Getreides die braunen Bauernhäuser. Wie hat Gotthelf sie gepriesen! Sie gleichen Burgen aus Holz, kunstvoll behauen und sicher auf das Mauerwerk gestellt.

Noch im frühen Mittelalter ergoss sich die Emme ungehemmt über den flachen Talboden und füllte ihn mit Geröll. Nach jedem Hochwasser bildeten sich Sümpfe. Furt und Steg bei Lützelflüh wurden von den Reisigen und Kauffahrern, die nach Sumiswald, Huttwil oder Wolhusen wollten, benutzt. An den Emmensteg erinnert ein munteres Lied auf den Sundgauerzug von 1468. Darin wird über den Zuzug aus dem Emmental gesungen:

«Zuo Golpach lit ein breiter steg,
woluf gevatter, wir müend enweg!»

Das kleine Dorf, das sich an diesem Steg entwickelt hat, erscheint in einer Urkunde von 1250 als «Luzzelenwlo», «bi der luzzelen fluo». Nach alter Mundart ist «lützel» etwas nicht Festes. Lützelflüh liegt demnach auf einer brüchigen Fluh.

Ein Freiherrengeschlecht nannte sich nach diesem Ort, das aber nur mit wenigen Namen bekannt wurde. Im

13. Jahrhundert tauchten die Brandis, deren Schloss flussabwärts, hoch über dem rechten Ufer der Emme, stand, als Herren auf. 1455 verkaufte Wolfhart aus diesem Geschlecht seine emmentalische Herrschaft samt den Vogteien über Trub und Rüegsau dem Kaspar von Scharnachthal. Nach mehrfachem Handwechsel erwarb Bern 1608 die Herrschaft Brandis samt den Gerichten Lützelflüh und Rüegsau durch Kauf, machte daraus ein Amt und liess dieses bis zum Umsturz von 1798 durch Vögte verwalten. Im gleichen Jahr brannte das Schloss ab.

Der Schachen auf dem linken Ufer der Emme wurde als Allmend genutzt. Er gehörte im 16. Jahrhundert zur Hauptsache den Freiherren von Brandis, dem Deutschen Orden und der Stadt Bern. Der gemiedene und unverteilte Boden lockte auch hier manchen Landlosen. Es gab Streitigkeiten, und 1568 entschied die Obrigkeit, dass die Schachenleute dem Landvogt einen Zins zu entrichten hätten. Im 17. Jahrhundert gingen Schachenwald und Allmend in private Hände über.

1553 hatten «die von Brandis und Lützelflüh» vor dem Rat in Bern begehrt «ein Stäg über die Emmen zu machen». Eine befahrbare Brücke sollte einen sturmsicheren Übergang bieten. Die Gnädigen Herren lehnten zuerst ab, hatten aber schliesslich ein Einsehen. So wurde in den Jahren 1583 und 1584 die Brücke gebaut. Sie kam auf zwei Joche zu stehen und besass hohe Widerlager, die den Hochwassern den Weg freigaben. Die Stadt Bern hatte tausend Pfund an die Kosten gespendet und schmückte die Brücke mit ihren Hoheitszeichen. Das Emmental hinauf und hinab steuerten die Gemeinden bei. Sie wurden deshalb für «Hausrat und Hausbrauch» vom Brückenzoll befreit.

Bereits die Grafen von Kiburg und nach ihnen die Stadt Burgdorf hatten an der Strasse nach Goldbach einen Zoll erhoben. 1584 kaufte Bern ihnen dieses Recht ab, verlegte den Zoll an die neue Brücke und teilte den Ertrag mit den am Bau beteiligten Kirchspielen, die für den Unterhalt aufkommen mussten. In den folgenden Jahren wurde die Schwellenpflicht im Bereich der Brücke genau festgelegt. Das Bauwerk widerstand vielen Hochwassern, musste aber 1902 ersetzt werden.

Von 1831 bis zu seinem frühen Tode im Jahre 1854 war Albert Bitzius Pfarrer in Lützelflüh. Als Jeremias Gotthelf wurde er als Volksschriftsteller über die Grenzen seiner Heimat bekannt. Die wirtschaftliche und seelische Not weiter Kreise der Landbevölkerung, die er auf seinen Wegen durch das Emmental kennenlernte, zwangen ihn zum Schreiben. In den ersten Jahren seiner Amtszeit entstanden in rascher Folge «der Bauernspiegel», «die Armennot», «Leiden und Freuden eines Schulmeisters», «Wassernot im Emmental» und «Dursli, der Branntweinsäufer». Er ruht auf dem Friedhof von Lützelflüh neben zwei andern bedeutenden Emmentalern: dem Pfarrer und Sprachforscher Emanuel Friedli und dem Schulmeister und Dichter Simon Gfeller.

Rüegsau

Unterhalb von Lützelflüh trägt die Terrassenlandschaft der Emme ein anderes Gesicht. Auf der rechten Talseite fällt der Brandisberg nördlich von Lützelflüh unmittelbar zum Emmegrund hinunter, und von Rüegsauschachen bis zum Lochbachbad und weiter unten bei Burgdorf hält sich der Fluss eng an das östliche Berggelände, auf dem die Höfe von Oelbach, Wirtenmoos und Bättwil liegen.

Da das Gsteig in Burgdorf – eine seitliche Moräne des einst nach Osten ausgreifenden Rhonegletschers – das Abfliessen der Schmelzwasser aus den Tälern der Emme verhindert hatte, entwickelte sich oberhalb dieses Riegels ein See, in den der Fluss seine Geschiebemassen absetzte: es entstanden die Terrassen bei Oberburg, Tschamerie und Hasle, bei Bigel und Goldbach. Im Laufe der Zeit hat die Emme, die einst an der westlichen Seite der späteren Stadt Burgdorf vorbeifloss, sich im Osten eine Öffnung geschaffen, indem sie den Molassekern, auf dem jetzt das Schloss steht, ansägte und die Gisnaufluh modellierte. Der See floss ab; geblieben ist ein breiter, während vieler Jahrhunderte kaum besiedelter Schachen.

In einer bereits erwähnten Bulle von Papst Innozenz II. für das Kloster Trub werden aus diesem Gebiet Goldbach und die Talmatt im Bigental, Ried bei Lützelflüh, ferner Rüegsau und in dessen Gemeindemarch Rüegsbach, Schmidberg, Scheidegg und Neuegg genannt. Lerch nimmt an, dass Rüegsau schon viel früher – vielleicht im 8. Jahrhundert – als Siedlung eines Ruodger, entstanden sein könnte. Das Dorf liegt am Rüegsbach. Dieser sammelt seine Wasser im Umkreis von Heiligelandhöhe und Affoltern. Sein Wasser schnitt tief und formte ein westsüdwärts laufendes Tal. Die Weiler Rinderbach und Vorder-Rinderbach sowie die Dörfer Rüegsbach und Rüegsau säumen seine Ufer.

Ob der gleiche Thüring von Lützelflüh, der die Abtei Trub gestiftet hat, auch das Frauenkloster am Rüegsbach gründete? Ob einer der Herren von Brandis sein Stifter war? Die Niederlassung der Benediktinerinnen wird erstmals 1274, anlässlich des Besuchs von Abt Peter aus Trub, genannt. Die Klostergüter breiteten sich im Gebiet von Schloss Brandis, um Waldhaus, Goldbach und Oberburg aus. Besonders dicht lagen sie im Tal des Rüegsbaches. Die frommen Frauen besassen aber auch Besitzungen in der Bergeinsamkeit von Eriswil sowie im Berner Oberland. Darüber hinaus hatten sie Rebberge bei Landeron und ein Haus in Bern. Aus dem Grundbesitz des Klosters Rüegsau im Tal und im nördlich angrenzenden Gebiet von Affoltern entwickelte sich eine bedeutende Herrschaft. Hier arbeiteten auf ihren Erblehen die Klosterbauern. Die Herren von Brandis amteten als Kastvögte, in geistlichen Angelegenheiten entschied der Abt von Trub.

Das Klostergut umfasste neben den Gebäuden, Scheunen und dem Baumgarten viel Wiesland, das zum grössten Teil verpachtet wurde; ferner die Wälder von St. Johann-Berg, Gempen und den Schweikwald, Weidrechte im «Kühberg» und im Schachen, sowie «33 Mannwerk Reben» am Bielersee. Die Allmend auf dem Kühberg wurde später verteilt, von den Waldungen blieben einige im Gemeinschaftsbesitz der Bauern.

Während im 15. Jahrhundert im Gebiet von Affoltern und Trub ein bernischer Amtmann in die Rechte des Klostervogts getreten war, wurde Rüegsau auch nach der Reformation und der damit verbundenen Aufhebung des Klosters bei der Herrschaft Brandis belassen. Erst im Anfang des 17. Jahrhunderts fiel der Ort mit dieser Herrschaft an Bern, die den willkommenen Landzuwachs in eine Landvogtei umwandelte.

Auch von Rüegsau aus war nach und nach der Schachen an der Emme besiedelt worden. Wir hören davon aus der ersten Hälfte des 16. Jahrhunderts. Damals hatten Leute aus dem Tal Teile des ehemals zur klösterlichen Herrschaft gehörenden Schachenlandes eingeschlagen, um Mattland zu gewinnen. Ein langwieriger Streit wurde 1587 durch einen richterlichen Spruch geschlichtet.

Gegen einen Zins konnten die Siedler auf ihren Schachengütern sitzenbleiben. Da sie das Vieh frei im Reisgrund weiden liessen, wurden die schützenden Wälder am Ufer der Emme beschädigt. Um dem zu begegnen, liess der Landvogt 1710 24 Jucharten des Ufergeländes einzäunen und durch die Schachenleute aufforsten. Dafür durften diese 12 Jucharten des «offenen Schachens» roden und nach Belieben nutzen. 1729 wurden den Siedlern fünf weitere Jucharten zugeschlagen. Als Gegenleistung mussten sie ein längeres Stück des Flussbettes durch Schwellen verbauen. Diese Vorkehrungen verhinderten jedoch nicht, dass die Hochwasser von 1764 zahlreiche Häuser im Rüegsauschachen fortrissen.

Auf dem linken Ufer der Emme liegt am Ausgang des Biembachtälchens auf der Terrasse des Eichholzes das Dorf Hasle, 1254 als «Hasela», ein Ort im Haselgebüsch, erwähnt. Da 894 König Arnulf eine Reihe von Schenkungen bestätigte, die die Edelfrau Pirin dem Kloster St. Gallen im Gebiet der heutigen Gemeinde Hasle gemacht hat, darf angenommen werden, dass das Gebiet damals schon besiedelt war.

In späteren Jahrhunderten gehörte die Gegend von Hasle, zusammen mit Burgdorf, Heimiswil und Oberburg, in den Herrschaftsbereich der Kiburger. Hasle bildete ein eigenes Gericht, das auch unter bernischer Hoheit bis 1798 bestehen blieb. Es reichte in verschiedene benachbarte Kirchgemeinden hinein. Die Sitzungen fanden abwechselnd in den Wirtshäusern zu Hasle, Goldbach und Schafhausen statt.

Wann gab es hier einen ersten Steg über die Emme? Nach einer Urkunde aus dem Jahre 1553 hatten die von Oberburg, Hasle und Rüegsau «bas in Seckel zu gryffen», um des Zolles ledig zu werden. Diese Angabe wird von einem Ortskundigen auf eine beim Kalchofen errichtete Brücke bezogen. Bestimmter ist eine spätere Nachricht, nach der es 1619 wegen des Unterhalts des Steges zwischen Hasle und Rüegsau zu einem Streit kam. 1763 bewilligte die Obrigkeit den Anwohnern, anstelle des bisherigen Steges eine befahrbare Brücke zu errichten. Die umliegenden Orte steuerten 460 Kronen bei und lieferten Eichen und Tannen. Schon im nächsten Jahre hatte der Zimmermeister Hans Stalder mit dem Maurer und Nagler sowie den Helfern aus beiden Dörfern die Brücke aufgerichtet und mit einer Türe versehen, «damit das Vieh aus dem Rüegsauschachen nicht ins Hasle hinüberlaufe». Bern stiftete nachträglich 120 Kronen. Es legte einen gemeinsamen Zoll nach der Tschamerie. Keine hundert Jahre hielt das Werk, 1837 zerstörten es die Hochwasser. Es entstand eine neue holzgedeckte Brücke, die 1956 versetzt und unter Heimatschutz gestellt wurde. Am alten Platz spannt sich heute eine Betonbrücke über den Fluss.

Während Hasle auf der Terrasse des Eichholzes seinen bäuerlichen Charakter zu wahren verstand, entwickelten sich Kalchofen und Rüegsauschachen zu gewerbereichen Siedlungen. Im Gasthof Kreuz zu Kalchofen spielt Jahr um Jahr die Emmentaler Liebhaberbühne bestes Laientheater.

Das Bigental

An der Blasenfluh sammelt der Biglenbach sein Wasser. Er fliesst erst gegen Westen, biegt im Engpass zwischen Aenggistein und Adlisberg nach Norden, um unterhalb von Schafhausen und Uetigen ins Tal der Emme zu münden.

Ein Schmelzwasserstrom der letzten Eiszeit ergoss sich einst zwischen den westlichen Rändern des Blasenfluhmassivs und dem gegenüberliegenden Kamm, der vom Lüseberg zum Wägesse führt, auf Schafhausen zu und tiefte das Bigental aus. Spätere Seen liessen im Talboden zwischen Enggistein und Walkringen ihre Spuren zurück.

Alemannen mögen früh von Biglen aufwärts in den Wald gedrungen sein. Das Dörfchen Arni liegt auf 850 Metern in einer Mulde zwischen dem Geissrücken und dem Kapfwald. Der Name kann sich auf den Wald beziehen: Arni – «Ahorni», «bei den Ahornen». Oder ist an ein «arnen» im Sinne von «ernten» zu denken?

Nach dem Regionenbuch gehörte Arni teilweise zum Gericht Biglen, teils zu dem von Signau. In der zweiten Hälfte des 16. Jahrhunderts gab es im Dörfchen zwei Klassen von Bewohnern: In der Talmitte «an der breiten Sonnhalden» lagen die sechs grossen Sässgüter, Lehen, die sich vom Vater auf den Sohn vererbten. Das war «Rych Arni». Talabwärts bei der Säge, wohnten in vierzehn Häuschen auf ehemaligem Allmendland die Tauner. Hier lag «Bös-Arni».

1617 schritten die Bauern zur Aufteilung der Allmend. Nach der Zahl der ursprünglichen Sässhöfe wurden Weiden und Wald in ebenso viele Teile geschieden. Von den Taunern erhielt jeder ein «Armenstück». Gewerbe und Handwerk liess sich im Tale nieder: es entstanden eine Säge, Mühle und Walke, seit 1838 gibt es eine Talkäserei.

Da wo der Biglenbach in schlängelndem Lauf in freieres Gelände mündet, liegt kurz vor seinem Durchbruch ins Aenggisteinmoos das Kirchdorf Biglen. Der Ort wird am Ende des 9. Jahrhunderts in einer Vergabung an das Kloster St. Gallen als «Pigiluna» erwähnt. Ob ein romanisches «pigella» (lateinisch «picula» = Tanne) im Namen steckt? Es gibt auch andere Deutungen. Biglen gehörte den Freiherren von Signau und wurde später Gerichtsort.

In einer Talschneise tritt der Biglenbach ins Moos von Wikartswil und Walkringen, das er durchquert, worauf er in nördlicher Richtung, an Bigental und Schafhausen vorbei, der Emme zufliesst, in die er oberhalb von Hasle einmündet.

Da der Twingmühle von Worb das Wasser mangelte, über das die in den Hügeln liegende Biglenmühle verfügte, schloss Johann von Kien in der ersten Hälfte des 14. Jahrhunderts mit den damaligen Besitzern des Bigentals, den Grafen von Kiburg, einen Vertrag, der ihm erlaubte, gegen ein Gespann von zwei schwarzen Ochsen so viel Wasser aus dem Bach auf seine Mühle zu lenken, als durch ein grosses Sieb ginge. Der auf diese Weise entstandene Wasserlauf erhielt den Namen Schwarzenbach. Der neue, der Aare zuströmende Bach minderte den Abfluss des Wassers durch das Bigental. Die Bauern kamen zu Schaden, und es heisst, dass unterhalb von Walkringen eine Mühle stillgelegt werden musste. Aber auch auf der andern Seite gab es Ärger. In Trockenzeiten leiteten die Anstösser im obern Tal den Bach in ihre Matten. So lagen sich die Walkringer und die Schlossherrschaft bald in den Haaren. Schiedsleute nahmen «Kundschaften» auf, um die rechtlichen Verhältnisse am

Bach zu klären. Der Spruch des Rates fiel schliesslich zugunsten von Worb aus. Damit waren die Händel nicht vorbei. Prozesse und Beschwerden folgten einander bis ins 19. Jahrhundert.

Im späten Mittelalter hat man von Worb ein Strässchen längs des Worbberges über Enggistein nach Walkringen gebaut. Die Leute des Bigentals und die von Enggistein mussten diesen Weg offenhalten, nötigenfalls erneuern.

1397 vergabte Verena von Seedorf, Herrin zu Worb, den Twing von Walkringen der von Peter von Thorberg gestifteten Kartause. Daher gab es in Furth, unterhalb des Dorfes, eine thorbergische Zollstätte. Nach der Aufhebung der Kartause fielen deren Rechte an Bern.

Wassersnot im Emmental

Mit der Geschichte der Emme sind viele Hochwasserkatastrophen verbunden. Die beste Schilderung finden wir bei einem Augenzeugen: Jeremias Gotthelf. Er schreibt:

«Auf einmal erscholl der Emme Gebrüll in dem friedlichen, sonntäglichen Gelände. Man hörte sie, ehe sie kam, lief an die Ufer, auf die Brücke. Da kam sie, aber man sah sie nicht, sah anfangs kein Wasser, sah nur Holz, das sie vor sich herzuschieben schien, mit dem sie ihre freche Stirn gewappnet hatte, zu desto wilderem Anlauf. Mit Entsetzen sah man sie wiederkommen, so schwarz, so hölzern und brüllend, und immer höher stieg das Entsetzen, als man Hausgeräte aller Art daherjagen sah: Bütten, Spinnräder, Tische, Zuber, Stücke von Häusern...», und weiter: «Dem wilden Strom war auch diese Brücke im Wege. Er stürmte mit Hunderten von Tannen an deren Jöcher, schmetterte Trämel um Trämel nach, stemmte mit grossen Haufen Holz sich an, schleuderte in wütendem Grimme ganze Tannen über diese Haufen weg an die Brücke empor wie Schwefelhölzchen, brachte endlich das Dach einer Brücke und verschlug damit die Bahn zwischen beiden Jöchern. Da krachte die Brücke und hochauf spritzten die Wasser mit jauchzendem Gebrülle... Die Brücke wankte, bog sich, schien klaffen zu wollen fast mitten voneinander, da zerschlug der Strom in seiner Wut sein eigen Werk, schmetterte einen ungeheuren Baum mitten an das schwellende Dach. Nun borst statt der Brücke das Dach und verschwand unter der Brücke in den sich bäumenden Wellen. Es war der Durchgang wieder geöffnet...»

Schon in Berichten aus dem 14. und 15. Jahrhundert hören wir von Wolkenbrüchen und Überschwemmungen. Bereits im 16. Jahrhundert sahen manche den Grund dazu «in der masslosen Abholzung der Berge und Schachen». Hochwasser verwüsteten auch im 17. Jahrhundert immer wieder die Tallandschaft. Um diese Zeit begann man den Fluss mehr einzudämmen, um Land zu gewinnen und die Schachen zu vergrössern. In der Mitte des 18. Jahrhunderts fallen fast alle Wehre und Brükken im Rüegsauschachen, bei Burgdorf, Kirchberg und Bätterkinden. Die Katastrophen nehmen kein Ende bis in unsere Zeit. 1912 wälzt sich der entfesselte Fluss durch die Eisenwerke von Gerlafingen und die Papierfabrik in Biberist bis nach Derendingen hinunter.

Schangnau und Eggiwil sind auch heute gefährdet. Das Beunruhigende für die Anwohner ist der überraschend schnell eintretende Wechsel des Wasserstandes. Eben noch lief die Emme ruhig dahin, plätscherte an den Ufern hin, und plötzlich ein Wettersturz, ein Gewitter, ein Landregen, die Schneeschmelze, und schon schwillt der Fluss, trübt sich, wird braun, tost, donnert, brüllt und steigt zur Krone der Dämme, reisst Schutzbauten fort, überflutet die Niederungen und schiebt Ladungen von Kies und Schlamm über die Matten.

Ungestüm schiessen die Wasser dahin, bringen das Flussbett beinahe zum Bersten, drohen jeden Augenblick hierhin, dorthin über die Ufer zu treten. «Es chuttet!», sagt der besorgte Talbewohner, und von Haus zu Haus geht der Warnruf: «Dr Aaschutz chunnt!» Jetzt eilen die Bauern mit Rechen und Stangen zum Fluss, um den zerstörenden Fluten zu wehren. Kaum einer der Vorvordern, der da nicht heimlich fürchtete: die Emmenschlange ist los. Aus den Wilden Bocken windet sie sich frei und jagt mit feurigem Atem talwärts. Mit ihrem Schwanz schlägt sie zu, hier und dort Vernichtung bringend.

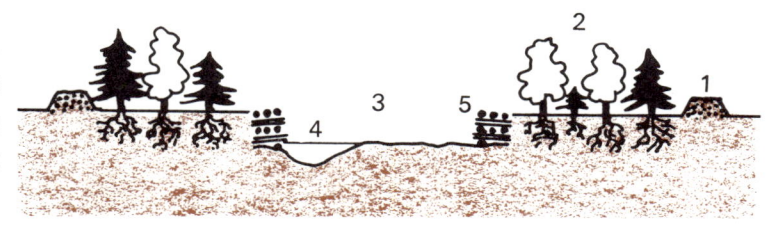

1 Damm
2 Schachenwald
3 Flussbett
4 Wasserspiegel bei Normalstand
5 Uferschwellen

Die Emme wird gebändigt

Der Grund der häufigen Überschwemmungen der Emme lag nicht nur in den Gegebenheiten der Natur. Der Mensch trug dazu bei. Ursprünglich waren die Flussniederungen der Emme mit dichtem Wald und Unterholz bestanden. Die Wurzeln der Esche, Korbweide und des Haselstrauchs hielten den Boden zusammen – ein lebendiger Hag stemmte sich gegen die Wasser. Durch Einschläge und Rodungen wurde dieser Hag verwundet und seiner Kraft beraubt. Bern ging daher schon früh gegen die planlose Rodung in den Schachenwäldern vor. Es stellte sich dabei auf den Standpunkt, dass das Uferland der grössern Flüsse in seinem Eigentum stehe. Unter diesem Uferland verstand es «den veränderlichen, vom Wasser abhängigen Anschwemmungsboden», den sogenannten «Reisgrund» (mittelhochdeutsch: «rîsen» heisst fallen, gleiten).

Schachen und Reisgrund waren gefährdete Gebiete. Bereits im Jahre 1511 tat der Komtur des Deutschen Ordens das Schachenholz, soweit es im Bereich der Kommende lag, in Bann. Seine Untertanen mussten sich bei Eid bereit erklären, «gegen Wasserschwall» wehren zu helfen.

Um das Schwellenwesen voranzutreiben, ihm Schwung und Rückhalt zu geben, haben die Herren im Tal der Emme seit dem 15. Jahrhundert und intensiver im 16. und 17. Jahrhundert die Allmenden, Schachen und Reisgründe an die Gemeinden und Güterbesitzer abgetreten und den Empfängern damit die Schwellenpflicht als eine auf dem Uferlande liegende Reallast überbunden.

So verschenkten die Freiherren von Brandis Schachenland an Unbegüterte, die sich als Gegenleistung des Schwellens annehmen mussten.

1766 erhielt das Amt Trachselwald eine Schwellenordnung. Zwölf Schwellenmeister hatten in den neun Distrikten jährlich zwei Umgänge zu machen und die Arbeiten an den Uferbauten zu überwachen. Ihren Anweisungen hatten die Schwellenpflichtigen nachzukommen, dies ganz besonders, wenn bei «Wassernöthen» die Sturmglocke ertönte und man den Notleidenden zu Hilfe eilen musste. Das Amt Landshut – im unteren Gebiet der Emme – war in sieben Schwellenbezirke eingeteilt. Jede Anstössergemeinde verrichtete die Schwellenarbeit im Gemeinwerk. 1769/70 legte Christian Imhoof einen Schwellenkataster an, die die Schachen- und Schwellenbezirke von Hasle-Rüegsau abwärts bis zur bernisch-solothurnischen Kantonsgrenze festhielt.

1857 erliess der Kanton Bern ein Wasserpolizeigesetz, das die Korrektion der Gewässer in sehr umfassender Weise regelte. Gestützt auf das Bundesgesetz betreffend die Wasserpolizei im Hochgebirge übernahm 1877 die Eidgenossenschaft die Oberaufsicht über die Wildwasser. 1883 reichte der Regierungsrat ein grosszügiges Projekt zur Emmekorrektion ein. Das auf bernischem Boden liegende Emmegebiet wurde in vier Sektionen eingeteilt. Mit Bundeshilfe nahm man Korrektionen und Brückenneubauten an die Hand. Es entstanden Leitwerke, Traversen und Hochwasserdämme.

Auch auf solothurnischem Gebiet wurde gearbeitet. 1870 beschloss der Kantonsrat, die Emme von der Kantonsgrenze bei Gerlafingen bis zu ihrer Mündung in die Aare zu kanalisieren. Der Lauf des Flusses wurde möglichst gerade gelegt, das breite Kiesbett verengt und durch Dämme begrenzt. Die Ufer erhielten Steinvorlagen, und das Wehr unterhalb der Brücke von Biberist wurde umgebaut und mit einem Grundablass ausgestattet. Der Fluss sollte die Bewegung des

Geschiebes beschleunigen und die Gerölle möglichst widerstandslos in die Aare hinaustragen. In deren Bett wurden bei der Juragewässerkorrektion II die Ablagerungen der Emme abgebaut.

Schwellen – wie entstehen sie?

Bereits im Mittelalter fing man an, Flussbiegungen mit Schwellen zu schützen, um dadurch ein Unterspülen des Geländes zu verhindern. Heute sind – die Ursprünge der Bäche in den Bergen und der felsige Abschnitt des Räblochs ausgeklammert – die Ufer auf dem ganzen Weg der Emme durch Schwellen gesichert. Es handelt sich um Holzwehren oder heute vielerorts um Dämme von Blöcken. Die so verbauten Ränder des Flussbetts wurden mit Weiden bepflanzt. Landeinwärts schliesst sich der zum Teil wiederaufgeforstete Schachenwald an. Zehn bis fünfzig Meter von den Ufern entfernt laufen beidseitig des Flusses Hochwasserdämme, sogenannte «Däntsche». Ihre Krone liegt fünfzig Zentimeter höher als der Hochwasserstand von 1891 und hat eine Breite von anderthalb Metern.

Dr. Fritz Huber-Renfer schreibt: «Die einfachste Art des Uferschutzes bestand und besteht im sogenannten ‚Ahäiche'. An einer bedrohten Stelle wird eine Tanne oder auch nur der Gipfel einer Tanne ins Wasser gestürzt, die Strunkseite mit Ketten umwunden und durch Pfähle am Ufer festgehalten. Weitere sogenannte ‚Streichschwellen' – die dem Ufer nachstreichen – sind die Ätter und die Senkschwellen. Sie stehen quer zum Wasserlauf und vermindern durch kleine Stürze dessen Wucht. Man setzt sie ein, um einen Mühlebach zu speisen.»

In Emmenmatt befindet sich ein Pegel. Heute alarmiert bei drohender Gefahr ein Limnograph automatisch die Feuerwehr, Polizei und die Fabriken entlang der Emme.

Die grossen Bogenbrücken

Bis ins 16. Jahrhundert benutzten Menschen, Wagen und Viehherden die zahlreichen Furten über die Emme.

Die ältesten Holzbrücken überquerten den Fluss mittels Balkenlagen, die bei grösseren Wasserläufen auf nahestehenden Jochen ruhten. Vom 15. Jahrhundert an errichtete man Brücken mit Spreng- und Hängewerken. Sie erlaubten, die Joche oder Pfeiler weiter auseinander zu setzen. Diese Technik hatte eine strategische Bedeutung. Man konnte nämlich, ohne dass man sie zerstören musste, die Hängewerke entfernen und die Brücken dadurch für den Gegner unbenutzbar machen.

Die grosse Wassersnot von 1837 hatte längs der Emme mehrere grosse Brücken zum Einsturz gebracht. Der «Berner Volksfreund», der das Unglück meldete, erwähnte als durch die Fluten zerstört: «die Brücken über die Ilfis, über die Emme bei Schüpbach, bei Eggiwil und die Schinderbrücke bei Burgdorf». Es lassen sich die Übergänge bei Zollbrück und Hasle-Rüegsau anreihen. Daraufhin entschloss man sich, grosse Holzbrücken zu bauen. Sie wurden nach dem Vorbild der kühnen Brücken angelegt, die der aus Teufen stammende Baumeister Johann Ulrich Grubemann von 1756 bis 1758 bei Schaffhausen über den Rhein und 1764 bei Wettingen über die Limmat geschlagen hatte. Diese Brücken, deren Tragsysteme als vollwandiger Bogen «in handwerklich hervorragender Verarbeitung des Holzes» ausgeführt waren, besassen eine einzige Öffnung und liessen die Hochwasser ungehindert durch.

Es entstanden die Schüpbachbrücke, der Übergang bei Zollbrück und die Brücke von Hasle-Rüegsau. Diese wurde vom Geniechef General Dufours, Bezirksingenieur J. R. Gatschet aus Burgdorf, errechnet und von den beiden Zimmermeistern Rudolf und Jakob Schmid von Oberburg 1838 gebaut. Sie besitzt eine Spannweite von 57 Metern und ist sehr wahrscheinlich die grösste Holzbogenbrücke der Welt.

Goldwäscherei an der Emme

Einst wurde aus der Emme Goldsand gewonnen. Vermutlich lösten bereits die Helvetier das leuchtende Metall aus dem Sand der Emme, denn die Wasser dieses Flusses sowie die der Ilfis rissen goldhaltige Adern auf. Rütymeyer vertritt die Ansicht, dass in keltisch-römischer Zeit die Goldgewinnung einen reichen Gewinn abwarf. Emmegold, so erzählte ein Gewährsmann dem Berndeutschforscher Emmanuel Friedli, besitze mehr Feingehalt als kalifornisches. Es werde in Bern zu übermässig hohen Preisen bezahlt. Allerdings sei es heute mit dem Goldreichtum der emmentalischen Flüsse vorbei. Bereits gegen das Ende des 18. Jahrhunderts erzielte man nur noch eine geringe Ausbeute.

1472 bewilligte der Rat von Bern dem Jost von Bregenz, in den hiesigen Flüssen «Gold und ander Erz und ofenthürlich Sachen» zu suchen. Jost wird sich dann nach der Emme aufgemacht haben. Während der Geldentwertung im 16. Jahrhundert richtete man das Augenmerk in vermehrtem Masse auf die im Bernbiet vermuteten Erzlager. So erhielt Wilhelm von Diesbach, Herr zu Signau, das Recht «zu Langnouw, Trubenthal in unserer Herrschaft Trachselwald und sonst allenthalben in unseren Landen ... nach Bergwerksrecht alle Erze von Gold, Silber und anderen Metallen zu suchen, zu arbeiten und damit zu handeln». 1519 liess sich Jakob Gasser ein gleiches Recht für die Herrschaft Röthenbach zuweisen. Das eigentliche «Goldzentrum» aber bildete der Napf. Dekan Gruner berichtet, dass das Gold, das sich unterher Solothurn in der Aare vorfinde, aus dem «Goldbach» stamme. Im 18. Jahrhundert scheint die Goldwäscherei im Emmental ihren Höhepunkt erreicht zu haben. Die Obrigkeit erteilte eine Reihe von Patenten. 1721 erwarb Jakob Haller das Recht, den gegrabenen Sand mit einer Maschine auszuwaschen. Durch «eine neue Art Waschwerk» empfahl sich auch ein gewisser Otth mit Teilhabern. Andere

Bewerber folgten. Ratsherr Daxelhofer wollte sein Glück im Amt Brandis versuchen, und der Amtmann Wagner hoffte auf Funde im Gebiet von Trachselwald.

Samuel Rudolf Fetscherin beschreibt die Methode des Goldwaschens so: «Die Arbeiter haben einen Waschbock vor sich, auf welchem oben ein Kistchen befestigt ist. In dieses wird nun mit einem Gohn (grosse hölzerne Kelle) das Kies samt dem Sand über den mit einem Wollentuch überzogenen Bock herabgeschwemmt, so bleibt das Gold im Tuch in Gestalt sehr feiner Blättchen von 1 bis höchstens 2 Linien Grösse, meistenteils kleiner, zurück. Durch mehrmals wiederholtes Anschwemmen wird der Sand davon geschieden, die ferneren Unreinigkeiten bleiben auf dem Quecksilber zurück, mit welchem das Gold noch feiner geläutert wird.»

Die Emme liefert Trinkwasser

Es gibt die ober- und unterirdische Emme. Der Grund: Der felsige Talboden des Flusses ist etwa dreissig Meter hoch mit lockerem Kies und Sand angefüllt. In diesem Kiesgemisch, so schreibt ein Gewährsmann, gibt es kleine Hohlräume – in diese versickert das Wasser und füllt sie aus. Das auf diese Art entstehende Grundwasser bildet einen grossen, langsamen Strom, der am Tag etwa 50–80 m fliesst. Da auch manche Seitentäler der Emme Grundwasserströme aufweisen, schwillt an den Vereinigungsstellen von Haupt- und Nebental die unterirdische Emme stark an und stösst Teile der Wassermenge aus dem Boden; man spricht von Grundwasseraufstössen. Solche finden sich bei Emmenmatt, Ranflüh, Ramsei, Rüegsauschachen wie auch vor Burgdorf und weiter abwärts zwischen Aefligen und Utzenstorf in der Gegend von Altwiden und Ei.

Das aufstossende Grundwasser hat sich im Kiesboden gereinigt und wird als Trinkwasser gefasst. Von Emmenmatt läuft eine 32 Kilometer lange Rohrleitung über Rüderswil und

Krauchthal nach dem Reservoir der Stadt Bern auf dem Mannenberg. Die Fassungen von Lauperswil, Ranflüh, Ramsei sowie das Gebiet zwischen Oberburg und Burgdorf liefern etwa 75 000 Minutenliter. Eine besondere Leitung verteilt das Grundwasser von der Vennersmühle bei Ramsei in vierzehn unterhalb der Stadt Burgdorf liegende Gemeinden.

Das Geheimnisvolle dieses Grundwassers: Auch in Zeiten grosser Trockenheit, wenn die Emme kaum Wasser führt, fliesst unter dem Boden der Grundwasserstrom ohne zu versiegen.

Badeleben im Emmental

Das Badeleben spielte in früheren Jahrhunderten im gesellschaftlichen Leben unseres Landes eine bedeutende Rolle. Es verband sich mit ihm nicht nur ein gesundheitliches Bedürfnis, auch Gesunde ergötzten sich daran. Nach dem Ende des Mittelalters kamen die Badefahrten auf. Sie führten oft zu weit entfernten Brunnen. Der Staat verabreichte Unbemittelten einen Zehrpfennig für solche Kuren. Man unterschied die Mineralbäder von den «gewöhnlichen Badstuben», die kaum je in einem mittelalterlichen Dorfe fehlten und in denen Bader und Scherer ihre Kunst betrieben.

Die Mineralbäder befanden sich meist ausserhalb der Dörfer an Orten, an denen eine Quelle gefasst werden konnte. Ein Brief aus dem Jahre 1454, mit dem Hanns von Diesbach, Mitherr zu Worb, dem Ruefflin Uottinger und dem Peter Zwijacher sein «Bad mit dem hus und aller ander gerechtigkeit gelegen in Enggistein» als Erblehen übergab, gilt heute als die älteste sicher erwiesene Urkunde über ein emmentalisches Bad. Aus der Verleihung geht hervor, dass es sich um keine Neugründung handelte; es wurde jedoch dem Lehenempfänger die Pflicht auferlegt, auf der Besitzung auf eigene Kosten ein gutes neues Haus sowie ein gutes Badehaus zu errichten. Beide wurden im grossen Unwetter von 1480, als der Enggistein-Weiher überlief, zerstört und mussten neu gebaut werden.

In Urkunden aus dem 16. Jahrhundert sind das Schlegwegbad, das Moosbad und das Riedbad erwähnt. Das erste der drei genannten liegt auf dem nördlichen Hang des Bucholterberges in einem Einschnitt, durch den vom Jassbach der Weg nach Heimenschwand führt. Die nach Harz duftenden Wälder und die beiden dort entdeckten Quellen luden wahrscheinlich schon im Mittelalter Erholungsbedürftige ein. 1538 lieh die bernische Obrigkeit dem Bader im Schlegweg «drei Möslin» sowie das Holz zu Erblehen. Der aufblühende Badebetrieb entwickelte sich im 17. Jahrhundert wegen des Krieges an den Landesgrenzen und einer Wirtschaftsordnung, die dem freien Unternehmertum Schranken setzte, nicht ungestört.

Von Emmenmatt bergwärts, Richtung Moosegg und Blasenfluh, liegt in einer Mulde oben im Längenbachgraben das durch seine starke Eisenquelle geschätzte Moosbad. «Eine Badekur», steht in einer nur vierzig Jahre zurückliegenden Empfehlung, «spült die Schmerzen der Rheumatiker weg, heilt Ischias, Bleichsucht und Blutarmut.»

Bereits zur Zeit der Reformation suchten Kranke diesen Ort auf, es kam aber auch «zügelloses Volk» und machte den Herren des Lauperswiler Chorgerichts zu schaffen. So berichtete der Landvogt Samuel Frisching 1640, was sich im Moosbad und andern Bädern «zu Summers Zeith, by Tag undt nacht, sonderlich an Sambstagen... mit nechtlicher uszlöschung der Liechteren undt undermischung (von) Mannen und weiberen, Knaben und Meittlinen, alten und jungen an ärgerlichen Dingen, gottlosen Leben mit Tantzen, Singen, schreyen, pfyffen, Gygen, Spihlen und zusammen Lauffen» zutrug, so dass man dem Wirt Peter Schnyder verbot, das Bad am Samstagabend zu heizen. Schnyder wehrte sich und berief sich auf das, was bei «anderen Badwirten im Land herumb» auch Brauch war.

Die Schwefelquelle im hinteren Hornbachgraben befand sich auf dem Gebiet des Deutschen Ordens von Sumiswald. In der ersten Hälfte des 16. Jahrhunderts war das dortige Bad, das Riedbad, noch nicht regelmässig in Betrieb. 1572 wurde dem Wirt Cunratt Hiltbrunner ein Bodenzins auferlegt und ihm «hus, badhus, ofenhus, Schür und Stallung mit der weid...» für ein Jahr überlassen. 1589 stellte die Herrschaft für Lienhart Eggimann, 1597 für Ulrich Kupferschmied einen Erblehenbrief aus. Die Quelle ging später durch ein Hochwasser verloren, wurde aber wiedergefunden. Nach dem Zeugnis des Landvogts Johann Friedrich von Grafenried kehrten nur wenige Leute im Bad ein, «etwan die herum alpenden Küher und diejenigen, so über diese bergen auf Trub gehen».

Im 17. Jahrhundert hören wir bereits von einem Dutzend emmentalischer Bäder. Da machten auf der nördlichen Abdachung des Churzenberges das Bad uf Schwändlen und das in der Wildenei von sich reden. Von Zäziwil, Signau und Grosshöchstetten liefen ihnen die Kunden zu. 1641 wurde der Badwirt in der Wildenei wegen «etlicher angestellten Kilbenen» vor ein Chorgericht gerufen; dasselbe geschah später dem Badwirt Schönholzer «im Ochsenwald», da er an einem Sonntag im Wald hatte tanzen lassen.

1673 wandte sich der Pfarrer von Schlosswil an die Obrigkeit, sie möge das Schwändlenbad und das in der Wildenei schliessen, da an diesen Orten «gefressen und gesoffen» und der Sabbat entheiligt werde. Wer waren die Besucher solcher Lustbarkeiten? Meist nur Knechte und Mägde, aber auch Bauerntöchter und -söhne widerstanden den Verlockungen nicht, und es war wohl mehr als ein Zeichen «demokratischen Zusammenhaltens», wenn sich ab und zu ein Hochgestellter von dieser Art Volksfröhlichkeit angezogen fühlte.

Ein anderes Bad war «uff des Pfeiffers Schwand» zuhinterst im Zinggengraben. Die Quelle gehörte um die Mitte des 17. Jahrhunderts einem Hans Zaugg zu Lehen, der bei den emmentalischen Truppen als Pfeiffer gedient hatte. Auch Zaugg hielt sich nicht an die von Bern erlassenen Vorschriften, und er wurde deshalb 1657, zusammen mit seinen Gästen, vor Chorgericht gebüsst. 1669 lief eine Klage gegen den Wirt, weil er «ledig Volk, Meidli und Knaben in einem Kasten last baden». Wenige Jahre später brannte das Haus ab, und dem neuen Besitzer wurde der Wiederaufbau des Badehauses nicht gestattet.

Unter den Bädern im Einzugsgebiet der Grüene bezeichnet Pfarrer Fetscherin das Tannenbad als das beste. Es liegt im oberen Griesbachgraben in einer, wie es heisst, sumpfigen und traurigen Gegend und wurde im 17. Jahrhundert unter den nichtregulären Wirtshäusern und Pintenschenken erwähnt. 1728 gelang es Hans Schütz, für den Badebetrieb eine Konzession zu erwerben. Johann Rudolf Wyttenbach, der 1762 die Quelle untersuchte, erklärte, dass sie eine «sehr feine kalkartige Erde enthalte», ihr Wasser könne «bey Persohnen, die ein scharffes Geblüth und viel saure und gallen haben ... ersprieszlich seyn». In den Tälern und Seitengräben der Grüene gab es noch manches «Bedli». Da hört man vom Löchlibad. Es war nach älterem Zeugnis eher ärmlich eingerichtet und wurde mit Vorliebe von Leuten aus dem Luzernischen aufgesucht. Die Quelle soll eisenhaltig gewesen sein. Die Oberaargauer bevorzugten das in einer Kluft am Abhang des Vorder-Arniberges liegende «Kuttlenbad». Man badete hier, schreibt Jahn, «in einem gemeinschaftlichen Schopf».

Auch im Gebiet des Biglenbaches und am Biembach gab man sich den Freuden des Badelebens hin. Gehalten hat sich das Rüttihubelbad, dessen Besitzer 1728 erstmals um eine Badekonzession ersuchte. In einem fruchtbaren und quellenreichen Hügelgelände, unweit von Oberburg, lag das Bad «im Faus» (Fonsbad). Als 1618 der Schultheiss von Burgdorf den Zapfenwirten und Weinschenken, die über keine rechtmässige Bewilligung verfügten, das Handwerk legte, ersuchten die beiden Badbesitzer Niclaus Diersteyn und Hans Gerig die Obrigkeit um Aufhebung dieses Verbots. Beat Ludwig von May, der Erkundigungen über das Fonsbad einzog, meldete nach Bern, es sei «je und je ein bad allda gsin, welches von yunheimischen usz der Stadt Burgdorff ... sonders auch frömbden ehrlichen Lütten jederzytt besucht und gudt gfunden worden». Daraufhin erteilte der Rat den Wirten das Recht, «daselbst wie von alter her bad zehalten und den Badlütem spys und tranck fürzestellen».

1659 war dem ehemaligen Siechenvogt Melcher Stähli vor Rat und Burgern zuerkannt worden, die Quelle bei seinem neuerbauten Sommerhaus in Heimiswil zu heizen und zugleich ein «ordentliches Baadhausz» aufzurichten. Die damals mündlich erteilte Konzession wurde dem Gesuchsteller zehn Jahre später schriftlich erneuert. Stähli musste allerdings verschiedene Bedingungen erfüllen; er durfte den Wein nicht selbst einkaufen, sondern musste ihn von den Burgdorfer Wirten beziehen, und da die Quelle auf dem Boden der Gemeinde Burgdorf entsprang, musste sein Besitzer der Stadt einen Zins entrichten. Das Bad richtete sich auf die «bessere Kundschaft» aus der nahen Stadt ein. Deren Bürger genossen, der damaligen Zeit entsprechend, eine Preisvergünstigung. Gotthelf schrieb, dass die Burgdorfer sich in diesem Bad seit mehr als hundert Jahren reinzuwaschen versuchten, es aber nie zustande bringen würden.

1670 hatte Johann Dysli auf seinem Gut im Lochbach eine Quelle gefasst und für Bekannte sowie fremde Gäste Badstuben eingerichtet. Er wurde deswegen gebüsst, doch gelang es ihm, vom Rat eine Badbewilligung zu erhalten. Das Lochbachbad liegt nach einer frühen Beschreibung einsam auf grüner ebener Flur in gebüschreicher Umgebung, die vom Lochbach bewässert wird und am Wege nach Busswil liegt.

Die Nähe zur Emme brachte es mit sich, dass der Inhaber des Lochbachbads schwellenpflichtig wurde. Dyslis Erben führten den Betrieb bis 1710, dann kaufte ihn der Stuckleutnant und obrigkeitliche Ingenieur und Feldmesser Samuel

Bodmer, der Generalleiter des Kanderdurchstichs, und liess das Badhaus neu bauen. Die Besitzung gelangte 1790 an den englischen Industriellen John Harrison, der eine Stahlfabrik und am Geissgratrücken ein Unternehmen für Stahlfedern, Stock- und Sackuhren errichtete.

Der Ära Harrison folgte die der Schnell: Rudolf Schnell gründete 1808 im Lochbachbad zusammen mit einem Teilhaber eine Bierbrauerei. Johann Schnell richtete 1822 in der stillgelegten Uhrenfabrik einen Betrieb für die Herstellung chemischer Präparate ein.

Am Badhaus selbst schritt die neue Zeit vorüber; nur «stille Geniesser», so schreibt ein Chronist, «lassen sich im kühlen Garten oder in der behaglichen Gaststube des einst vielbesuchten Gesundbrunnens nieder».

Die Region Burgdorf

Oberburg

Vor den Toren Burgdorfs liegt auf dem linken Emmeufer das Dorf Oberburg. Der Gemeindebezirk umfasst im Süden und Südwesten Teile des angrenzenden Molassehügels sowie die Ausgänge des Luterbach- und des Unterbergentals, das den Kessel von Krauchthal nach der Emme entwässert. In den Urkunden des 12. und 13. Jahrhunderts heisst der Ort Obrunburc, Obernburch. Es ist die «obere Burg» im Gegensatz zur «unteren» bei Burgdorf. Stand sie auf der Rappenfluh? Wer waren ihre Herren? Ministeriale in zähringischen und später kiburgischen Diensten? Man weiss es nicht. Zu Füssen der Burg und rings im umliegenden Hügelland bauten die Alemannen ihre Höfe. Sie unterstanden, wie auch das kleine Dorf, das sich um die 1242 erstmals erwähnte Kirche gebildet hatte, den Grafen von Kiburg und hatten einen eigenen Ammann. Fünfzehn «mittlere Bauernbetriebe» zinsten in jenen frühen Zeiten dem gräflichen Hause. Als Markgenossenschaft nahmen die Dorfgenossen Wald, Weide und Schachen in gemeinsame Obhut.

Als die Stadt Bern die Kiburger niedergerungen und ausgekauft und im Emmental und Oberaargau die Landeshoheit erworben hatte, gliederte sie, unter dem Vorbehalt ihrer Rechte, Oberburg als Gericht dem neuen «Oberamt Burgdorf» an. Damit blieb das Schicksal des Dorfes mit dem der Stadt an der Emme verbunden. Dies verhinderte aber nicht, dass die neuen Verhältnisse allerlei Streit heraufbeschworen. So entstand ein Zwist wegen der Rechte auf die Allmend, die sich zu beiden Seiten der Emme hinzog. Sie war früher von den Burgdorfern und den Oberburgern gemeinsam genutzt worden. 1520 anerkannte der Rat von Bern die von der Stadt Burgdorf auf dem Weidegelände gemachten Einschläge, verlangte aber, dass deren Burger die Wege offenhielten, damit die von Oberburg ihr Vieh zur Emme treiben konnten. Vierzehn Jahre später stritt Oberburg mit denen von Hasle wegen der Weidrechte im Schachen. So ging es weiter. Die Urkunden erzählen von eigenwilligem Holzschlag und von der Überbesetzung der Weide mit den Schafen der Burgdorfer Metzger.

Im 18. Jahrhundert brachte die Teilung der Allmend eine Ausscheidung der gegenseitigen Rechte. Das Schachenland, das Oberburg zugewiesen erhielt, lag nicht auf ortseigenem Boden. Der «Hauptbach, so auf der Stadt Erdreich durch den Schachen hinabfliesst», sein Wasser zu einem Teil aus der Emme holte, zum andern vom Biembach empfing, grenzte das Dorfgebiet gegen Osten von der Nachbargemeinde ab. Die politische Gemarchung gab jedoch keinen Freipass – wer den Schachen nutzen wollte, der musste auch schwellen.

Die Oberburger hatten denen von Hasle an die Hand zu gehen. Sie hatten an dieser Mithilfe ein persönliches Interesse, litten doch auch sie unter dem Hochwasser der Emme. Bereits aus dem Jahre 1480 wird eine Überschwemmung gemeldet, die während vier Tagen die Gegend heimgesucht hatte. Im Dezember 1570 trat eine plötzliche Schneeschmelze ein, die Emme schwoll unversehens an, durchbrach oberhalb von Burgdorf das Wehr und strömte in einem neuen Lauf gegen die Stadt. Der abgeholzte Schachen leistete den Fluten keinen Widerstand. 1679 regnete es «Steine» vom Himmel, Hagelkörner so gross wie Taubeneier. Korn, Weizen, Hanf und Flachs wurden gänzlich zerschlagen. «Das ganze Dorf war einer Insel gleich.» 1764 bildete sich abermals ein See, der das Tal von Hasle bis Burgdorf sieben Fuss unter Wasser setzte. Erst mit den Verbauungen von 1884 und 1912 bändigte man den Fluss.

In angestrengter Arbeit haben die Oberburger die kleinen und grösseren Wasserläufe, die sich im Emmenschachen durchs Gehölz schlängeln, reguliert und ihren Matten und gewerblichen Betrieben zugeleitet. 1672 wurde Heinrich Dürr erlaubt, einen Drahtzug, 1686 einen Hammer aufzurichten, und bald erklang dessen wuchtiger Schlag durch das Dorf. Ein zweiter und dritter Hammer folgte, die Besitzer wechselten, das Werk hat die Zeiten überdauert. In den 1830er Jahren probte Rudolf Schnell den Tiegelguss. Er vergrösserte sein Unternehmen und führte es längere Zeit gemeinsam mit Max Schneckenburger, dem in Burgdorf lebenden Dichter der «Wacht am Rhein». Die Firma hat mehrmals den Besitzer gewechselt und ist durch die Herstellung von Öfen bekannt geworden. Weitere eisenverarbeitende Betriebe wurden im Laufe des 19. Jahrhunderts gegründet.

Oberburg hat im Bauernkrieg dunkle Tage erlebt und stellte dem Bauernbund einige markante Führer. Die 1497 anstelle eines frühern Gotteshauses erbaute Kirche enthält eine Freske, die Elisius Walther, einem Schüler Niklaus Manuels, zugeschrieben wird. Im letzten Jahrhundert wirkte im Dorf der Arzt Abraham Maret, ein enger Freund von Jeremias Gotthelf.

Krauchthal

Krauchthal gehört zum Amt Burgdorf. Vom Bantiger fliesst der Mülibach nordwärts und sammelt die zahlreichen Bäche, die ihren Weg talwärts suchen. In den zwischen dem Längenberg im Westen und dem Krauchthalberg im Osten gelegenen Kessel von Krauchthal stösst von Süden her das Lindental, ein Trockental und wie das der Luzeren von den abfliessenden Bächen des Aaregletschers geschaffen.

«Chrouch», «chrauch» heisst «kriechen, winden». Also heisst Krauchthal das «sich windende Tal». Es zieht sich bis Oberburg und nimmt kurz vor dem Talausgang bei der Rothöhe die Wasser des Luterbachs auf.

Wann ist das Dorf entstanden? Im 12. Jahrhundert taucht sein Name zum erstenmal auf. Die Ritter von Krauchthal gehörten zum zähringischen Dienstadel. Es ist möglich, dass sie bereits die niedere Gerichtsbarkeit am Orte ausübten und dass ihre Rechte und Besitzungen später an die Ritter von Thorberg übergingen. Seit dem Ende des 12. Jahrhunderts sass dieses Geschlecht nach urkundlichem Zeugnis auf dem seinen Namen tragenden Burgfelsen. Es hatte den Twing im nahegelegenen Dorf und das Patronat über die dem heiligen Mauritius geweihte Kirche, deren Grundstein nach der Überlieferung in der Zeit Karls des Grossen gelegt worden ist. Der letzte Spross der während zweier Jahrhunderte auf der Burg nachgewiesenen Familie, Ritter Peter(mann) von Thorberg, eine eher düstere und von der Sage umwobene Gestalt, ein Mann, der in zahlreiche Händel verstrickt war, übergab die Burg mit den dazugehörenden Gütern dem Kartäuser-Orden. Der Generalprior dieser Gemeinschaft bestätigte 1404 die Schenkung – Thorberg wurde eine Kartause. 1529 unterschrieb Hans Hurri, der letzte Prior, die Glaubenssätze der Reformation. Aus den Ländereien der Kartause wurde ein bernisches Oberamt geschaffen, das sich aus den Gerichten Krauchthal, Walkringen, Ersigen und Koppigen zusammensetzte.

Das Tal hat seinen landwirtschaftlichen Charakter bis heute bewahrt. Weite Waldungen ziehen sich über die Höhen.

Beim Dorfe hat man früh schon Sandstein gebrochen; die Namen «Cholmätteli» und «Cholacher» erinnern an einen hier aufgestellten Kohlenmeiler.

Burgdorf

Das Schloss Burgdorf ist auf einen Felsen gesetzt, um den herum wie auch über den nachbarlichen Hügel die Stadt sich ausbreitet.

In einer Zeit, in der sich die Emme frei durch ein breites und offenes Schwemmland bewegte, Schachenwald netzte und Kiesbänke ablud, war diese Burg schon Sicherheit für die Menschen. Durch Burgdorf führte der Handelsweg von Lyon nach Konstanz und dem südlichen Deutschland. Das eindrucksvolle Schloss oben auf dem Felsen bildete einen strategisch wichtigen Punkt.

Die Stadt ist eine zähringische Gründung und wie Bern und Freiburg auf dem westlichen Ufer eines Flusses angelegt worden. So wurde sie früh Stapel-, Rast- und Umschlagsplatz für Waren, die aus dem Westen kamen, und Kern einer ganzen Landschaft, zu einer Stadt «des gesunden Mittelmasses», eines überschaubaren Lebensbereichs.

Die Geschlossenheit der mittelalterlichen Siedlung ist noch heute den Strassenzügen der Burgdorfer Altstadt abzulesen. Die Burg wurde wahrscheinlich um die Mitte des 10. Jahrhunderts errichtet. Königin Bertha von Burgund, einst eine schwäbische Prinzessin, brachte ihrem Gemahl als Morgengabe den Aargau in die Ehe, zu dem damals Burgdorf und das Emmental zählten. Durch Erbfolge kam das Gebiet an Rudolf von Rheinfelden und schliesslich in den Besitz der Zähringer. Diese verstärkten die Burg und legten in deren Schutz eine Stadt an. Später traten die Kiburger in die zähringischen Rechte. Sie verliehen der Stadt eine Anzahl Freiheiten. Die Burgdorfer Handfeste von 1273 fasst einen Teil davon zusammen. So erhielten die Burger das Nutzungsrecht an den Wäldern und Weiden der Herrschaft. Brunnen, Flüsse und «sonstige Gewässer» standen ihnen zur Verfügung. Unter den Kiburgern blühte das Handwerk. Im 14. Jahrhundert standen in der Stadt mehrere

Mühlen, eine Säge und eine Walke. Der aus der Emme zugeleitete Bach trieb deren Räder.

1335 verkaufte Graf Eberhard II. von Kiburg den Burgdorfern die Fleisch- und Brotschal mit den dazugehörenden Häusern, den Zoll und den Jahrmarktzins.

1372 verpfändete Gräfin Anastasia den Zoll von den «auf der Emme durchfahrenden Flössen» an Schultheiss, Räte und Burger von Burgdorf. 1401 kaufte die Stadt von dem verschuldeten Grafenhaus verschiedene Ämter und Twinge in der Umgebung, ferner Bodenzinse, Rechte an Waldungen sowie den Emmezoll.

Im Krieg mit Kiburg hatte Bern die Städte Thun und Burgdorf gewonnen. 1384 schworen die neuen Herren den Burgdorfern, ihnen ihre Freiheiten und Rechte zu belassen. Ein von Bern gestellter Schultheiss wachte über die städtischen und bernischen Interessen. Ihm stand der Kleine Rat zur Seite. In wichtigen Angelegenheiten trat der Grosse Rat oder der «Rat der Zweiunddreissig» zusammen. Gelegentlich fanden auch Beratungen von «Rat, Burgern und ganzer Gemeinde» statt. In einer Satzung wurden die Rechte der Stadt zusammengefasst. Burgdorf durfte in acht Kirchspielen die Leute zu Steuern und Fuhrungen heranziehen. Die eigenen Herrschaften im nähern Emmental und Oberaargau gliederte es in zwei Landvogteien.

So entwickelte sich Burgdorf zum Mittelpunkt einer eigenen Landschaft, einer Art Stadtstaat im grössern Verband Berns, und hatte als Handelsplatz ein Interesse an sicheren Wegen und Brücken. Wohl gab es, wie auch anderswo, eine Furt. Wann schwang sich die erste Brücke über die Emme? Aus Rechnungen ist ersichtlich, dass in Burgdorf in den Jahren 1558/59 eine Brücke gebaut wurde. «Burger und Emmenlütt» gruben, heisst es, «das Pfulment». Die Wyniger und andere Nachbarn fuhren an die hundert Ladungen Ackersteine, brachten Stämme und einen Baum zum Schindeln. Es dürfte sich bei dieser Brücke um die äussere Wynigenbrücke gehandelt haben.

Eine Windhose, so wird überliefert, hat sie 1634 beschädigt. Den verschiedenen Hochwassern aus dem 17. Jahrhundert scheint sie standgehalten zu haben. Gefahr drohte ihr aber auch vom Land her – von den Gisnauflühen. Dort brach 1724 ein Stück Felsen ab und fügte der Brücke beträchtlichen Schaden zu. Die später gebaute innere Wynigenbrücke, ein Werk barokker Zimmermannskunst, wurde über einen Hochwasserdurchlass gezogen.

1574 wurde bei der Wasenmeisterei in der Waldeck anstelle eines ältern Fussgängersteges eine befahrbare Brücke errichtet, die Waldeckbrücke, die im Volksmund den Namen «Schindersteg» trug. Mehrmals trugen die Fluten sie weg, und wir können uns daher von ihrem ursprünglichen Zustand kein Bild machen. Auf einer Lithographie aus dem Jahre 1845 sehen wir einen offenen, einfach gebauten Übergang. Auf einem später entstandenen Aquarell von Theodor Schnell besass die Brücke ein Dach.

Gegen Ende des 19. Jahrhunderts bauten die Burgdorfer eine Eisenkonstruktion über den Fluss, die aber bereits 1912 einem Hochwasser zum Opfer fiel. Im Südosten der Stadt spannt sich die Ziegelbrücke über die Emme. Sie verbindet Burgdorf mit Heimiswil und hat ihren Namen von der Ziegelei, die sich am Rande des Wiedlisbachwaldes, am rechten Ufer der Emme, befindet.

Von den Landschaftsbildern, die Theodor Schnell von der Umgebung Burgdorfs geschaffen hat, stellt eines den Girischachen dar: ein freundliches Wiesengelände, umrauscht von Laubwald, bespült von den Wellen der Emme. Heute ist das Land überbaut. Wieder wurde eine Brücke vonnöten, und heute führt ein Betonübergang von der Stadtseite ans andere Ufer. Hochwasser der Emme wurden nicht nur Burgdorfs Brücken immer wieder zum Verhängnis; die Wasser zerstörten auch Gärten und Pflanzungen und setzten Keller und Strassen der Burgdorfer Unterstadt unter Wasser. Nach der Überschwemmung von 1673 dämmten die Bürger den Fluss ein, um, wie ein Chronist schreibt, Land zu gewinnen und den Schachen zu vergrössern. Dies wirkte sich beim Hochwasser von 1711 zum Nachteil aus. Das zu enge Bett des Flusses hatte sich mit Geröll gefüllt, die Sohle erhöhte sich, und die Wellen schlugen über die Ufer. 1721 zerstörte das Wasser die Werkhäuser auf der Allmend und beschädigte die «hölzernen Kanäle», durch die der Mühlebach, am Schlossfelsen vorbei, auf die Mühlen geleitet wurde. Um solchen Zerstörungen künftig den Riegel zu schieben, leiteten die Bürger den Bach in einem Stollen durch den Felsen.

Burgdorf ist immer noch Handels- und Industriestadt mit enger Verbindung zur Bauernschaft. Die Waren- und Viehmärkte sprechen dafür, die Butterzentrale, das Saatgutzentrum sowie der emmentalische Käsehandel. 1857 dampfte, von Olten kommend, die erste Lokomotive durch den Girisbergtunnel über die neue Eisenbahnbrücke: Burgdorf war an das schweizerische Eisenbahnnetz angeschlossen. 1875 wurde die Linie Burgdorf–Solothurn eröffnet, 1881 konnte die Strecke bis Langnau befahren werden, und 1899 nahm die Burgdorf–Thun-Bahn den Betrieb auf. Sie ist die erste Normalspurbahn mit elektrischer Traktion in Europa.

Seit dem Wirken Pestalozzis – zu ihm waren Besucher aus ganz Europa nach Burgdorf gekommen – ist die Stadt ein bedeutendes Schulzentrum geblieben.

Die Emme fliesst durch die Kornkammer von Bern

Von Burgdorf emmeabwärts

Nach der Sperre bei Burgdorf fliesst die Emme – heute zwischen Dämmen – in die Ebene hinaus. Zwar hält zur Rechten der bewaldete Ruppisberg bis Kirchberg die ungefähre Linie des Flusses, zur Linken aber treten die Hügel weit zurück.

Der Rhonegletscher hatte hier seine Felsbrocken abgelagert und unter dem Druck des Eises zermalmt. Die Emme und ihre Seitenbäche haben sich in dem nicht allzufesten Untergrund zwischen den Moränenzügen ihren Weg gesucht und ihrerseits Kies abgelagert, so dass sich aus Sand-, Schlamm- und Kiesdepots eine neue Unterlage bildete, durch die das Grundwasser fliesst. Es entstand eine leicht nach Norden geneigte Ebene, die sich von 537 Metern bei Burgdorf auf 427 bei der Mündung der Emme in die Aare senkt. Vor der Emmekorrektion füllte der Fluss sein Bett mit Geschiebe, so dass die früheren Ufer die Hochwasser nicht zu begrenzen vermochten, es bildeten sich Sümpfe und kleine Seen, die nur langsam vermoorten, verlandeten.

Das Land unterhalb von Burgdorf war, dieses Nachteils ungeachtet, früher besiedelt worden als die einst undurchdringlichen Waldgebiete der emmentalischen Hügel und Berge. Die Kelten machten in der Ebene ihre ersten Einschläge und bauten auf Moränenhügeln ihre Wohnstätten, ihre Dörfer. Später zogen dann die Alemannen nach. Die feuchten Niederungen benutzten sie als Allmend. Die Grundwasseraufstösse in der Gegend von Aefligen und Utzenstorf mögen sie bewogen haben, sich in die vier bis sechs Kilometer breite Emmeebene vorzuwagen. So entstanden in der Folge die Siedlungen Utzenstorf, Wiler und Zielebach.

Die Landschaft im Gebiet der untern Emme ist heute eine Kulturlandschaft. Manchen Dorfplatz schmücken Eichen, und um die behäbigen Bauernhöfe stehen Linden, Ulmen und Pappeln. Der Fachwerkbau drängt das ganze aus Holz gebaute Haus zurück. Bernische Strenge und Einfachheit bleiben führend, und nirgends begegnet man jenen verspielten Formen, die sich in der östlichen Schweiz oder nördlich des Rheins dem Auge des Wanderers bieten.

Kirchberg

944 wird Kirchberg erstmals genannt. Kaiser Otto III. schenkte dem Kloster Selz im Elsass die drei Höfe Kirchberg, Uetendorf und Wimmis. Der Hof Kirchberg umfasste das Gebiet der heutigen Kirchgemeinde, die sich im Osten bis Rumendingen und zu den beiden Oesch, im Westen nach Kernenried und Lyssach erstreckt. Die Schenkung Ottos III. bezog sich auf alle Nutzungen, Eigenleute, Hofstätten, Äcker, Wiesen und die Fischerei, und das Kloster war berechtigt, seinen Besitz selbständig zu verwalten. Der Klostermeier führte die Aufsicht über die Wirtschaft, ein Schaffner zog von den Eigenleuten den Zins ein, und der Bannwart hegte den Klosterwald. Die drei Männer übten in Kirchberg die niedere Gerichtsbarkeit aus, schwerere Vergehen kamen vor den Kastvogt. Den Mittelpunkt des Hofes bildete wohl schon damals ein Gotteshaus, das sich auf dem Ausläufer des Ruppisberges erhob und, nach seinem Schutzheiligen Martin von Tours zu schliessen, einst eine fränkische Eigenkirche war. Da das Kloster Selz das Patronat über diese Kirche erwarb, gelang ihm unter Papst Clemens V. deren Inkorporation: das Kloster bestellte fortan den Seelsorger und zog die kirchlichen Einkünfte an sich.

In der zweiten Hälfte des 13. Jahrhunderts lag die Vogtei über den Hof Kirchberg in den Händen des Ritters Ulrich von Thorberg. Dieser war ein kiburgischer Dienstmann, hatte aber für Kirchberg seine besondern Ziele. Er wollte an der Emme eine Stadt mit Mauer, Brücke und Zoll errichten, legte um den Ort einen befestigten Ring und erschien mit seinem Anliegen 1283 im Lager Rudolfs von Habsburg vor Peterlingen (Payerne). Der König ging auf des Ritters Pläne ein, konnte er daraus doch seinen Vorteil ziehen: eine Konkurrenzstadt vor den Toren Burgdorfs sicherte ihn ab gegen die Kiburger. Divide et impera! So verlieh er in Anerkennung von Ulrichs treuen Diensten der «nova munitio» alle Rechte einer Stadt. Ihre Bewohner sollten sich der gleichen Freiheiten erfreuen wie die Burger Berns. Ulrich erhielt das Recht, selbst oder durch einen Stellvertreter die Gerichtsbarkeit, soweit sie nicht dem Kloster Selz zustand, auszuüben. Die neue Stadt sollte jeweils am Mittwoch Markt halten. Wer diesen besuchte, stand unter des Königs Schutz.

Durch diese Privilegien wurde der Ort aus der landgräflichen Gerichtsbarkeit gelöst, doch die Kiburger wollten keine zweite Stadt vor den Toren ihres Burgsitzes dulden und veranlassten Ulrich von Thorberg, auf seine weitschwingenden Pläne zu verzichten.

1393 gingen die Rechte Ulrichs von Thorberg an die von ihm gestiftete Kartause bei Krauchthal über. Diese verfügte von nun an über die hohe Gerichtsbarkeit, wogegen Twing und Bann dem Kloster im Elsass verblieben. Im darauffolgenden Jahr setzte Bern an des Reiches Statt den Peter von Krauchthal als Vogt über die Kartause und damit auch zum Schutzherrn über Kirchberg. Nach mancherlei Rechtsgeschäften mit Selz und Thorberg zog es 1429 Vogtei und Schultheissenamt in Kirchberg mit den dazugehörenden Gerichten an die Stadt. 1481 erwarb es auch die grundherrlichen Rechte auf den einstigen Hof.

Bis 1471 gehörte Kirchberg ins Amt Wangen, dann wurde es mit Alchenflüh dem Schultheissen von Burgdorf zugewiesen. Auch die andern einst königlichen Güter kamen an Bern, bildeten neue Gerichte oder wurden bestehenden angeschlossen. Unterschiedlich waren auch die Rechte der einzelnen Dörfer an den Schachen und Allmenden. So hatten sich Rüdtligen, Alchenflüh und Aefligen mit Kernenried, Zauggenried und andern Dörfern zu einem weitgezogenen Allmendverband zusammengeschlossen. Andere Weiden nutzten die Leute von Kirchberg, Aefligen und Ersigen gemeinschaftlich. 1393 und 1465 wurde das Land aufgeteilt.

In Kirchberg selbst gab es während langer Zeit zwei Rechtskorporationen: die äussere Gemeinde (zu der auch Bütikofen gehörte) verfügte über Wald und Moos in der Umgebung; sie ist wahrscheinlich aus einer alten Markgenossenschaft hervorgegangen. Die «innere», sogenannte Dorfrechtsamegemeinde setzte sich aus den örtlichen Schupposen- und Taunerbesitzern zusammen, nutzte den Emmeschachen und war mit der Schwellenpflicht belastet.

Der Wehren ungeachtet hatte die Emme 1639 den alten Steg zerstört. Der Müller von Alchenflüh sprang ein und errichtete einen Fährdienst durch das Flussbett. Weitgehend seiner Initiative war die neue Brücke zu verdanken. Sie entstand ein Jahr nach dem Unglück im Gemeinwerk und wurde auf hölzerne Joche gestellt. 1675 bewilligte der Rat von Burgdorf den Kirchbergern, den Schachen urbar zu machen. Von 1756 bis 1764 wurde vom Grauholz eine Strasse über Kirchberg nach Herzogenbuchsee gebaut, die auf fester Unterlage ruhte. Kirchberg und seine Nachbarn halfen beim Bau. Noch waren die Arbeiten nicht beendet, als 1764 ein Hochwasser die Brücke zum Einsturz brachte. Die neue Brücke musste 1866 gehoben und umgebaut werden und wurde 1906 durch eine Eisenkonstruktion ersetzt. Heute verbindet eine Betonbrücke Kirchberg mit Alchenflüh.

Der Zuzug von Industrien brachte der Bevölkerung neue Verdienstmöglichkeiten. 1756 gründete Rudolf Moyse Henchoz am Mühlebach eine Bleiche und Walke, der er später eine Kattundruckerei angliederte. Sie war die einzige Stoffdruckerei im Kanton Bern. 1871 entstand eine Baumwollweberei und 1890 eine Stanniolfabrik. Das Dorf besitzt heute in Alchenflüh den Anschluss an die Bahnlinie Solothurn–Burgdorf sowie an die unterhalb des Ortes die Emme überquerende Autobahn.

Auch am linken Ufer haben sich Industrien angesiedelt, und zwar eine Eisengiesserei mit Aefligen, in Rüdtligen Kies- und Sandwerke.

1838 schlugen die Aefliger eine Holzbrücke nach dem Wydenfeld, die 1895 durch eine Eisenkonstruktion ersetzt wurde, die später ihrerseits einer Betonbrücke weichen musste.

1783 erwarb der bernische Chorschreiber Johann Rudolf Tschiffeli, ein Mitbegründer der ökonomisch-gemeinnützigen Gesellschaft des Kantons Bern, bei Kirchberg das Gut «Im Kleegarten». Zwei Jahre später liess er nach Plänen von Niklaus Sprüngli ein stattliches Landhaus bauen.

An Kirchberg erinnern die Namen bekannter Erzieher, Pfarrer und Gelehrter, die vom Orte ausgingen oder dort längere oder kürzere Zeit wirkten. Genannt seien der später nach Prag berufene Anatom und Bergsteiger Christoph Theodor Aeby, der Pfarrer David Matthäus Frank, Initiant der Sekundarschule, der Sängervater Rudolf Krenger und der Alttestamentler Albrecht Rudolf Rüetschi.

Die ältesten Scheiben der 1506 erbauten Kirche werden den Meistern Hans Hänle aus Reutlingen, Niklaus Manuel und Lukas Schwarz zugeschrieben. Nach einem Brand im Jahre 1871 musste die Kirche erneuert werden.

Fraubrunnen

Nördlich von Aefligen teilt die Emme das Altwydenfeld vom Taubenmoos. Sie erreicht beim Berchtoldshof die von Schalunen nach Bätterkinden ziehende Talstufe, die ihrem bisherigen, nordwestlich gerichteten Lauf eine Wendung nach Norden gibt. Einst floss ihr hier die Urtenen zu, die heute zusammen mit der von Aefligen kommenden Giesse als Fabrikkanal in Bätterkinden genutzt wird und dort den grössern Teil ihres Wassers an die Emme abgibt. Der Rest fliesst als Mühle- und Dorfbach bei Kräiligen in den Limpach. Die Urtenen sammelt ihre Bäche aus dem Gebiet um den Moossee, wendet sich dann nach Nordosten, fliesst an Münchringen und Zauggenried vorbei und tritt bei Fraubrunnen in den Schwemmlandgürtel der Emme.

Der Name des Flüsschens wird von dem gallischen «orta», «urta» (Quell) hergeleitet und weist auf die Kelten als Namensgeber. Der Stamm der Helvetier löste in dieser Gegend eine ältere Bevölkerung ab, die sich nach dem Rückgang der Gletscher am Moosbühl und Moossee niedergelassen hatte. In der Eisenzeit besetzten die Kelten das Plateau von Rapperswil. Links der Urtenen siedelten sie auf Moränenhügeln. Nach der Schlacht bei Bibrakte begann die Herrschaft der Römer, die das Land erschlossen. Später überschritten die Alemannen den Rhein, folgten dem Jurafuss entlang dem Lauf der Aare und deren Nebenflüssen ins Hügelland. In Sippen- und Markgenossenschaften liessen sie sich nieder, scharten auf erhöhten Plätzen ihre Hofstätten zu kleinen Dörfern, zogen den Etter (Zaun) um ihre schilf- oder strohgedeckten Häuser, teilten Acker- und Mattland und nutzten in den Talböden der Urtenen und ihrer Seitenbäche die Allmenden.

Die beiden Hartmann aus dem kiburgischen Hause, Onkel und Neffe, stifteten 1246 zu Fraubrunnen eine Niederlassung der Zisterzienserinnen, die sich dank frommer Zuwendungen zu einem bedeutenden Kloster entwickelte. Es verfügte über zahlreiche Güter, die die Frauen durch Laienbrüder bewirtschaften liessen. Am Ort selbst, wie auch in Büren zum Hof, in Grafenried, Limpach und Zauggenried sowie in einem Teil von Schalunen besassen sie die niedere Gerichtsbarkeit. Als Kastvögte walteten die Gründer selbst, später gelangte dieses Amt an die Angehörigen anderer edler Geschlechter.

Wir wissen wenig vom geistigen Leben des Klosters. Die Insassen waren Töchter des burgundischen Landadels sowie vornehmer Familien der Städte Bern, Solothurn und Burgdorf. Urkunden melden Vergabungen und Besitzwechsel, Namen von Kastvögten und Ammännern, berichten von Wallfahrten und Visitationen, vom Einfall der Gugler und vom Nachlassen der klösterlichen Zucht sowie von einem langwierigen Streit mit dem Nachbarn auf dem rechten Emmeufer, dem Herrn auf Schloss Landshut.

Da die Emme immer wieder ihren Lauf verlegt hatte, herrschten, als Rudolf von Ringoltingen auf Schloss Landshut einzog, Unklarheiten über die «Marchen» (Grenzen) des Besitztums. Rudolf war der Meinung, dass die Grenzen seiner Herrschaft oberhalb von Aefligen auf dem linken Ufer der Emme und westlich von Schalunen verliefen. Die Klosterfrauen betrachteten die Emme als Grenze. Darüber hinaus waren die beiden Nachbarn wegen Fischereirechten in der Urtenen und der Nutzung des Emmegrundes zerstritten. Schultheiss und Rat entschieden 1420, dass die «Kundschaft» Rudolfs die bessere sei, «da die beiden Dörfer von alters her ins Gericht Landshut gehörten», sicherten aber den frommen Frauen den Fisch für ihre Tafel zu und verboten planloses Einschlagen der Ufersäume. 1492 kam es erneut zu einem Handel. Die Emme hatte einige Zeit vorher ihren Lauf gegen Osten verlegt und floss nicht mehr wie früher ob Schalunen, sondern weiter nördlich, im Gebiet von Bätterkinden, mit der Urtenen zusammen. So entstand zwischen beiden Flüssen eine Art Niemandsland, und es galt erneut die Grenzen festzulegen. Ludwig von Diesbach, der neue Herr auf Landshut, klagte, dass des Klosters Amtsleute ihn hinderten, in der Urtenen zu fischen, obschon er dies in seinem eigenen Twing und Bann tue. Die Klosterfrauen betrachteten offenbar das Gelände an der unteren Urtenen als einen Bereich, in dem sie nach Belieben schalten und walten durften. Doch ihr Nachbar brachte Zeugen herbei, die bestätigten, dass die Emme «vor und nach der Basel schlacht» (St. Jakob an der Birs) oberhalb von Schalunen mit der Urtenen zusammengeflossen sei. Das Gericht entschied daraufhin, dass Ludwig auf dem Gebiet seiner Herrschaft fischen dürfe, aber das Gewässer offenhalten müsse, damit die Fische ihren Weg flussaufwärts nehmen könnten. Auch wegen der Emmeschwellen, die Ludwig zum Schutz von Landshut angelegt hatte, geriet er mit den Zisterzienserinnen in Streit. Diese warfen ihm vor, dass der Fluss wegen der Uferverbauungen stärker gegen die ungeschützten Klostermatten ausbrechen könne.

Neben dem Kloster gab es in Fraubrunnen einige Lehnhöfe sowie eine Klosterwirtschaft, den spätern Gasthof «zum Brunnen». Das Wasser der Urtenen trieb Mühle, Reibe und Öle. Nach Aufhebung der klösterlichen Gemeinschaft während der Reformation ging die Verwaltung der ehemals dem Kloster gehörenden Liegenschaften an einen bernischen Amtsmann über. Dieser übte in allen Dörfern, die der geistlichen Herrschaft unterstanden hatten, das niedere Gericht aus. Die Mühle wurde vorerst auf obrigkeitliche Rechnung betrieben. Wir hören später von einem Kornhaus und einer Salzhütte am Ort. 1804 wurde eine Säge bewilligt, und 1881 erhielt das Dorf eine Käserei.

In den Jahren 1917 bis 1919 drainierte man die Hofmatten und Bruchäcker am Bruch- und Erlibach, ein Jahr später begann die Trockenlegung des Talstückes bei Jegenstorf, Münchringen und der Holzmühle. Auch an der Emme war einiges geschehen: Mit Hilfe von Staats- und Bundessubventionen wurde 1886 der Fluss in ein verengtes Bett gezwungen und das

Hinterland durch Hochwasserdämme geschützt. Trotzdem durchbrachen die Fluten 1896 den Damm bei Aefligen, rissen die obere Holzstoffabrik mit sich fort und überschwemmten einen grossen Teil von Bätterkinden.

Landshut

Am nördlichen Rande des Altwydenfeldes breitet sich auf dem Schwemmland der Emme Utzenstorf aus. Einst der Sitz eines Uzzo, war der Ort in burgundischer Zeit Mittelpunkt eines besondern «Comitatus Uranestorfus», der vermutlich einen grössern Landstrich zwischen der Aare und Emme umfasste und einen Teil des Aaregaus gebildet hat.

Wahrscheinlich erhob sich in der Nachbarschaft der ersten Höfe schon früh ein Turm, in dem der über das Gebiet gesetzte königliche Beamte wohnte. Stand dieses an der Stelle des heutigen Schlosses? Die Burg an diesem Ort gehörte wahrscheinlich den Zähringern, denen sie als burgundisches Krongut zugekommen sein mochte. Sie ging nach dem Tode Berchtolds V. an dessen Erben, die Kiburger, über. Die vom 12. bis zum 14. Jahrhundert in den Urkunden erwähnten Edlen von Utzenstorf waren zähringische, später Kiburger Dienstmannen. In weitem Umkreis waren den Grafen von Kiburg Dörfer und Höfe zinspflichtig.

Wirtschaftliche Sorgen zwangen die Kiburger, ihre Güter zu veräussern. So gelangten 1335 dreissig Bauerngüter in Utzenstorf und Zielebach an Ritter Johannes von Aarwangen. Gegen Ende des 14. Jahrhunderts fielen Burg und Herrschaft an verschiedene Gläubiger und frühere Dienstmannen des gräflichen Hauses. Von ihnen kauften sie zu Anfang des 15. Jahrhunderts Heinrich Zigerli von Ringoltingen und sein Sohn Rudolf. Heinrich erwarb 1406 auch Bätterkinden. Bern, das den Kiburgern in den landesherrlichen Rechten gefolgt war, nahm an den Kaufverhandlungen teil und behielt sich zu eigenem Recht «den halben Teil der hohen Gerichte» vor. 1479 verkaufte Thüring von Ringoltingen die Herrschaft seinem Schwiegersohn Ludwig von Diesbach, der, ebenso in Schulden geraten, 1510 Bätterkinden und 1514 Landshut mit dem dazugehörenden Utzenstorf an die bernische Obrigkeit verkaufte. Diese machte aus der Herrschaft Landshut eine Landvogtei, zu der Bätterkinden, Utzenstorf, Wiler, Zielebach, Kräiligen, Schalunen, der Berchtoldshof und emmeaufwärts Aefligen gehörten.

Das Schloss wird wohl bereits in seiner ersten Anlage als eine «Landeshut» durch einen Burggraben gesichert gewesen sein. Die Grundmauern, der äussere westliche Mauerzug sowie der noch erhaltene Rundturm gehörten wahrscheinlich schon zur mittelalterlichen Befestigung. Spätere Geschlechter haben weitergebaut. Das Schloss zeigt in seiner heutigen Gestalt den Charakter des 17. und 18. Jahrhunderts. Schlicht erhebt sich der Hauptbau mit dem knappen Gerschild und der formschönen Ründi. Daneben, im Treppenturm, führt der «Schnegg», die Wendeltreppe, hoch zum Rittersaal. Weiter zurück liegen Rundturm und Nebengebäude. Über dem Eingang prangt als Wappen das «Bärnrych»: der Bär, vom Reichsadler überragt. Der Park, das Schloss und die mit ihm verbundenen Güter liegen auf einer langgestreckten Insel, die der Mühlebach umfliesst. Nicht immer sah es hier so traulich aus, denn immer wieder setzte die Emme Teile der Gegend unter Wasser und bedeckte sie mit Schutt und Schlamm. Bei Wiler und Utzenstorf führten Stege nach Kräiligen und Bätterkinden hinüber, die wohl nach jeder Wassergrösse in den Fluten der Emme versanken. 1572 gab es eine Holzbrücke oberhalb von Landshut. 1747 errichteten Utzenstorf und Bätterkinden gemeinsam einen Übergang, der 1807 teilweise und fünf Jahre später völlig zerstört wurde. Man half sich mit Verbessern und Verstärken und spannte 1841 eine holzgedeckte und 1898 eine eiserne Brücke über das schwer zu zähmende Wasser. Zwischen der Schlossherrschaft und der Bauersame von Utzenstorf waren Pflichten und Rechte genau umschrieben. Manchen Streit aber gab es mit den Anstössern wegen der Weidgründe. 1505 schuf ein Urteilsspruch für Utzenstorf und Bätterkinden eine verbindliche gemeinsame Grenze.

In der Mitte des 15. Jahrhunderts schrieb Thüring von Ringoltingen auf Schloss Landshut als erster eine deutsche Fassung der französischen Geschichte von der schönen und edlen Melusina. Gottlieb Sigmund Gruner, Landschreiber der Vogtei Landshut, wurde berühmt durch sein 1760 erschienenes Werk «Die Eisberge des Schweizerlandes». 1796 wurde in Utzenstorf der später nach Berlin berufene geniale Mathematiker Jakob Steiner geboren, und in den 1820er Jahren war Jeremias Gotthelf Vikar an der Kirche zu Utzenstorf.

Seit Ludwig von Erlach unterhalb von Schalunen die Wasser der Urtenen aufgefangen und in einem Kanal nach Bätterkinden leitete, entwickelte sich die Industrie. In Bätterkinden wurde im Jahre 1865 eine Holzstoffabrik, 1892 in Utzenstorf eine Papierfabrik und 1894 eine Biskuitfabrik gegründet, denen 1911 eine Mosterei folgte. Im emmeabwärts gelegenen Wiler entstand eine Maschinenfabrik von Weltruf, und in Zielebach muss der Landwirt mit Gewerbe, Handwerkern und Fabrikarbeitern aus den Industrieorten der Nachbarschaft, die sich hier niedergelassen haben, den Platz teilen.

Das Limpachtal

Da wo die Emme, von Utzenstorf und Wiler herfliessend, am Hang des Altisberges aus ihrer nach Norden zielenden Richtung leicht gegen Osten abbiegt, nimmt sie von links einen grössern Wasserlauf auf: den Limpach. Dieser kommt aus dem gleichnamigen Tal, das sich im Westen in den Hügeln um Ottiswil und Vorimholz bildet, in einer Geraden gegen Bätterkinden und Kräiligen läuft und – eine bis zu zwei Kilometer breite Talsohle bildend – den Bucheggberg im Norden vom Plateau von Rapperswil im Süden trennt. Die Talränder sind verschieden gestaltet: das Gelände von Rapperswil dacht sanft gegen den Limpach ab, schiebt kleine Kuppen vor und bildet Tälchen; die waldbestandene Südflanke des Bucheggberges fällt bis zu 200 Meter steil in die Talebene hinunter.

Die Siedlungsverhältnisse gleichen denen im Tal der Urtenen. Der Urbevölkerung folgten die Kelten und Römer, später die Germanen. Wie ihre Vorgänger mieden die Alemannen die sumpfreichen Niederungen am Limpach und fanden auf dem Bucheggberg und auf den gegenüberliegenden Höhen um Rapperswil guten Siedlungsgrund. Sie liessen sich aber auch auf den Schuttkegeln der Bäche nieder, die dem Talwasser, dem Limpach, von den beidseitigen Hängen zuströmten. Sie bildeten, wie anderswo, ihre Dörfer und Markgenossenschaften, teilten das gerodete Land in Matten und Äcker und trieben das Vieh auf die Allmend. Andere bauten an entlegeneren Orten ihre Einzelhöfe. So entstanden am Südrand des Bucheggberges die Orte Balm, Ober- und Unterramsern, Brittern und Aetingen. Auf der gegenüberliegenden Seite scharten sich die Höfe in Wengi und Ruppoldsried, in Messen, Mülchi und Limpach. Später liessen sich im Tal die Grafen von Buchegg, die Edlen von Bechburg und die Ritter von Aarwangen nieder. Die Mönche des Klosters Frienisberg besassen Einkünfte am Limpach, und im gleichnamigen Dorf stritten die Nonnen von Fraubrunnen mit dem Ritter Burkard Senn von Münsingen um die niederen Gerichte. Land und Rechte kamen von einer Hand in die andere, und die Gewinner waren die beiden Städte an der Aare, Bern und Solothurn, die über den stärkeren Arm und die volleren Kassen verfügten.

Moos und Sumpf behinderten früher den Verkehr durch das Tal, besass doch der Limpach nur schwaches Gefälle und flache Ufer. Den häufigen Überschwemmungen suchten die

Anwohner durch den Bau von Abzugsgräben zu begegnen. Da jedoch jedes Dorf in erster Linie an sich selber dachte, war den Anstrengungen wenig Erfolg beschieden. Wenn zum Beispiel die Leute von Mülchi und vom Dorf Limpach die Schleusen öffneten, setzten die Bäche die Matten von Ramsern und Aetingen unter Wasser. Bern und Solothurn schlossen deshalb 1448 einen Vertrag, um dies zu verhindern. 1662 verhandelten sie wieder, diesmal wegen Stauungen im Oberramsern-Moos. 1746 begann man mit grössern Verbauungen.

    1764 berichtet Pfarrer A. König aus Messen nach Bern, aus den Moosen sollten die Wasser abgeleitet werden. König machte Bodenproben und kam zu dem Ergebnis, dass sich das «schädliche Moosland» nicht nur in gute Matten verwandeln lasse, sondern auch zum Anbau von Getreide «tüchtig» sei. 1772 teilten Limpach, Mülchi und Ruppoldsried und bald auch Etzelkofen die Moose, um den Boden intensiver bewirtschaften zu können. 1776 legte Bern den Solothurnern die Beseitigung der Schwelle zu Kräiligen und die Begradigung des Limpachs, als eine für beide Teile höchst nützliche Sache, nahe. 1777 besichtigten Landvogt Karl Ludwig von Erlach und der Solothurner Ratsherr Schwaller die Gegend und beantragten die Gradlegung des Baches und die Erweiterung und Vertiefung seines Bettes. Solothurn erklärte sich 1779 bereit, an der Korrektion des Limpachs mitzuwirken. 1851 berieten Bern und Solothurn erneut über den Limpach und beschlossen eine Ausgleichung des Gefälls und die Aushebung des Bachbetts.

    Nach den Überschwemmungen von 1916 begann die Genossenschaft Limpachkorrektion, I. Sektion, ihre Arbeit. 1927 erhielt der Kanal ein neues Profil. Noch war die Korrektion nicht beendet, da wurden durch die Hochwasser von 1938 und 1939 neue Massnahmen notwendig. Der Krieg war ausgebrochen, und das Schlagwort hiess: Mehranbau! 6000 Jucharten nassen Bodens sollten in fruchttragendes Ackerland umgewandelt werden. Jetzt wurde das Gelände von der Britterenbrücke bis nach Scheunenberg, zuhinterst im Tal, kanalisiert. Die örtlichen Flurgenossenschaften mussten in ihren Gebieten die Teilentwässerungen durchführen. Heute durchzieht ein auf weite Strecken schnurgerader Kanal den ganzen Talstrich. Wege und Gräben sind wie auf dem Reissbrett gezogen. Natur in Planimetrie verwandelt.

Doch die Natur lässt sich nie ganz beherrschen. Wolkenbrüche suchten Anfang der 1970er Jahre die Gegend heim. Im Kanalbett hatten sich zufolge des Uferbewuchses Gras und Schlamm angesetzt und den Durchlass verengt. Die Drainagearbeiten, verbunden mit zwei niederschlagsarmen Jahren, trockneten die tieferliegenden Torfschichten aus. Der Boden wurde spröde, und als man mit den schweren landwirtschaftlichen Maschinen darüberfuhr, begann er sich zu senken und mit ihm die darin verlegten Drainageröhren. So floss das Wasser im November 1972 durch die Leitungen zurück und spritzte aus Schächten auf die Felder hinaus. Jetzt begann man den untern Teil des Kanals auszubaggern und den Aushub zur Ausbesserung der eingesunkenen Dämme zu benutzen.

Die Emme als Industriefluss

Im Wasseramt

Hat sich in Kirchberg, Utzenstorf und Wiler Industrie angesiedelt, so fliesst die Emme doch in der Ebene nördlich von Burgdorf vorwiegend durch Bauernland, das zur bernischen Kornkammer gehört. Sobald der Fluss am Altisberg vorbei in die Talweite von Biberist und Gerlafingen strömt, ändert sich das Landschaftsbild. Fabriken und Industriedörfer stehen jetzt an ihren Ufern, bis die Aare ihre jüngere Schwester aus den Bergen des Hohgants in ihr breites Bett aufnimmt.

Die Industrien des Wasseramtes sind Gründungen mutiger Pioniere, die sich die Wasserkraft der Emme, das flache Gelände, das eine bauliche Erweiterung zulässt, sowie die günstige Nähe einer Stadt zunutze machten. Unmittelbar an der bernisch-solothurnischen Grenze breitet sich Gerlafingen aus. Es ist wie Derendingen eine alemannische Gründung. Der Ort gehörte in die Herrschaft Koppigen, ging dann mehrmals in andern Besitz über, bis er im 17. Jahrhundert an die Stadt Solothurn kam. Einst ein unscheinbares Dorf, wurde Gerlafingen seit der Gründung der von Roll'schen Eisenwerke ein bedeutender Industrieort. Ludwig von Roll, der sich 1809 in Gänsbrunnen an einem Hochofen beteiligte, erlangte im darauffolgenden Jahr die Bewilligung, einen weitern Ofen sowie ein Hammerwerk zu bauen. Er erstellte den Ofen in der Klus von Balsthal, für das Hammerwerk wählte er Gerlafingen. Die Flösser der Emme und der Aare brachten ihm das nötige Brennmaterial (Holz und Holzkohle). Bald stand im damaligen Niedergerlafinger Schachen eine Hammerschmiede mit drei Frischfeuern, die 1813 die Arbeit aufnahm. Mit bernischer Genehmigung durfte das Emmewasser dem Hammerwerk zugeleitet werden. 1918 stellte die Firma den ersten Elektrostahlofen zur Herstellung von Spezialstählen auf. Aus bescheidenen Anfängen war eines der bedeutendsten Unternehmen auf dem Gebiet der schweizerischen Eisen- und Maschinenindustrie geschaffen worden.

Gerlafingen und Biberist sind heute zusammengewachsen. Die erste Kirche von Biberist gilt als das älteste Gotteshaus des Wasseramtes. Die niederen Gerichte an diesem Ort gehörten früh zum St.-Ursen-Stift in Solothurn, das hohe Gericht unterstand den Grafen von Buchegg und kam über Kiburg an Bern und die Stadt Solothurn. Oberbiberist am Nordfuss des Altisberges und Niederbiberist gegen den Bleichenberg hatten getrennte Rechtsame an Wald und Weide. Der Schachenboden wurde 1747 unter die Landlosen verteilt und gab später günstiges Bauland für die wachsende Bevölkerung des Industriedorfes. Die Korrektion der Emme zog die Überbauung des rechten Ufers nach sich.

Gegen die Übernahme der Schwellenpflicht gestattete die Obrigkeit im 18. Jahrhundert den Besitzern einer Öle, Sägerei und Pulvermühle das Flusswasser zu nutzen. Der 1861 begonnene Bau des Emmekanals schuf die Voraussetzung zur Gründung der Papierfabrik, mit deren Bau 1863 begonnen wurde. Mit zwei Papiermaschinen nahmen die Unternehmer 1865 die Arbeit auf. Später erweiterten und modernisierten sie das Werk und gingen schliesslich mit der Papierfabrik in Utzenstorf eine Produktionsgemeinschaft ein.

Das etwa zwei Kilometer emmeabwärts gelegene Derendingen wird 1291 in einer Verkaufsurkunde erwähnt, aus der hervorgeht, dass die Witwe eines Ritters von Oenz ihre Güter im Dorf an das Kloster St. Urban verkaufte. Die Rechte und Güter gelangten später an die Stadt Solothurn, die Derendingen mit dem Gericht Kriegstetten vereinigte. Erste Nachrichten über den Bau einer Brücke reichen ins Jahr 1443 zurück. Sie bildete lange Zeit den einzigen Flussübergang an der unteren Emme. Der Werkmeister von Solothurn musste für ihren Unterhalt sorgen. Nach einem Zolltarif von 1740 hatten ihm 37 Ortschaften aus der Umgebung den «Brückenhafer» zu entrichten.

Der Bau des Emmekanals ermöglichte auch in Derendingen die Ansiedlung von Industrie. So entstanden im 19. Jahrhundert eine Kammgarnspinnerei und auf dem «Wilihof» die erste Portlandzementfabrik in der Schweiz. Heute hat Derendingen eine grosse Ziegelei, eine Giesserei sowie Fabriken für Uhren und elektrische Apparate.

Nochmals ein kleines Stück flussabwärts liegt Luterbach, das unterste Dorf an der Emme. Der Name dieses Dorfes findet sich bereits im Bodenzinsregister des St.-Ursen-Stiftes. Dieses besass hier den Frucht- und Heuzehnten und später auch die Gerichtsbarkeit über Waldfrevel, «Streit bei Tag und Nacht», die Fischenzen und andere Rechte. Später kam die Stadt Solothurn in den Besitz der hohen und niederen Gerichte. Bis in die neuste Zeit lebte die Bevölkerung fast ausschliesslich von der Landwirtschaft, und der Arzt und Schriftsteller Jakob Hofstätter klagte über den mangelnden industriellen Sinn der Bewohner. Heute hat sich dies geändert, moderne Unternehmen für Stahl- und Metallbau bieten neue Arbeitsmöglichkeiten.

Sorgenkind blieb die Emme. Da der Fluss an seiner Mündung das Geschiebe in die Aare hinausträgt und dadurch deren Abfluss mindert, wurde die Korrektion der Emmemündung in das Programm der ersten Juragewässerkorrektion aufgenommen. Die Ufer wurden mit Steinvorlagen und örtlichen Verbauungen gesichert. Auenwald kleidet das rechte Ufer, zur Linken greift die Infrastruktur der modernen Gesellschaft nach dem einst verträumten Gelände.

Beim Emmenspitz mündet das Wildwasser vom Hohgant mit all seinen Bächen in die von Flumenthal her leicht gestaute, gemächlich fliessende Aare.

Die Wasserscheide zwischen Augstmatthorn und Hohgant, die Grenze zwischen Berner Oberland und Emmental; Alpweiden, Tannenwald, Hochmoor und die Flühe des Hohgant prägen das Entstehungsgebiet der Emme.

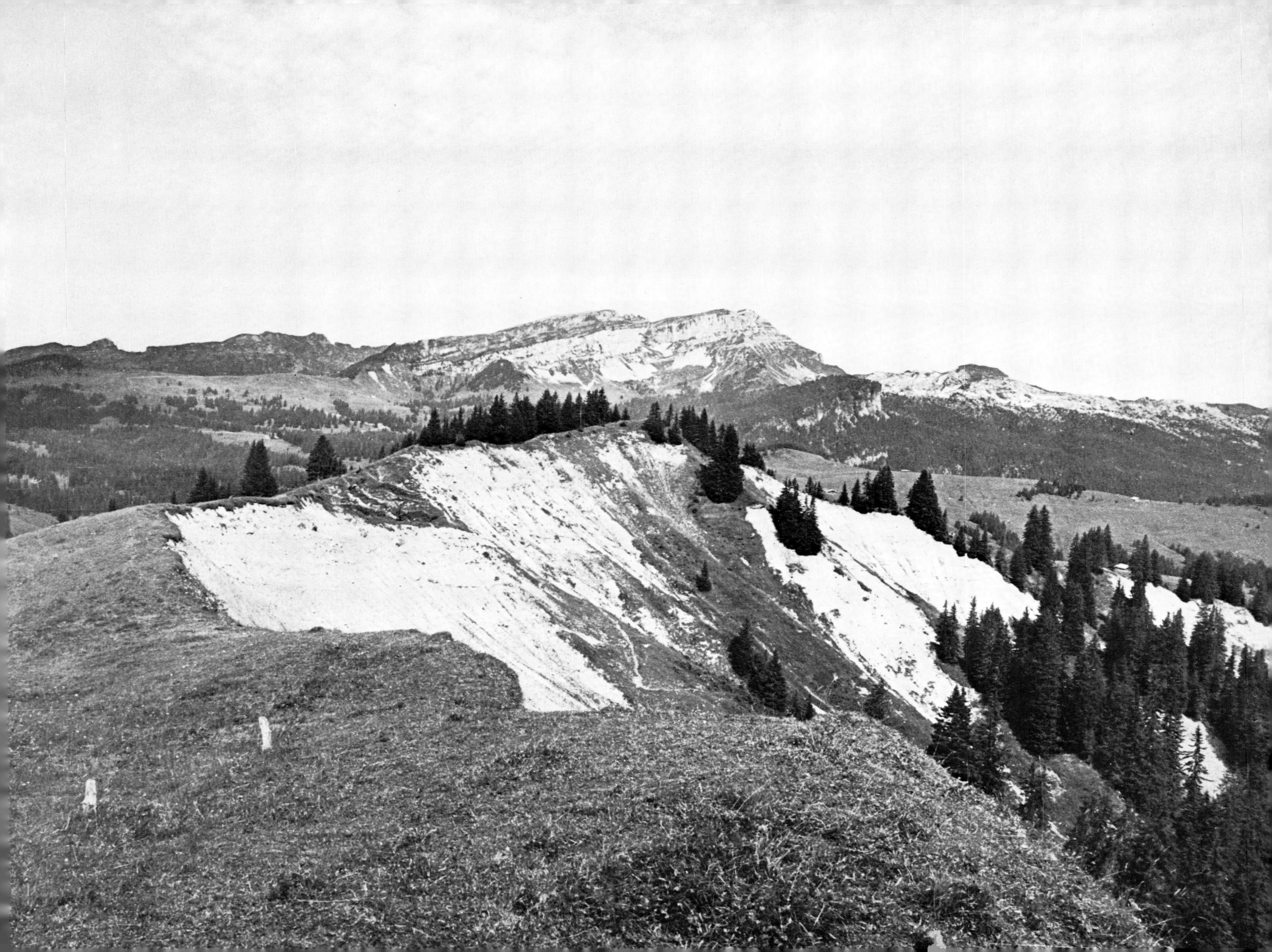

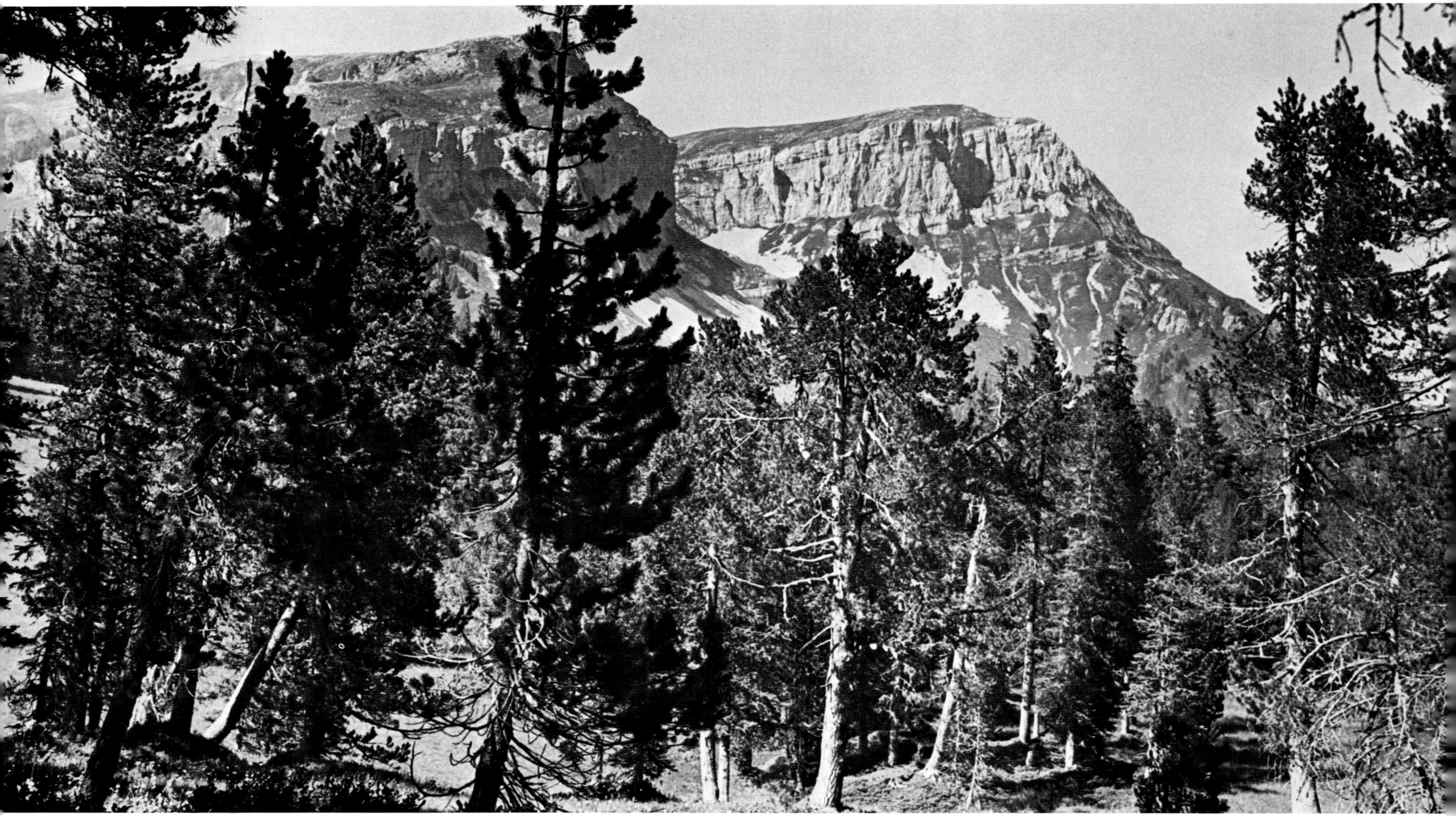

*Die Bastionen des Hohgants von der Habchegg aus.
Der schöne Wald im Leimbachgraben,
Heidbühl, darüber das Augstmatthorn,
im Hintergrund die Jungfrau.
Gehplanken im Sumpfwaldgebiet bei Möser,
dahinter die Widegg.*

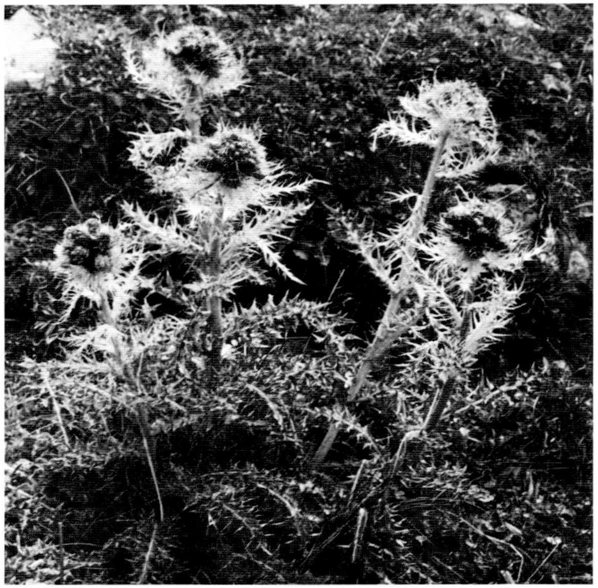
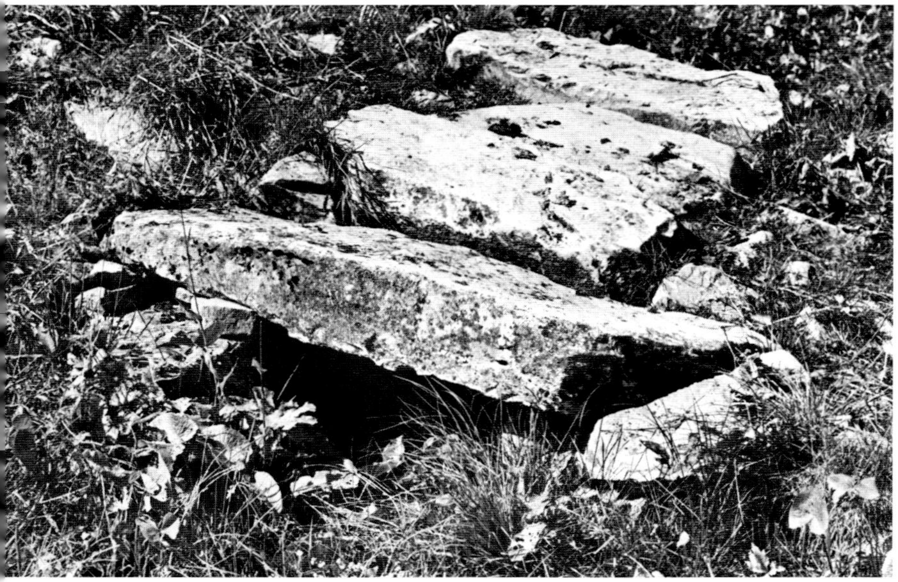
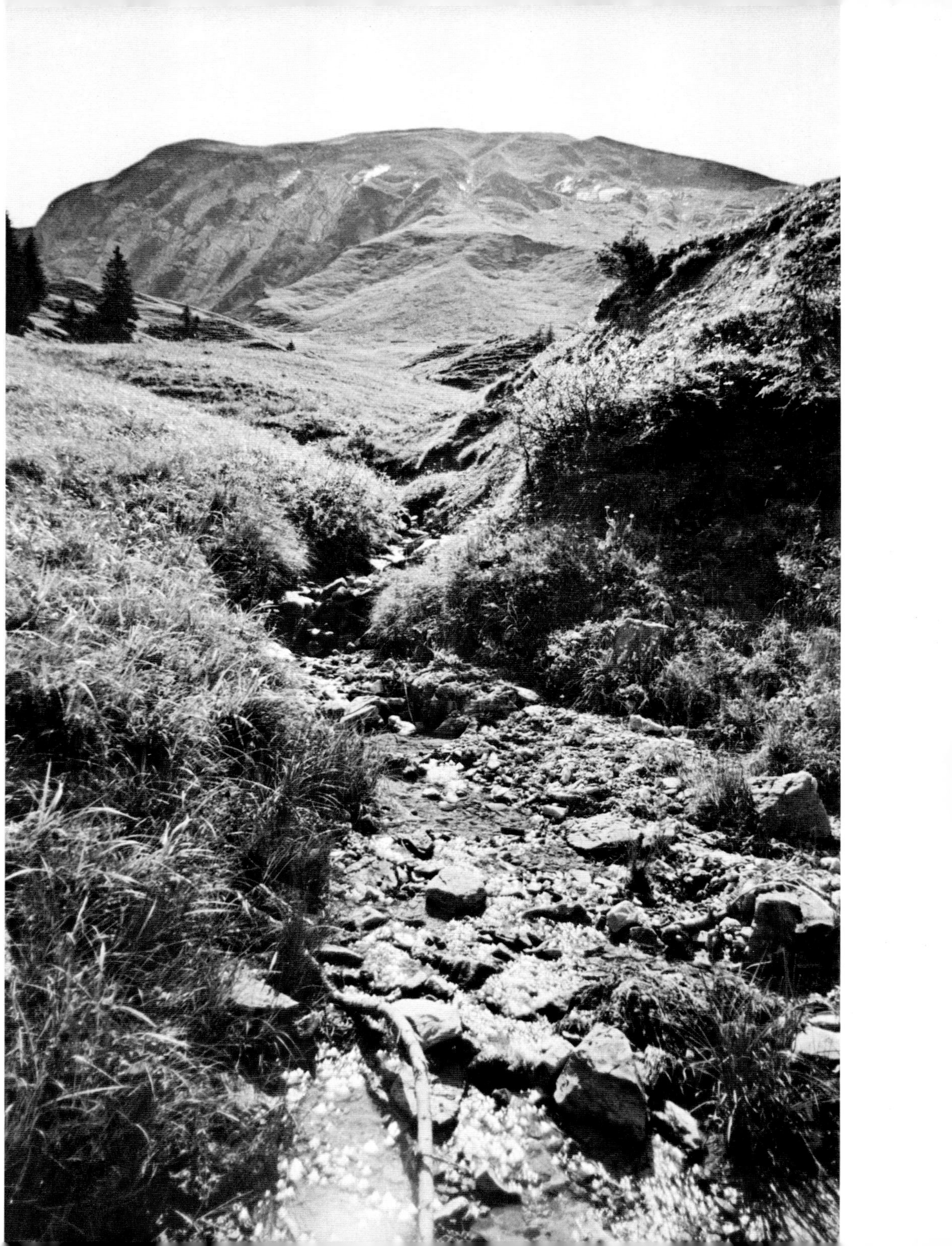

*Vom Augstmatthorn auf die Alp Lombach,
vom Riedergrat rechts und der Habchegg
auf der linken Talseite, sickern und rinnen
die Wasser talwärts, sammeln sich
im Tiefengraben, das Emmental beginnt.*

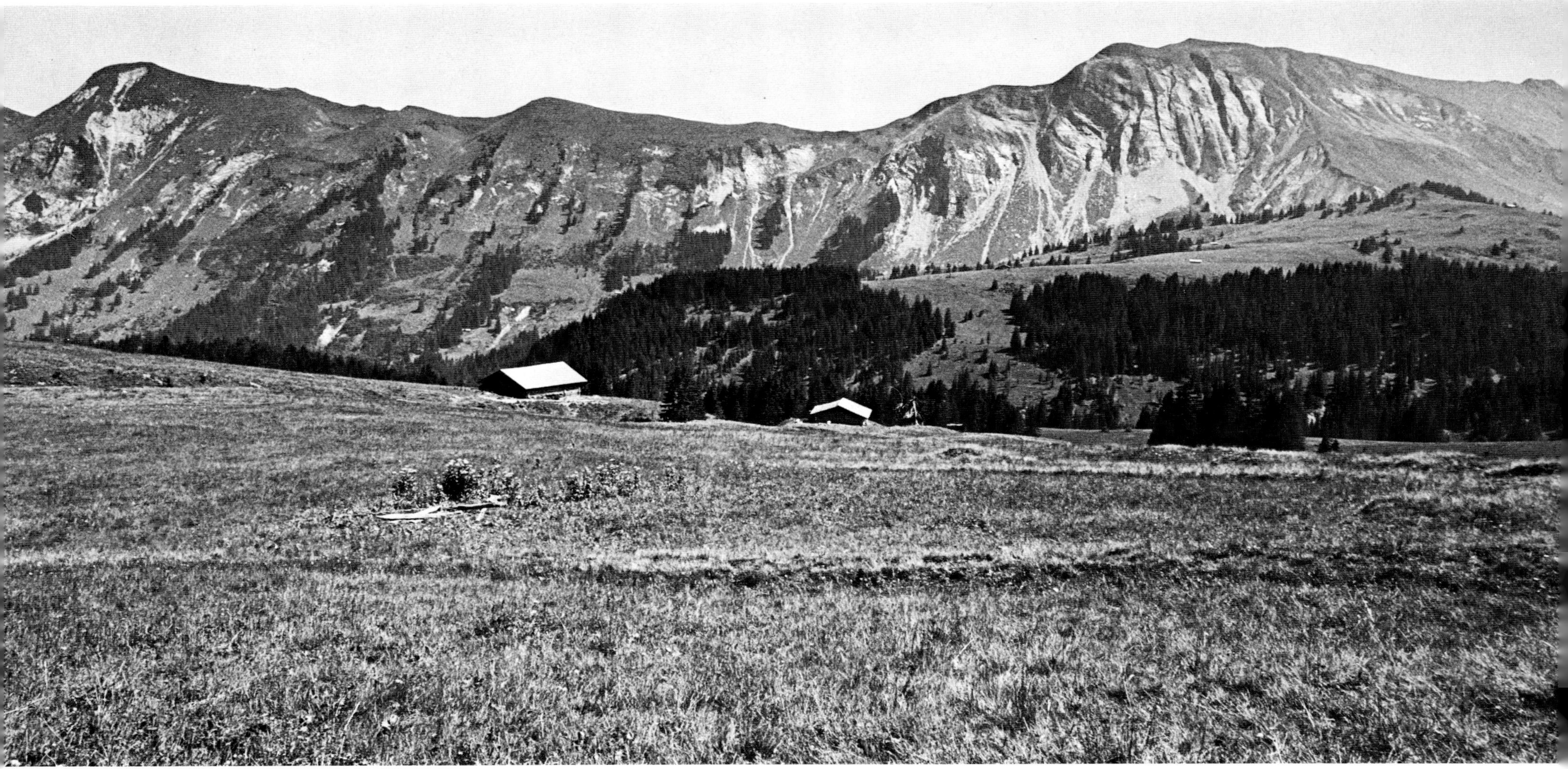

Blick vom Nollen über den Tiefengraben nach Alp Lombach, im Hintergrund der Riedergrat mit dem Augstmatthorn.
Auch im Hochmoorwald in der Gegend von Möser sammeln sich Wasser, die dem Tiefengraben zufliessen.
Weit und hell ist es hier und würzig die Luft des lichten, von der Sonne durchfluteten Waldes.

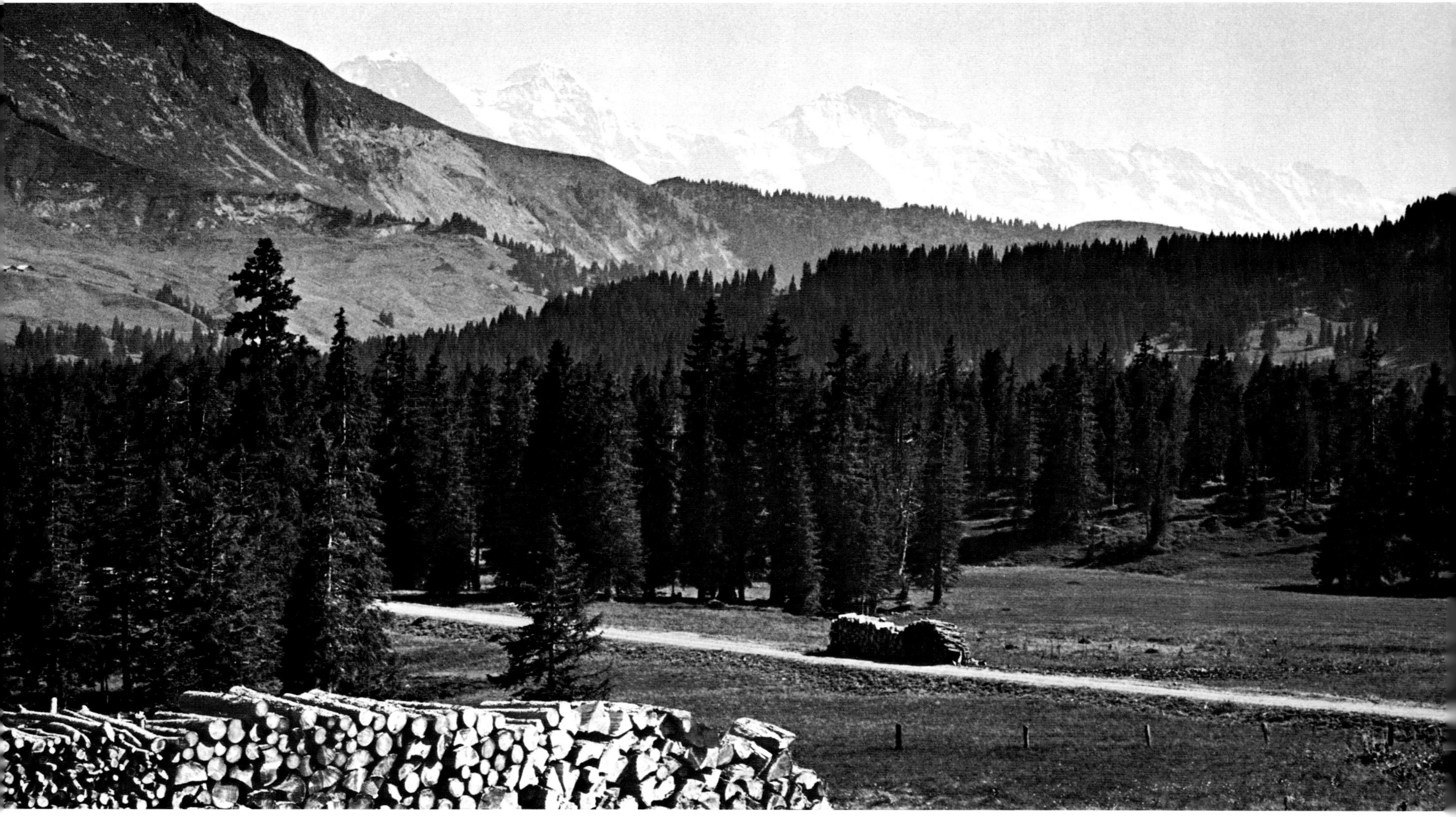

*Schon das oberste Gebiet der Emme ist Waldland. Das Holzseilen besorgen Spezialisten aus dem Schangnau.
Über der Wasserscheide zum Berner Oberland erblickt man Eiger, Mönch und Jungfrau.
Holzstapelplatz und Holztransport im Aelgäu.*

Berner Oberländer sind die Besitzer der obersten Weiden (Alpen) des Emmentals, ihre Sennen machen kleine schmackhafte Bergkäse, die sie in Speichern pflegen, bis sie am «Chästeilet» von den Besitzern abgeholt werden.

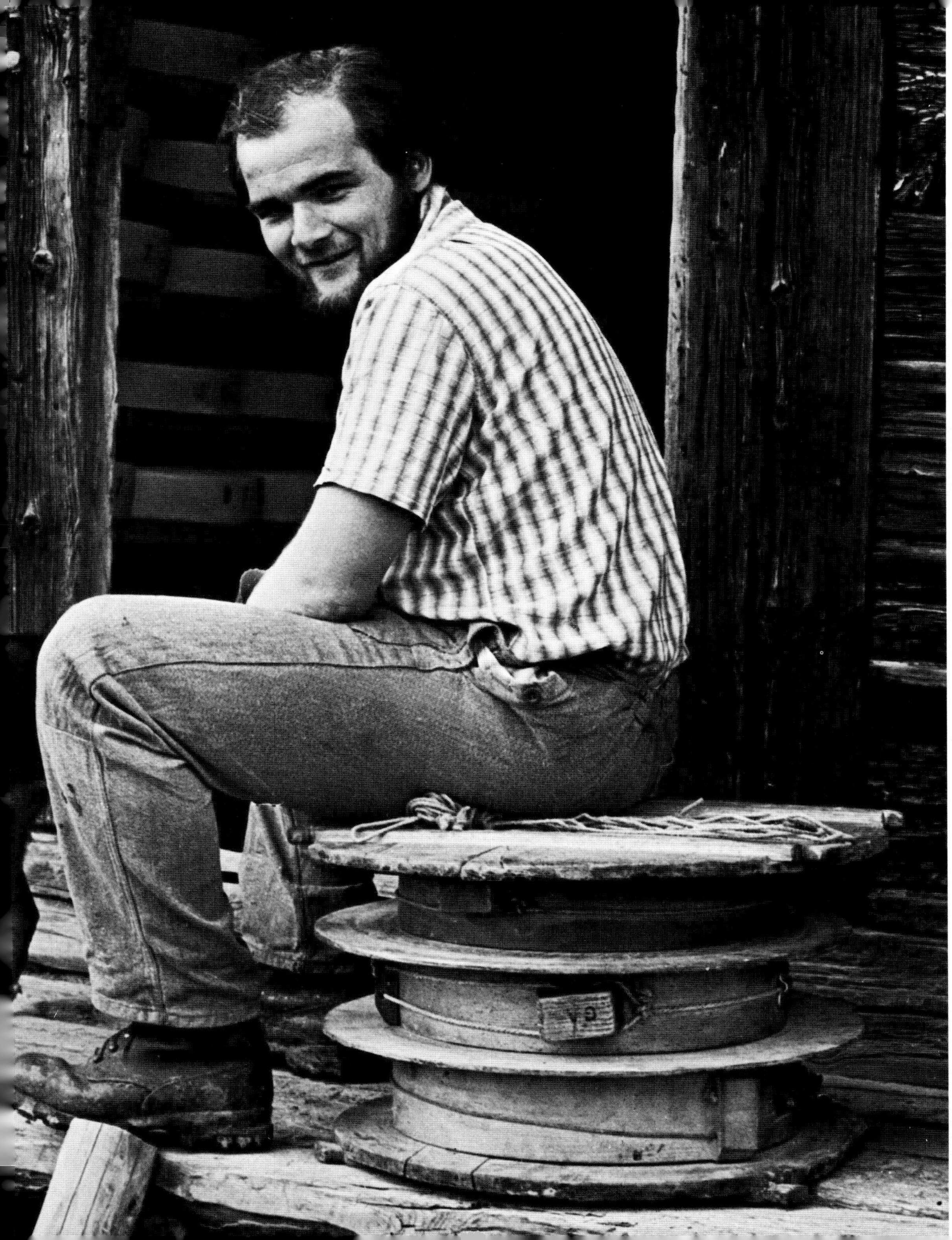

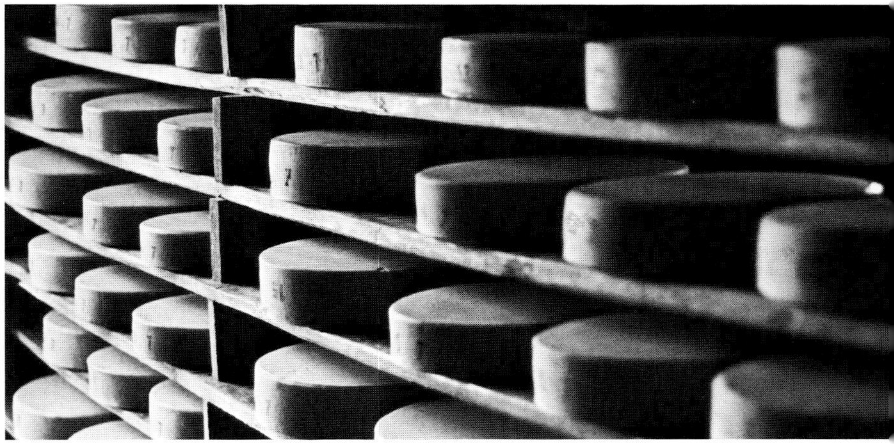

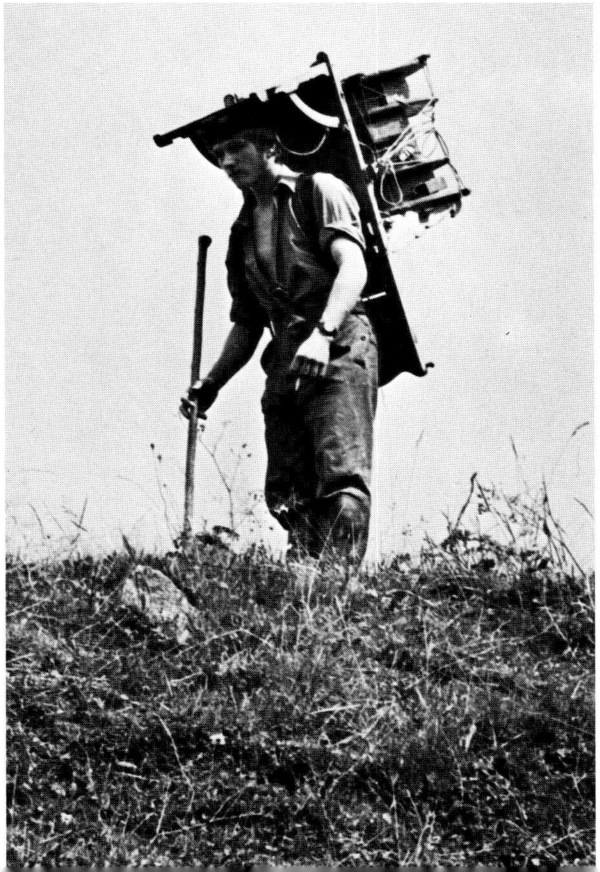

*Da wo die junge Emme
durch den Harzisboden fliesst,
ist sie schon ein ansehnlicher Bach.
Im Uferwald wachsen seltene
Pflanzen, Wildspuren verraten
scheue Lebewesen.
(Siehe auch folgende Doppelseite.)*

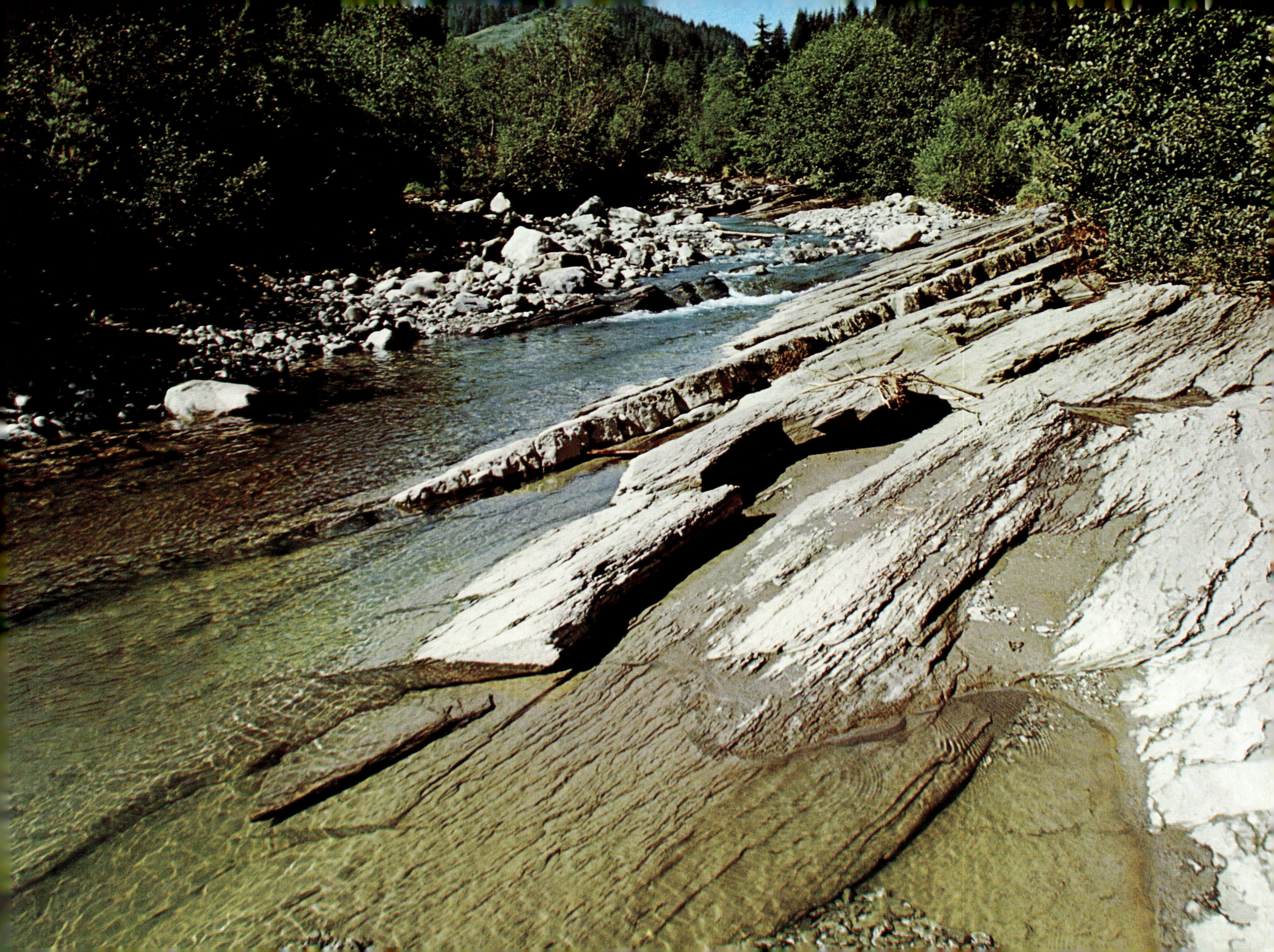

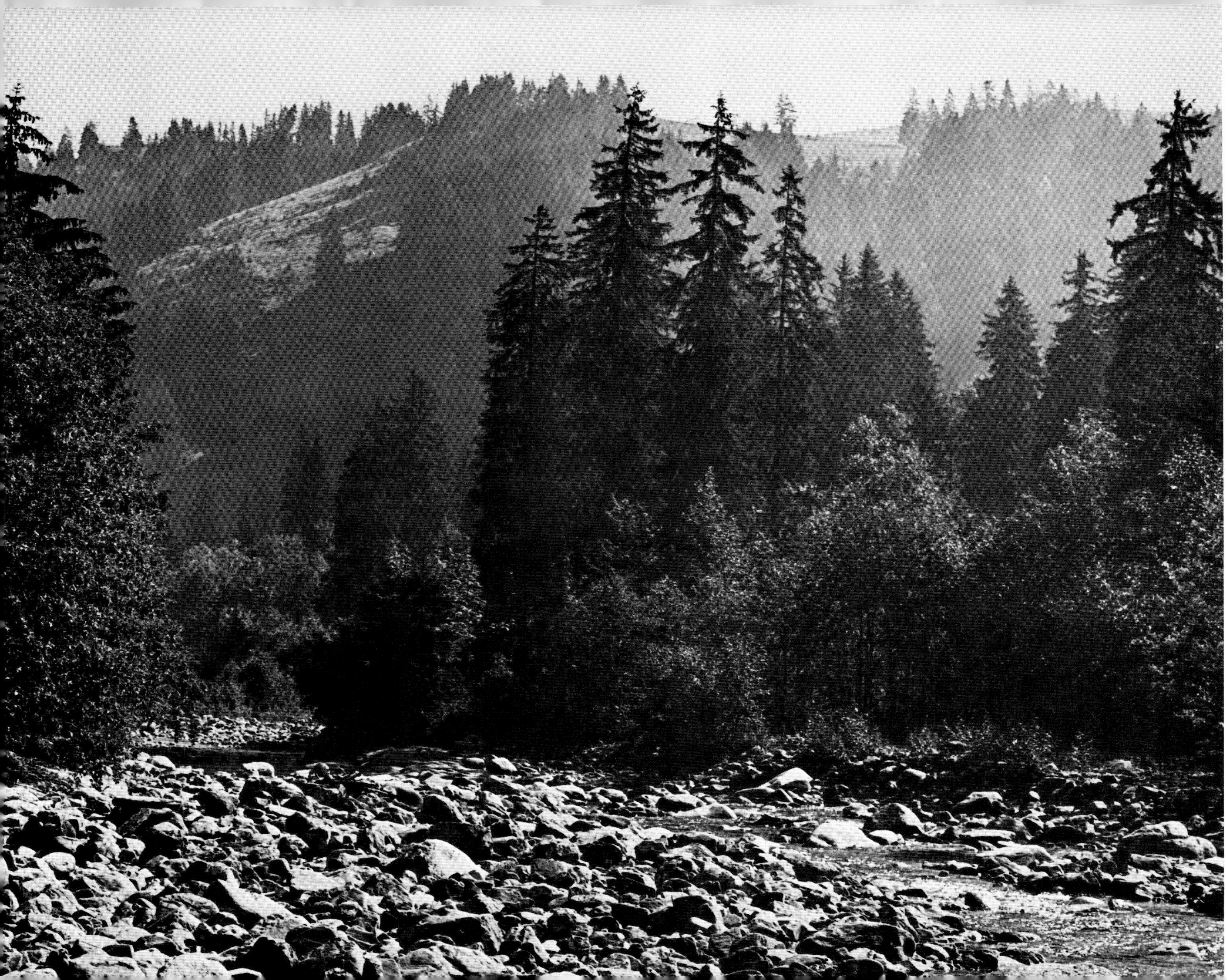

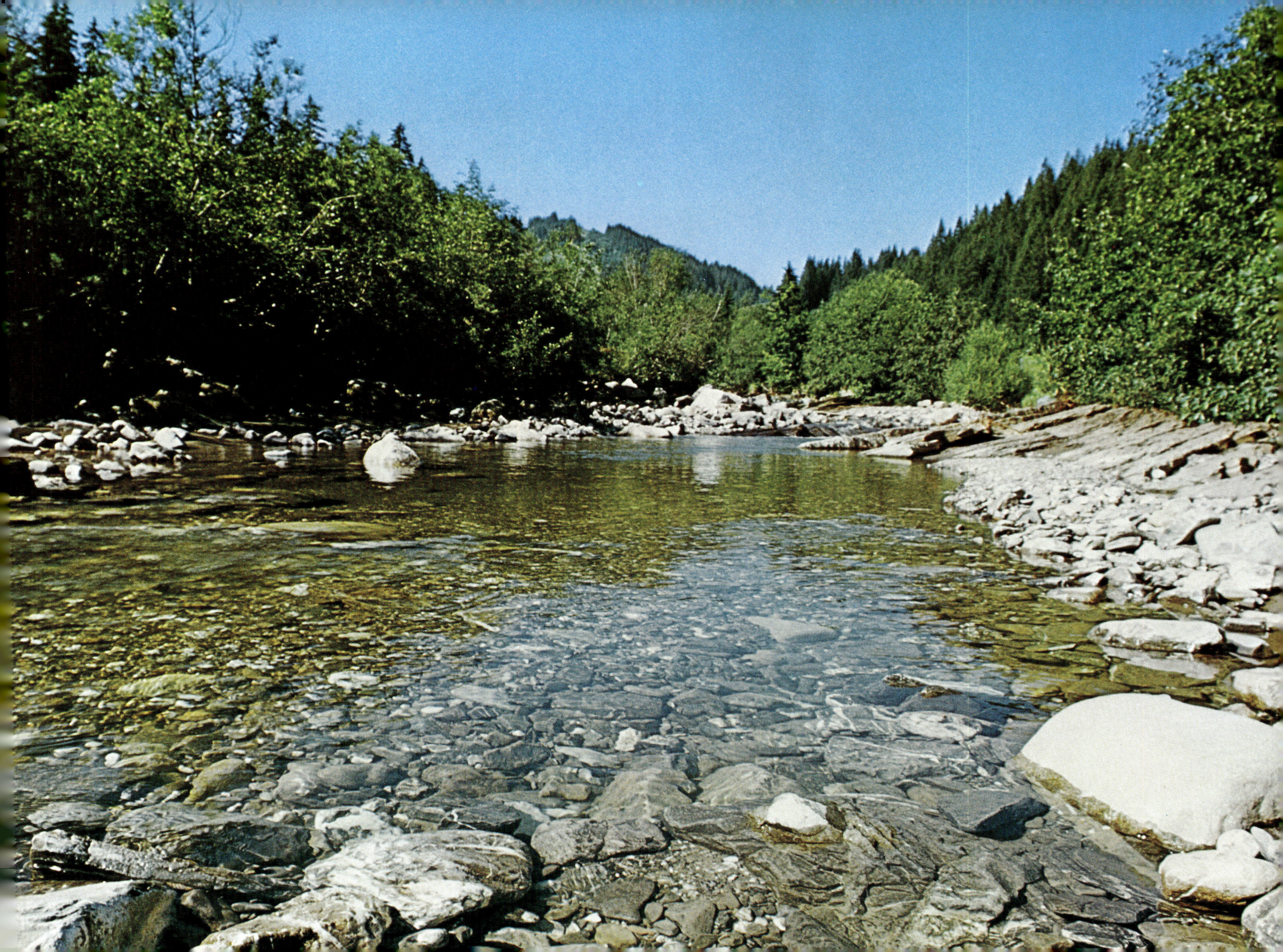

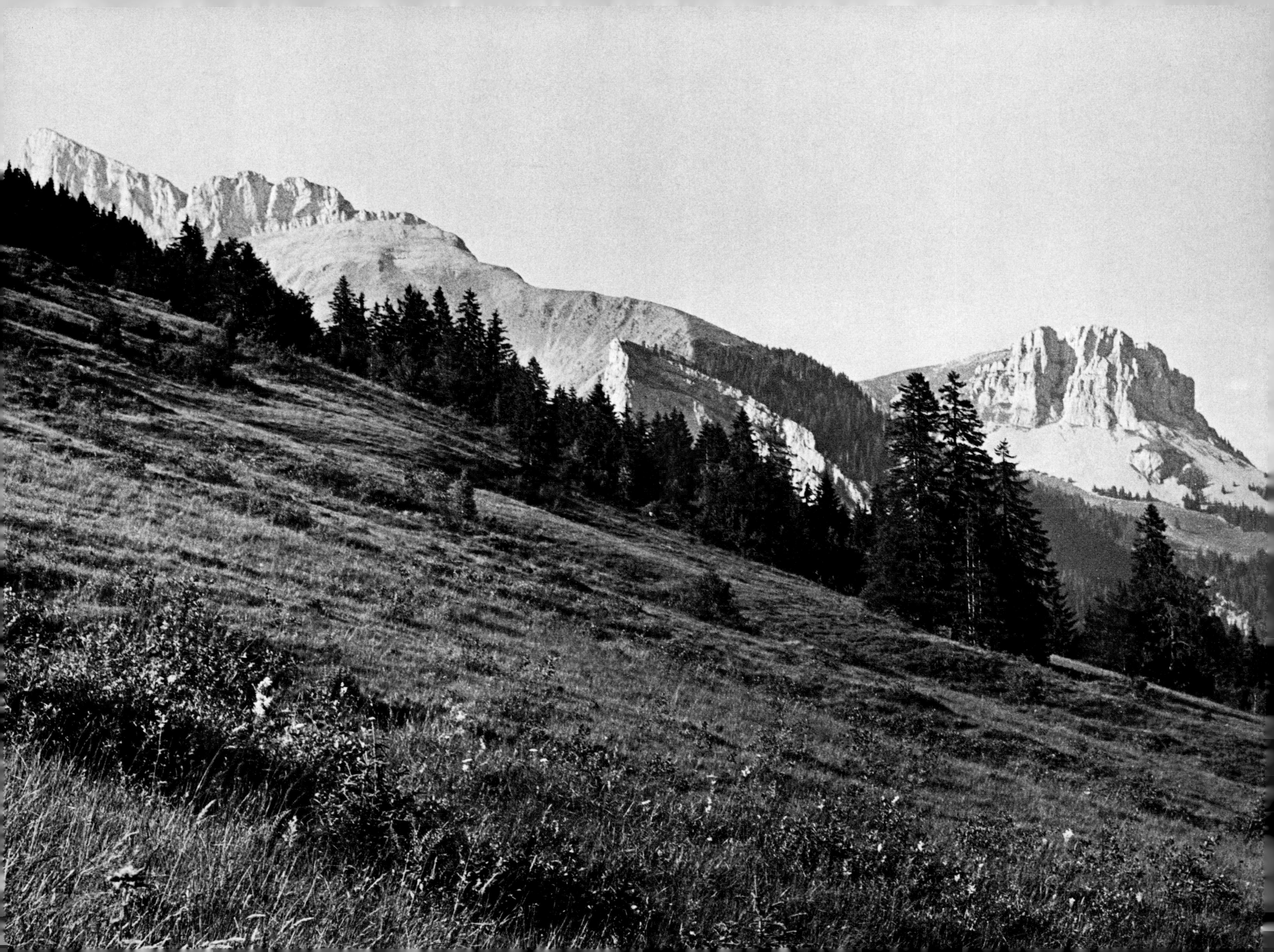

*Übergang von Weide
und Bergwald zu den
Felsregionen des Hohgants,
Réduit vieler Tierarten.
Blick hinüber
ins Luzernische mit dem
Übergang zum Südelgraben
und dem Tal der Waldemme.*

Kleiner Käsespeicher bei Buchhütte.
Der Brienzergrat mit Tannhorn von der Habchegg aus.
Schibengütsch und Böli von der Schönisei aus.

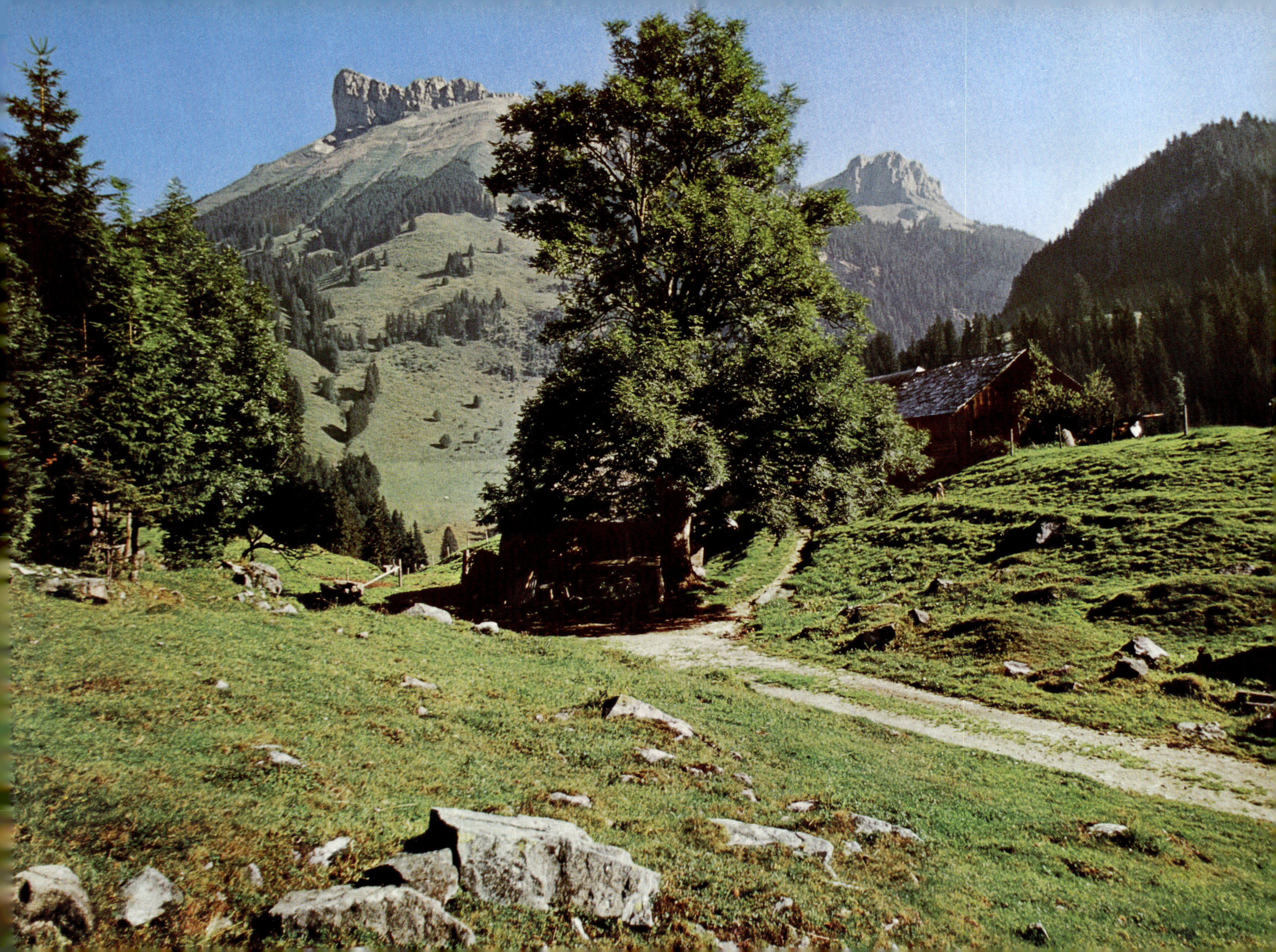

Romantische Flusspartie oberhalb des bekannten Kemmeribodenbades, das unter den Kemmeribodenflühen und dem Schibengütsch liegt.

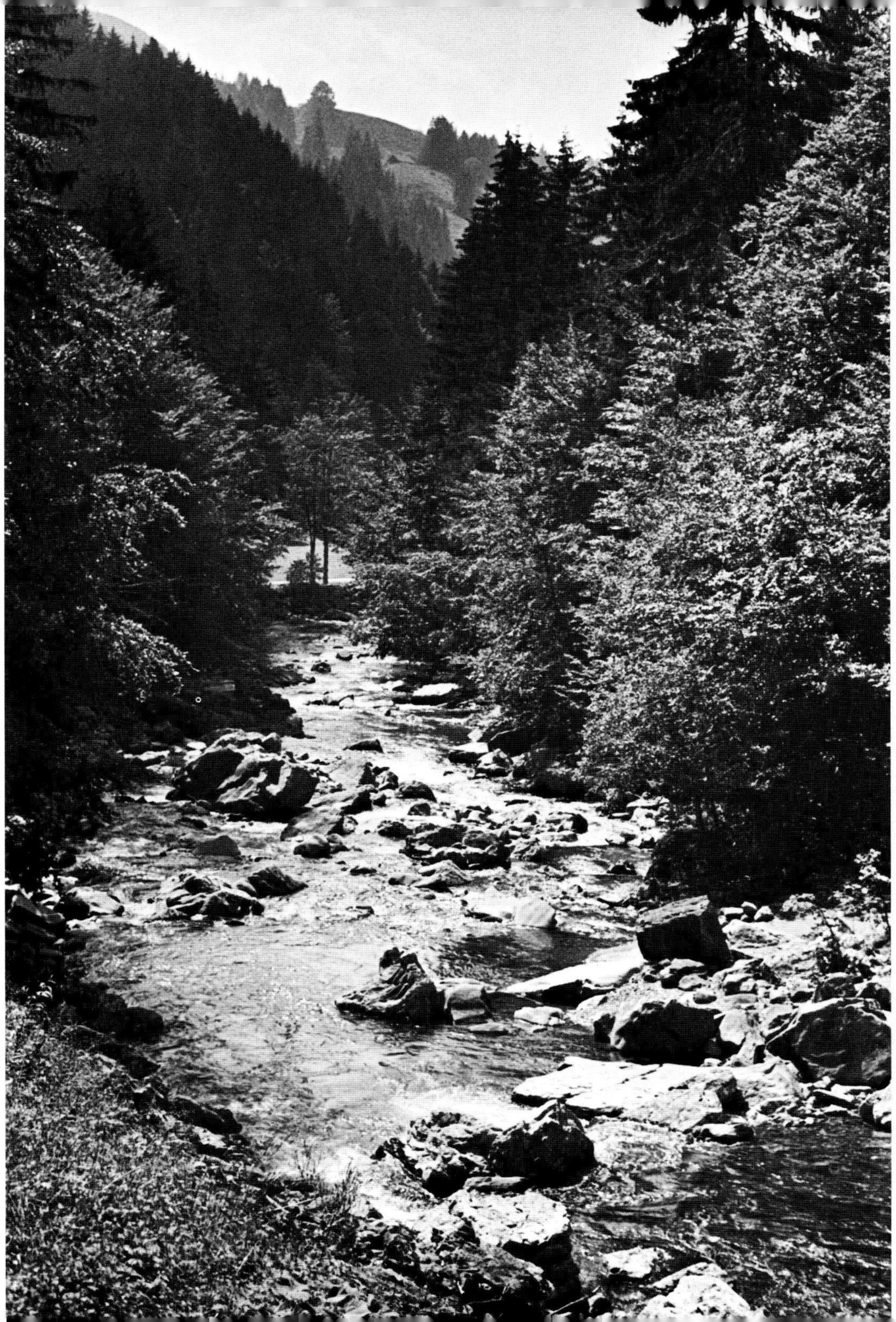

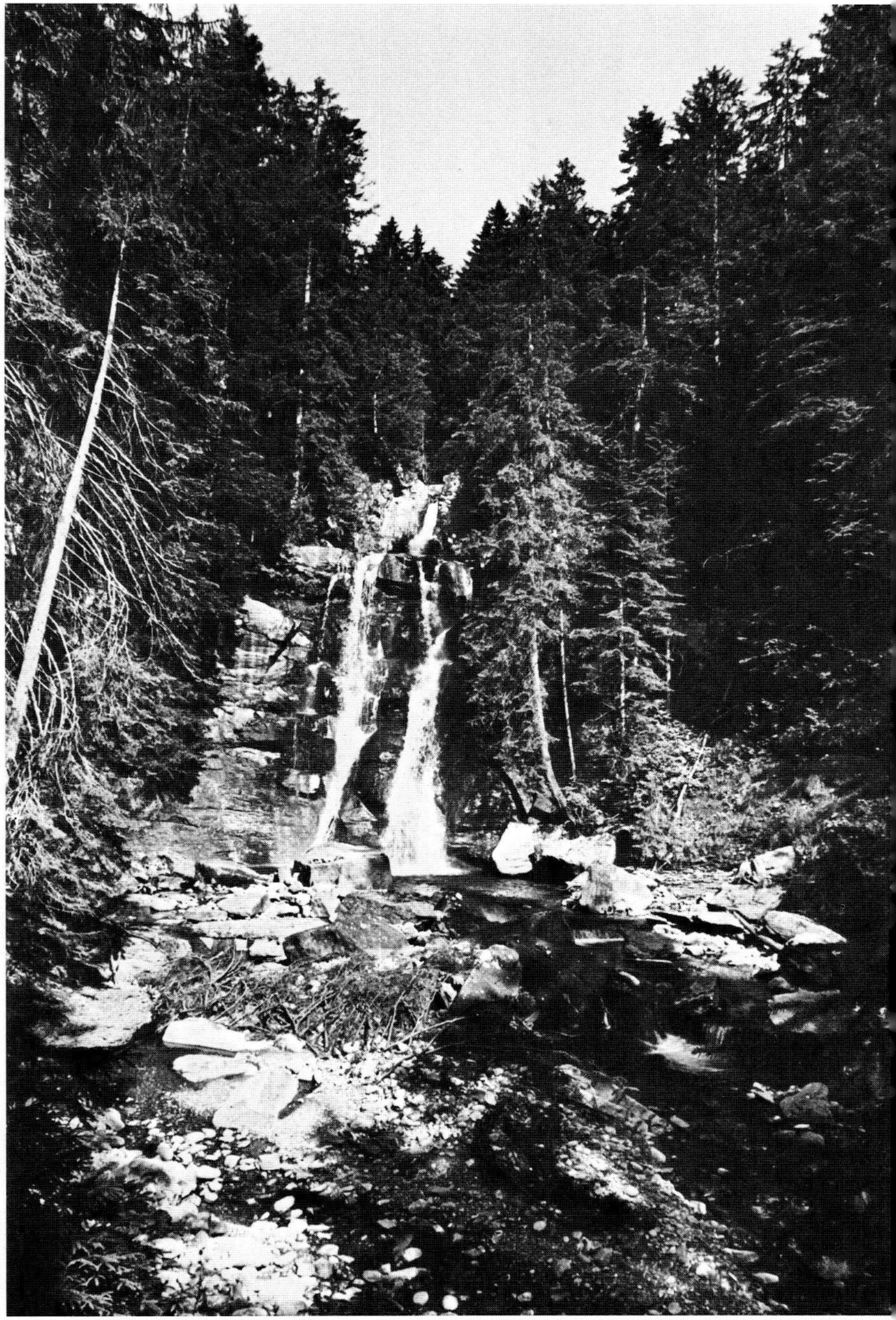

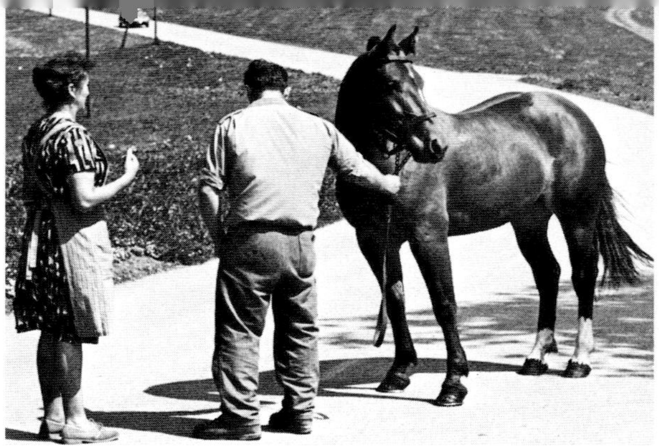
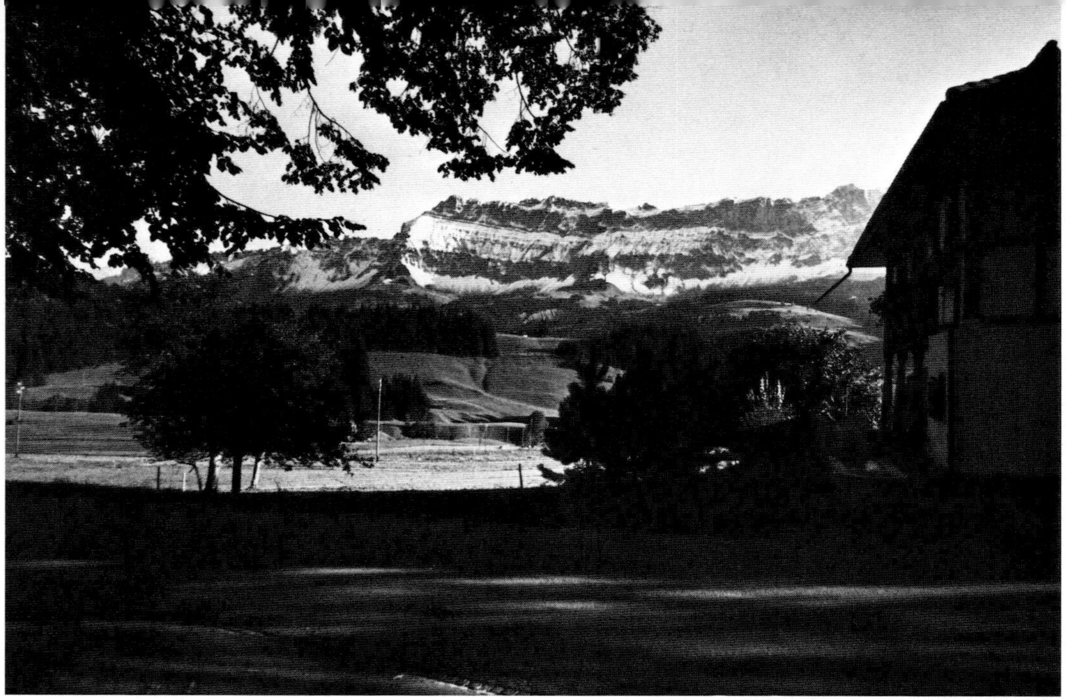
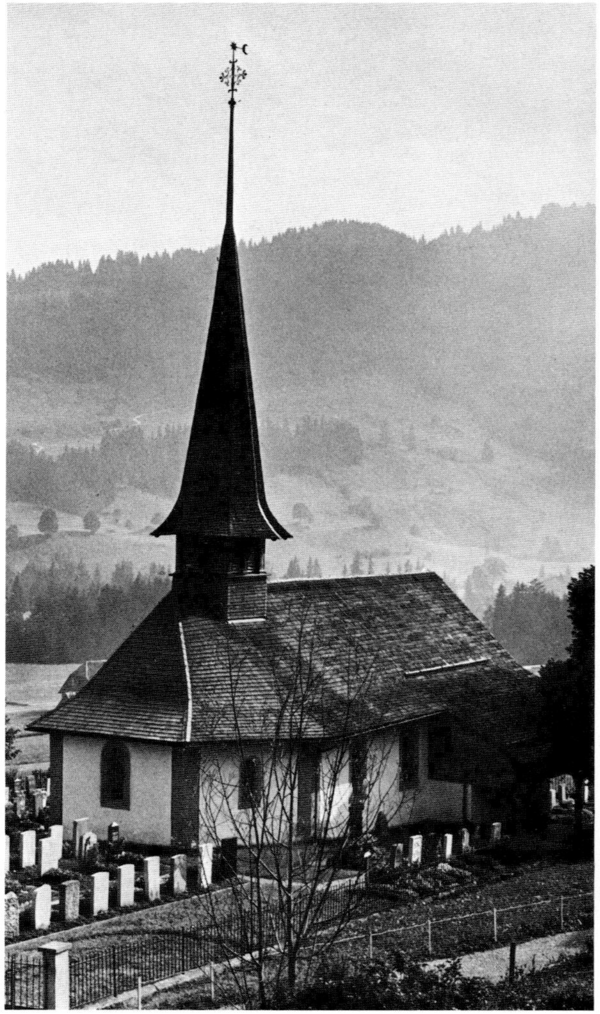
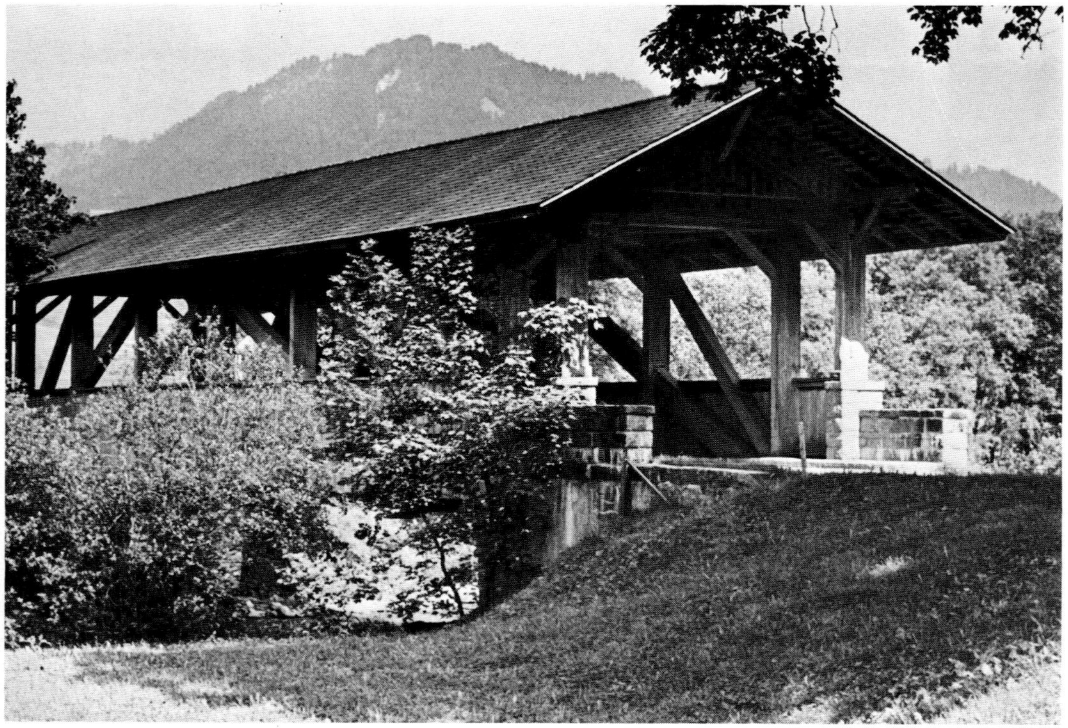

Die Schangnauer sind gute Waldbauern,
Züchter schwerer Pferde und berühmter Rinder.
Ihr Hausberg ist der Hohgant
mit seinen bis in die Felsregionen
reichenden Alpweiden.
Schangnau ist das oberste Kirchspiel.
Hier spannt sich die erste grosse Holzbrücke
über die Emme.

*Das Steinmösli ist ein Hochmoor
am Weg zur Naturbrücke,
hoch über dem Räbloch.
Vom Chnubel sieht man zum Läber,
in Richtung Schangnau zum
Hohgant, der hier schon im September
verschneit ist.*

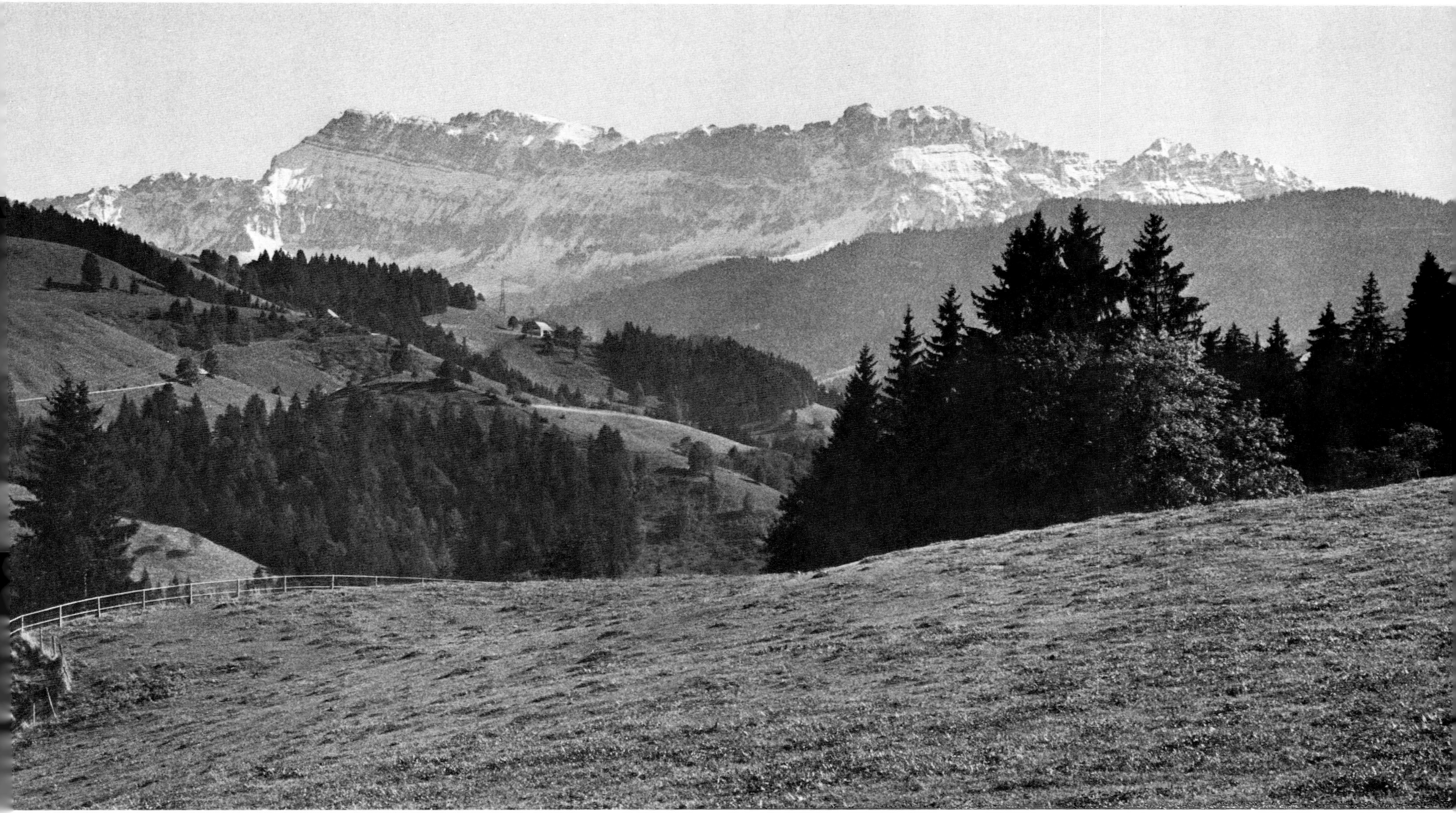

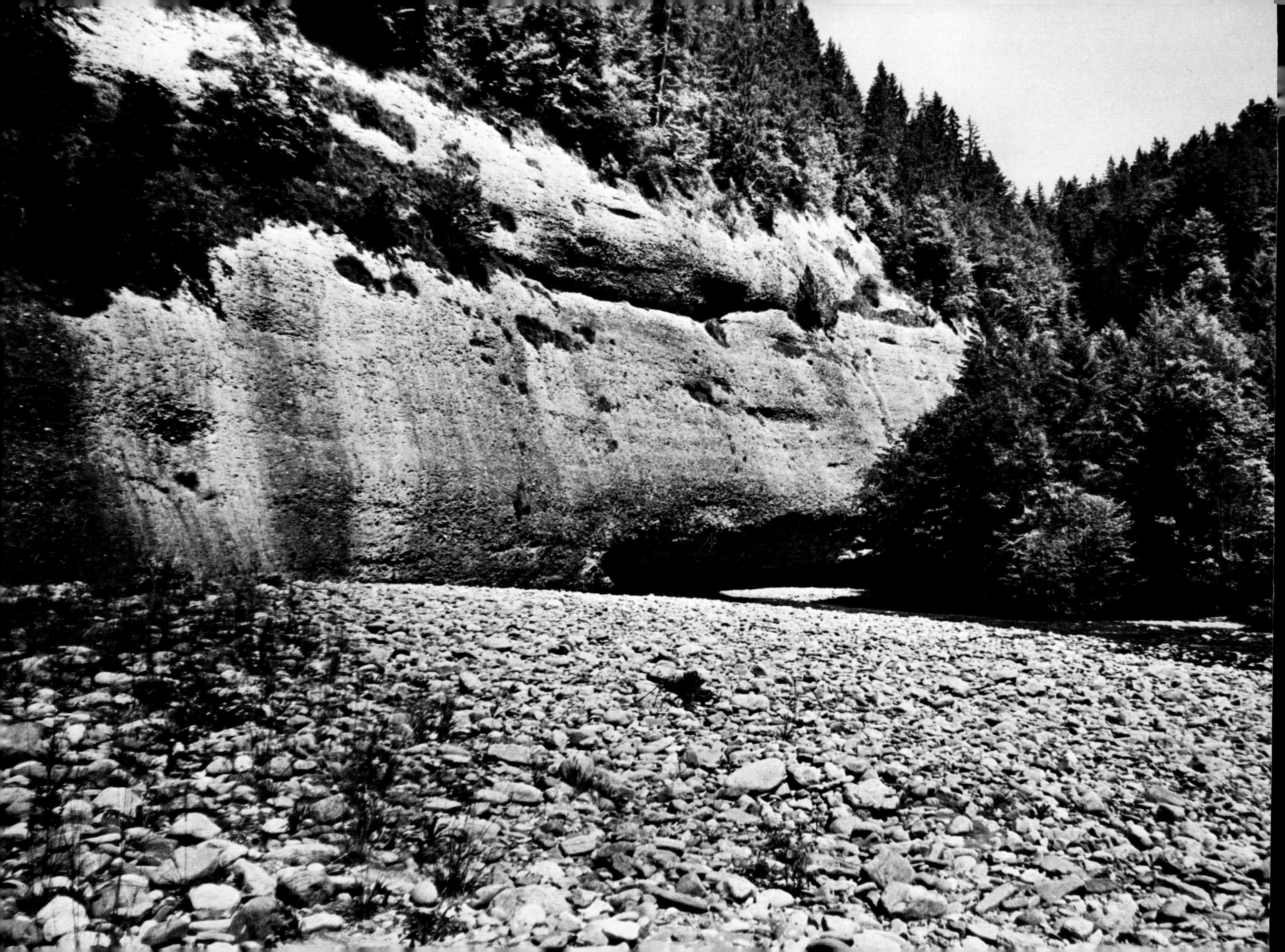

Durch eine enge Schlucht zwängt sich die Emme. Einen Felspfropfen, der diese einst sperrte, hat sie durchbrochen. Das Räbloch gibt der sechs Kilometer langen Flusspartie zwischen Schangnau und Eggiwil den Namen.

Gegen Eggiwil zu verliert sich der schluchtartige Charakter, von dem das Räbloch geprägt ist.

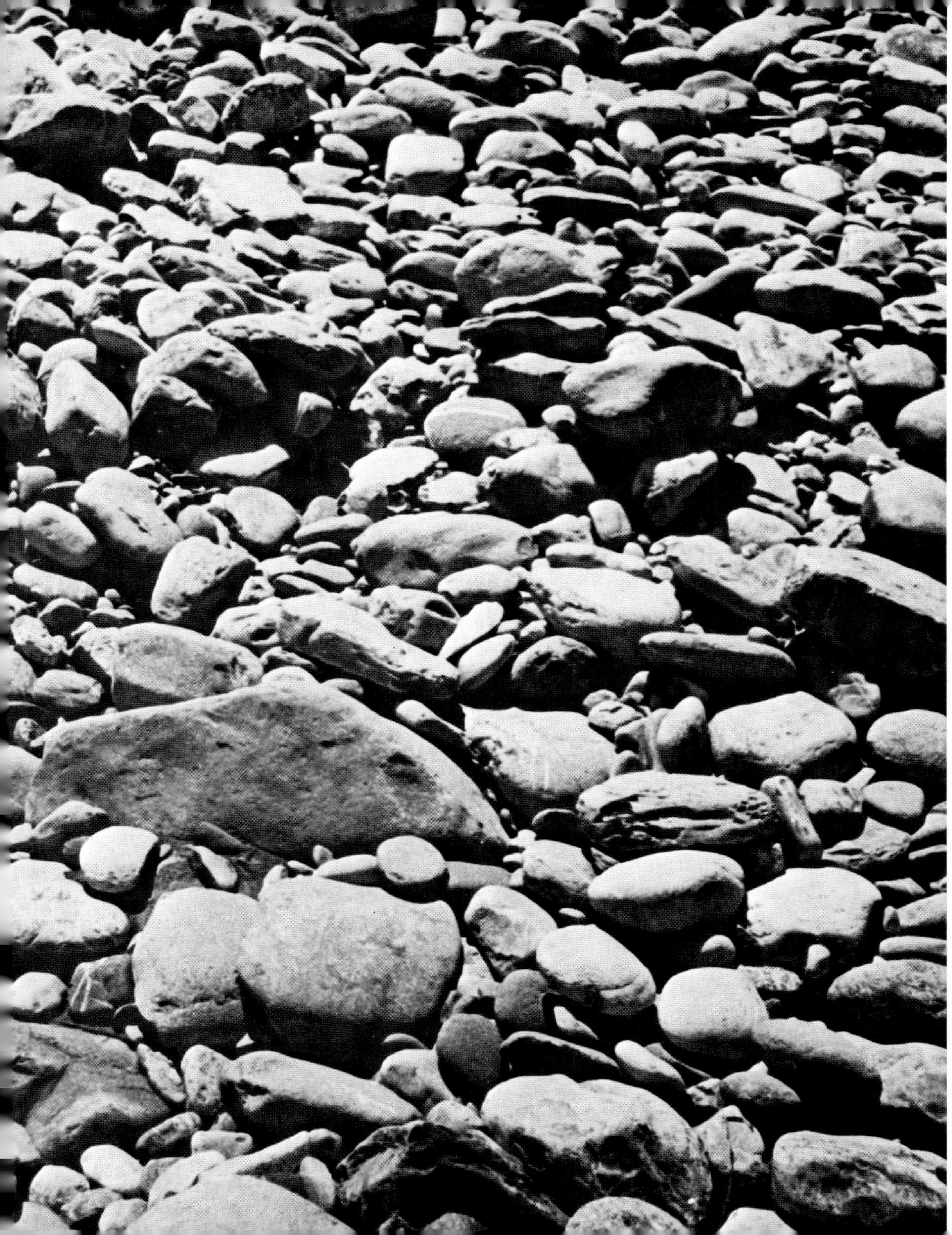
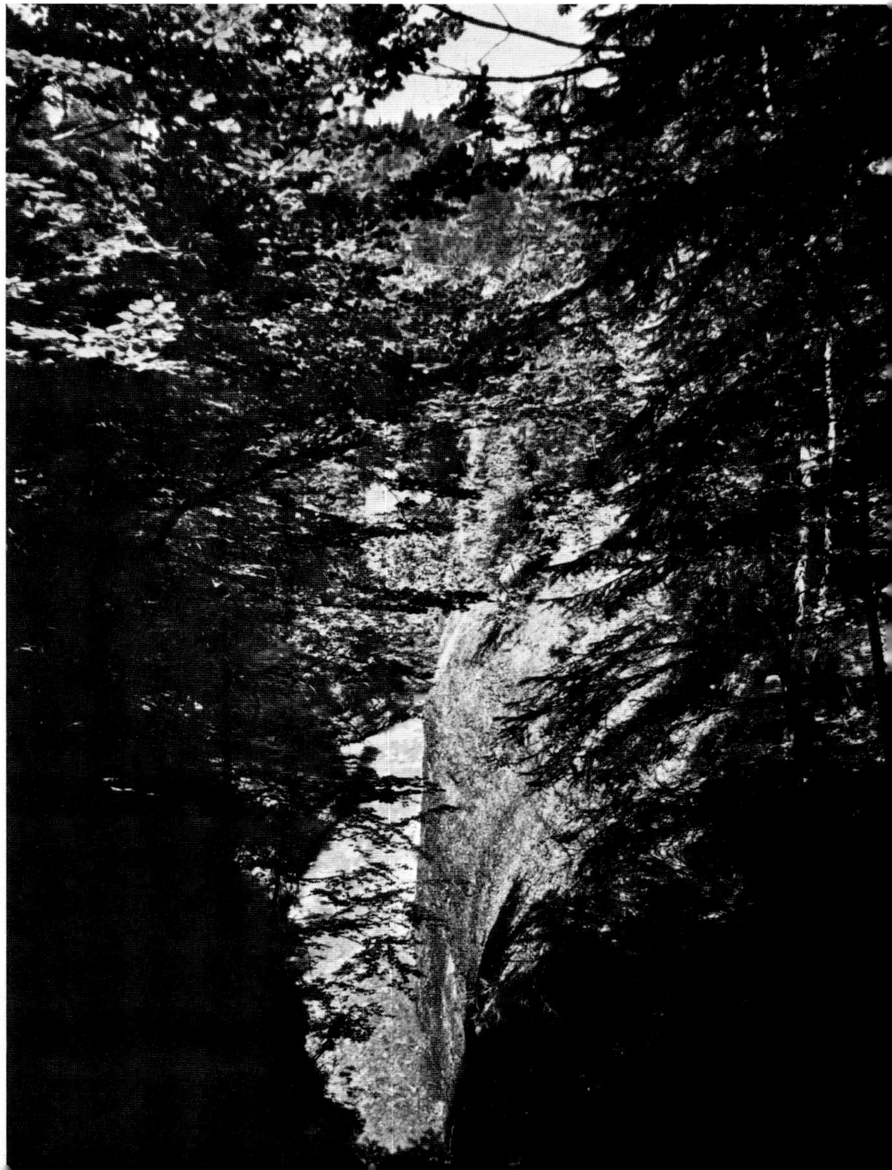

Das Räbloch ist eine vielgestaltige, farbige, wilde und noch unversehrte Flusslandschaft.

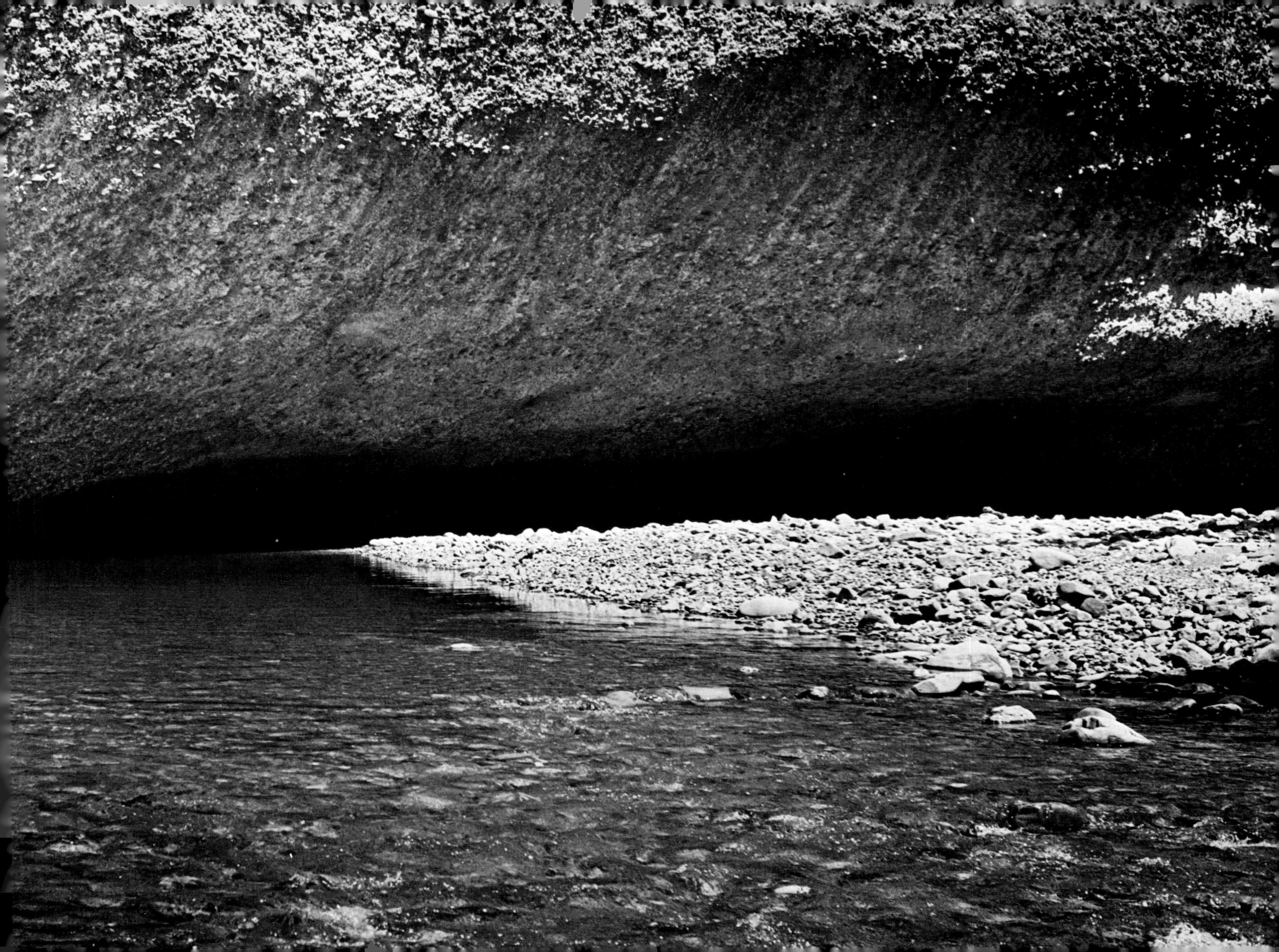

*Pfarrhaus und Kirche
Eggiwil.
Brücke bei Horben.
Die Emme bei der Holzmatt,
dem einstigen Ablegeplatz
der Emmeflösser.
Der Name Eggiwilfuhr-
mann ist zweideutig:
Die Emme trug die Flösse,
führt aber heute noch
bei Hochwasser Holz, Erde
und anderes Gut mit.*

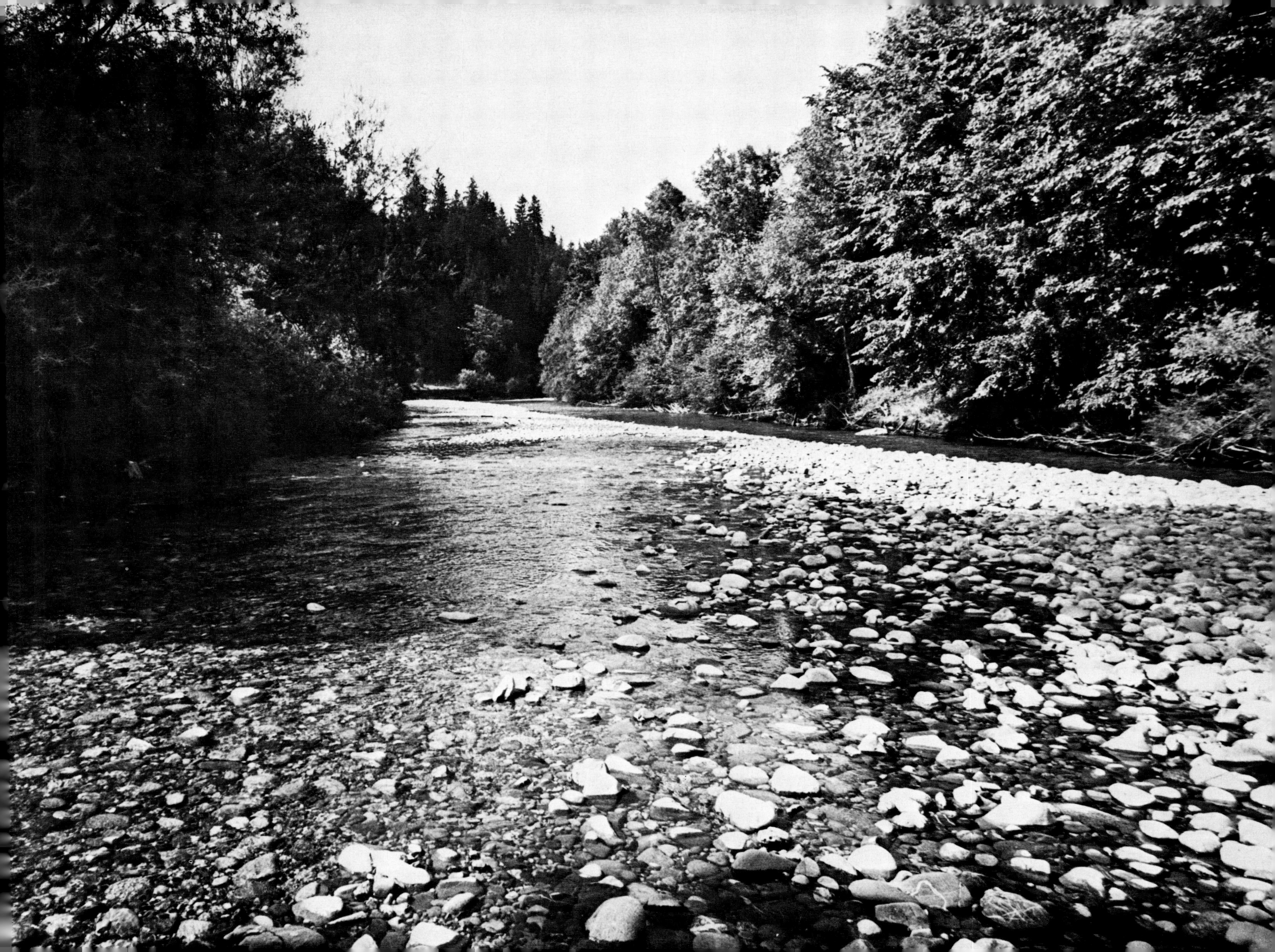

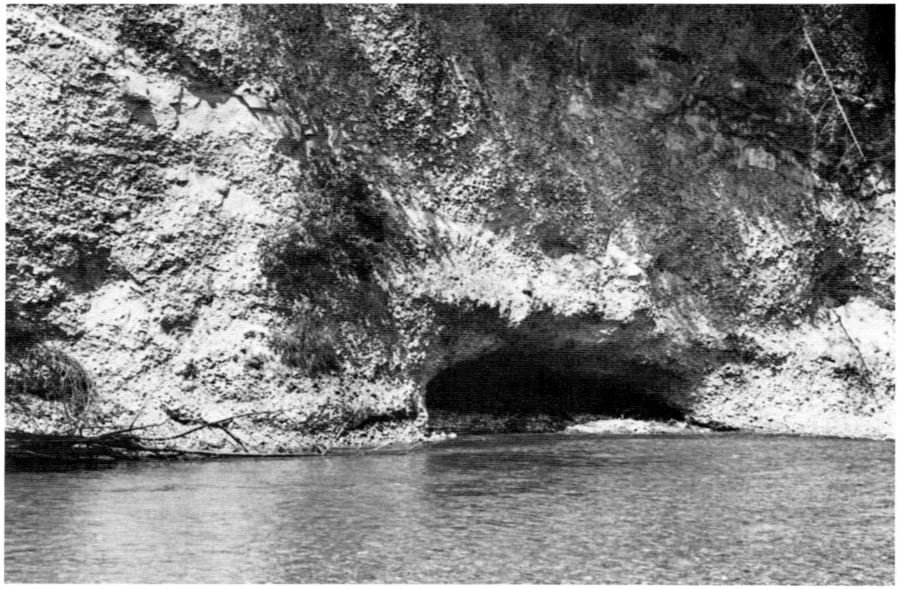

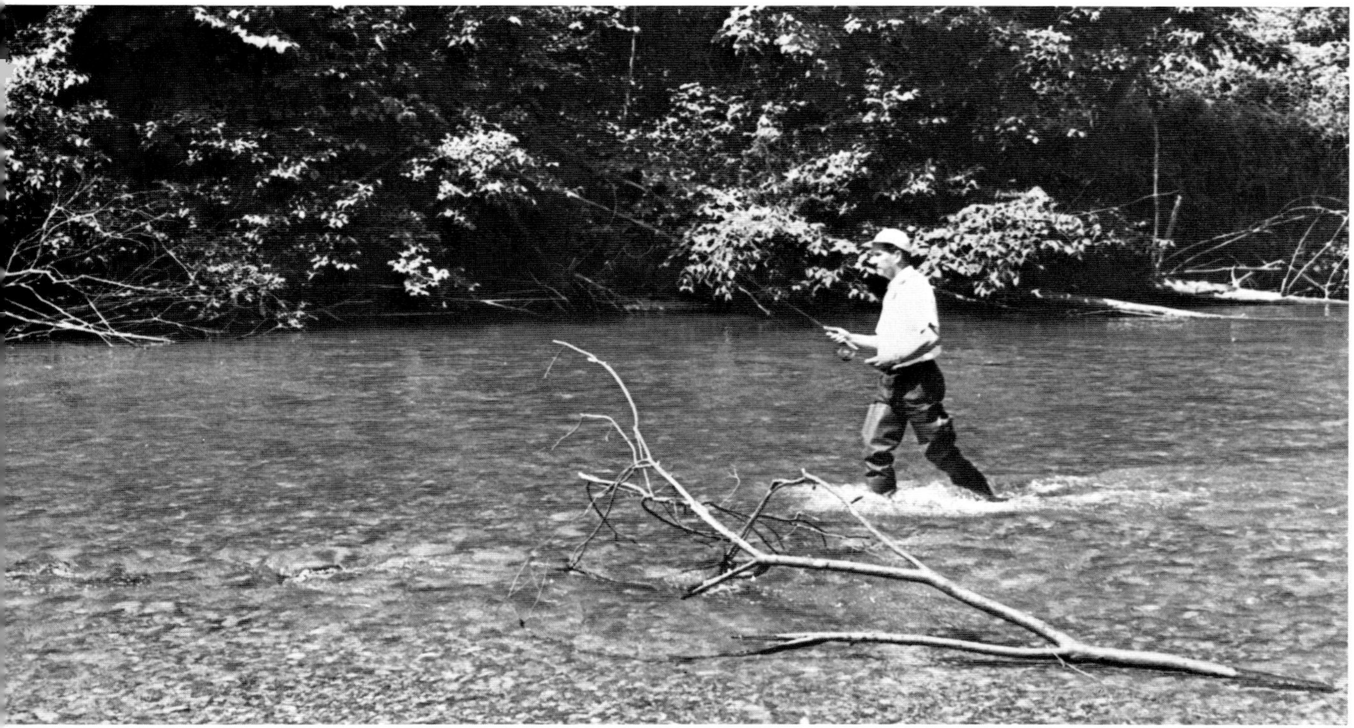

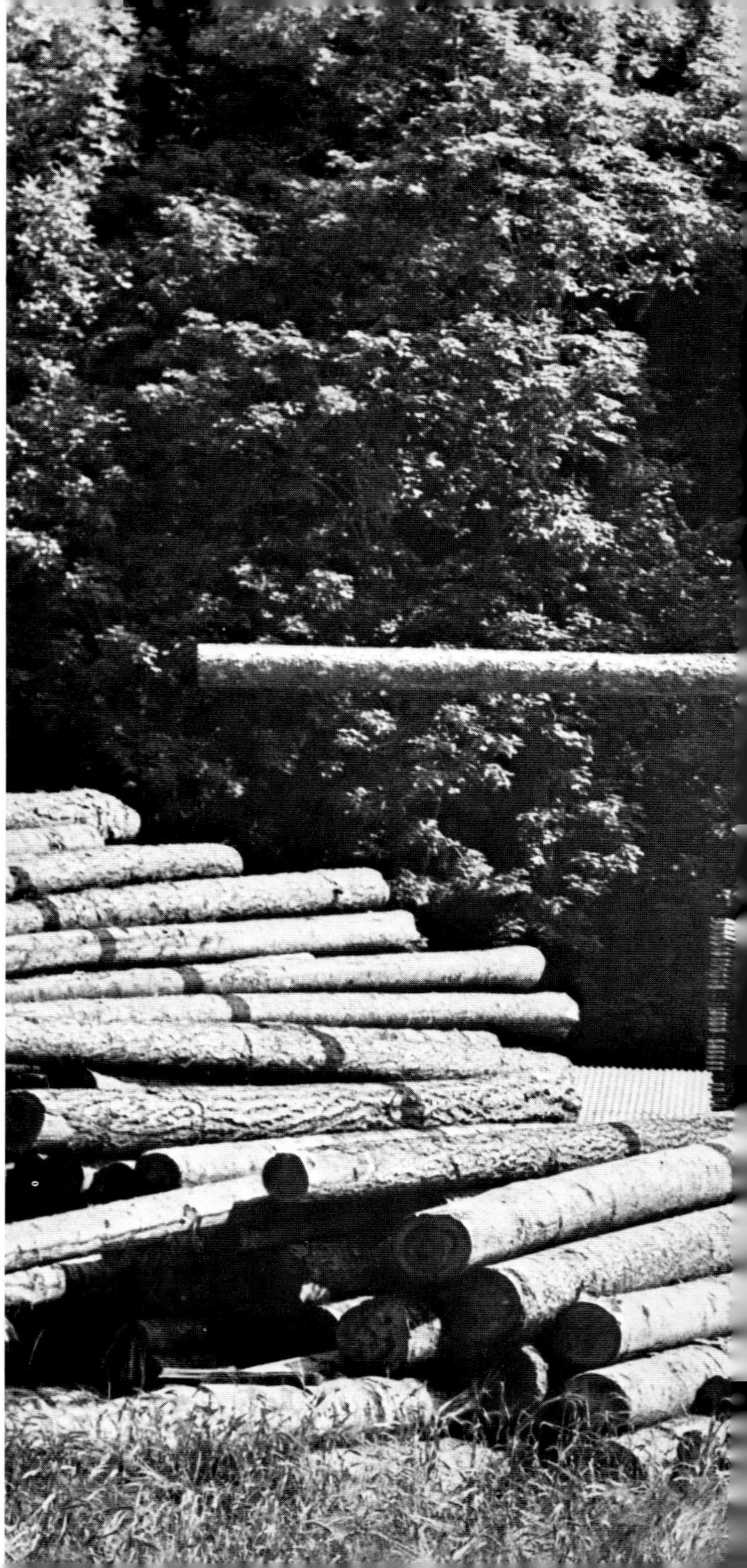

Im Wanderland
mit den holzreichen Forsten
ist der Fluss
ein Forellenwasser.

Emmebrücke bei der Bubenei und Blick aus einem Fenster der Brücke auf den Wildfluss.

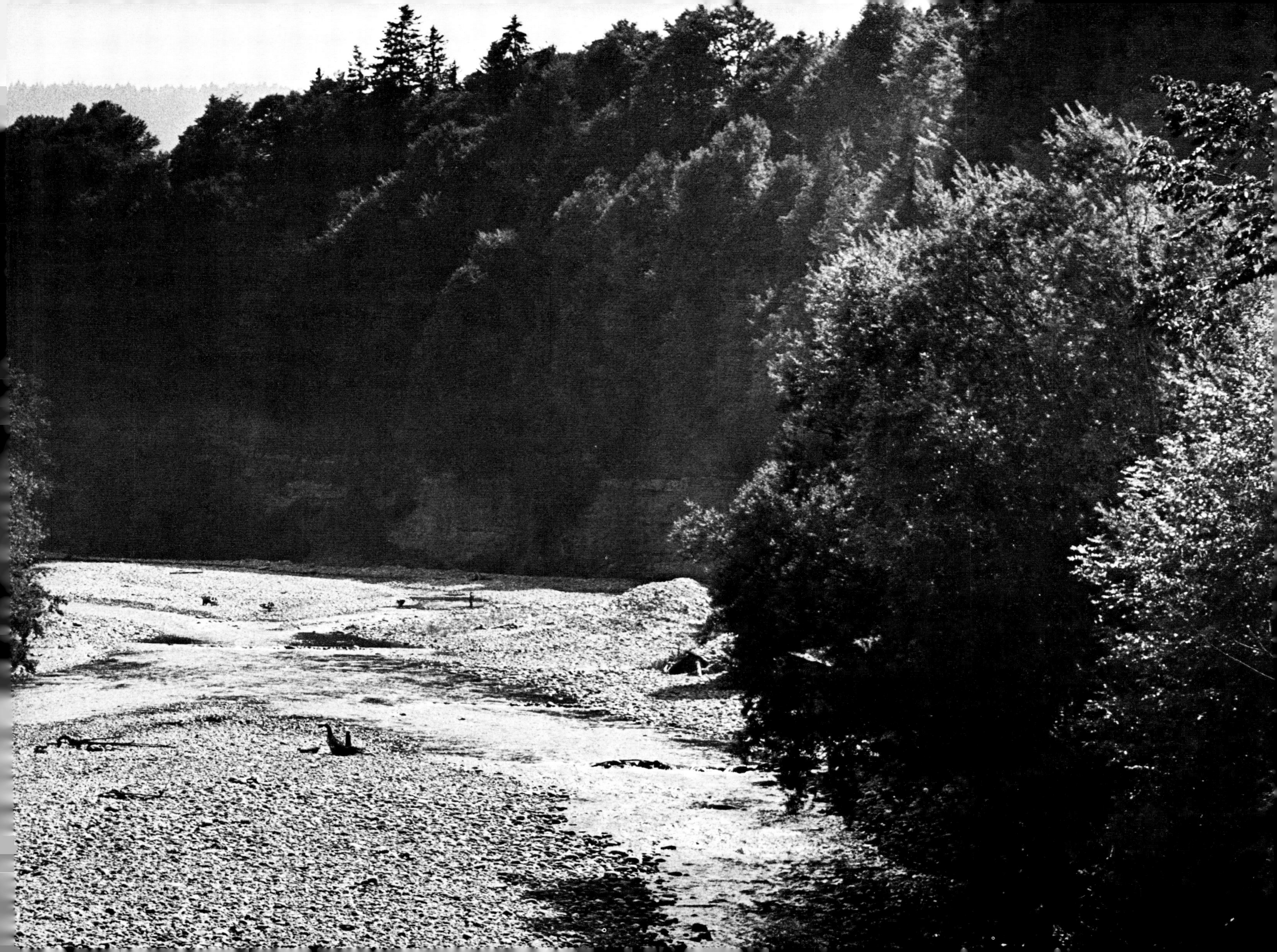

Signau, ein stattliches Dorf, das einem Amt den Namen gab. Zwei berühmte Söhne des Landes: Schlossermeister Christian Wiedmer, 1808–1857, Dichter des Emmentalerliedes und Redaktor einer Zeitung; Karl Schenk, 1823–1895, Bundesrat.
Blick von Würzbrunnen Richtung Berner Oberland, mit dem Sigriswilergrat, Blüemlisalp und Doldenhorn.

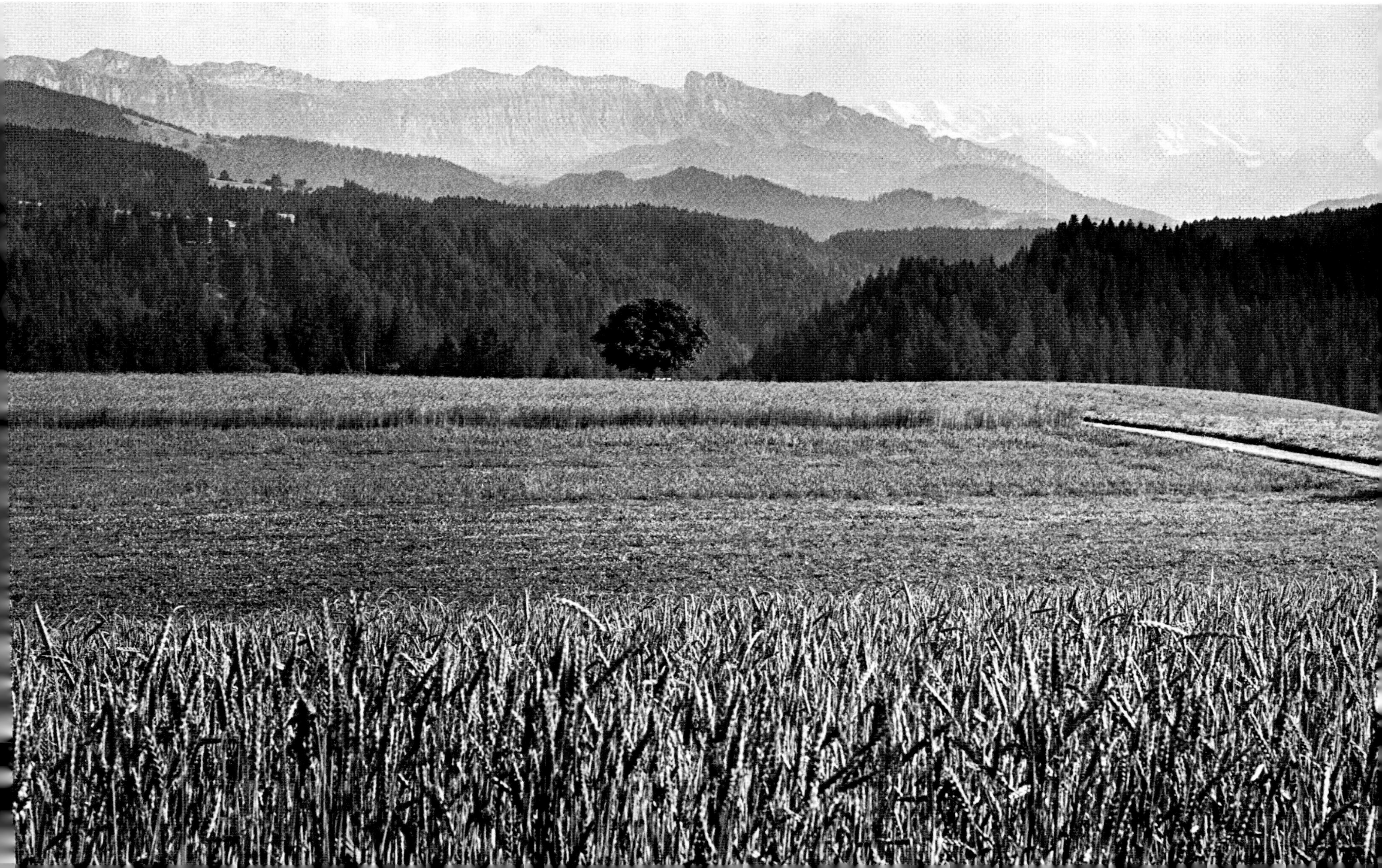

Das einstige Wallfahrtsheiligtum Würzbrunnen. Hier war wohl schon in vorchristlicher Zeit eine Kultstätte. Die heutige Kirche im Waldland ist wehrhaft von einer Mauer umgeben; sie ist innen und aussen interessant, mit Fresken am Eingangsportal, schöner Decke und gezimmertem Gestühl. Unter dem Vorscherm ist ein Wolfsgarn aufgehängt.

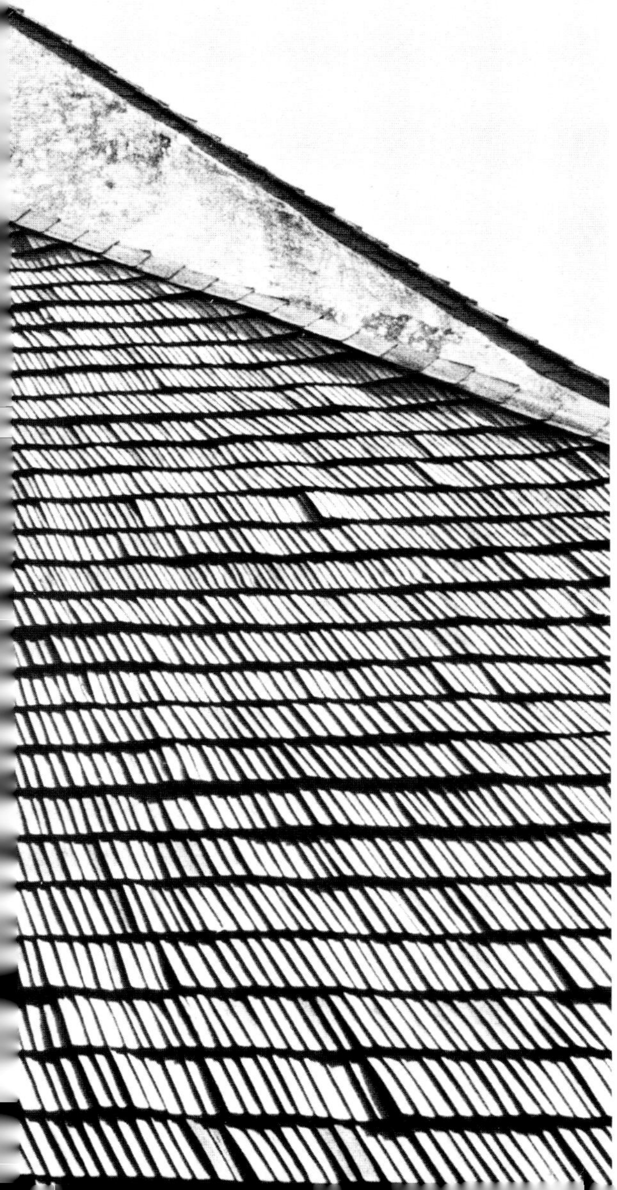

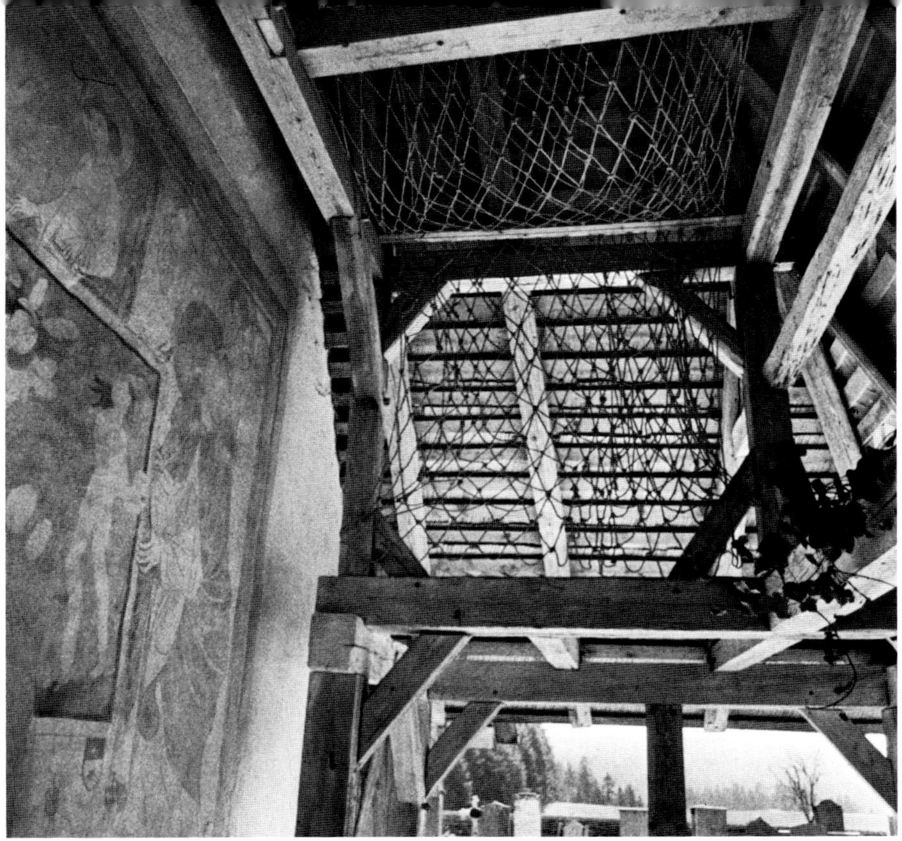

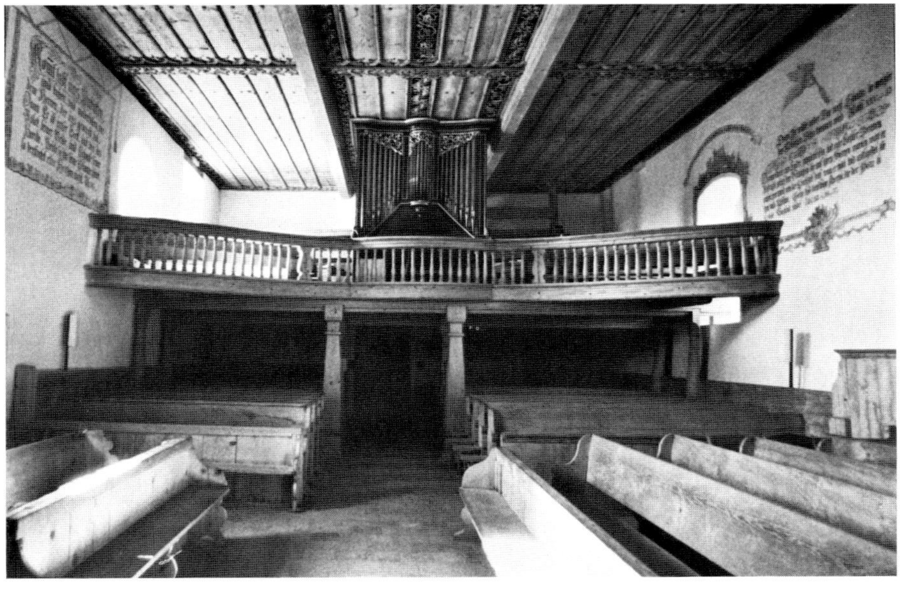

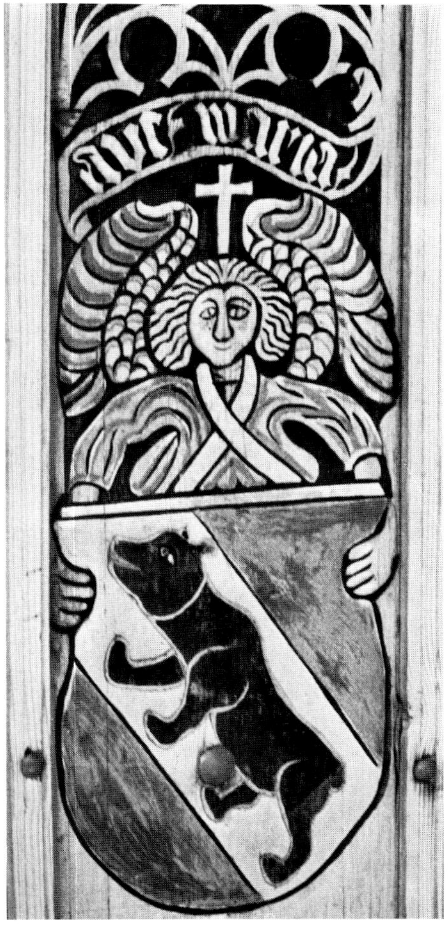

Kirche, Dorf und Häligspeicher im Trubertal. Trub war bis zur Reformation Mittelpunkt eines grossen Klosterstaates.

*Vom Napf, dem Rigi des Emmentals,
sehen wir über Waldland und Hochweiden
oder Alpen des Entlebuchs und
des Emmentals.
Der Hengst, Nachbar des Napfs,
bei Sonnenaufgang und im Abendlicht.*

Trubschachen, zuvorderst im Tal, ist ein stattliches Dorf. Berühmt sind seine Biskuits, Gasthöfe und Gemäldeausstellungen.

*Langnau, Hauptort des Emmentals,
seit alters her Residenz bekannter Käsehändler
und Leinenfabrikanten. Neue Gewerbe kamen dazu.
Immer noch ist der Langnauer Markt
wie zu Gotthelfs Zeiten Treffpunkt
der Bauernsame des Emmentals. Berühmt sind
seine Gasthöfe, wie einst die Töpferei.
Die Kirche und das Sängerhaus.*

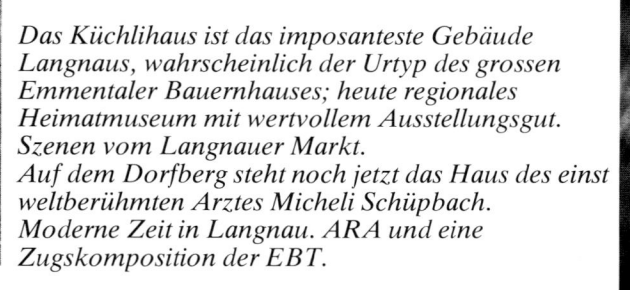

Das Küchlihaus ist das imposanteste Gebäude Langnaus, wahrscheinlich der Urtyp des grossen Emmentaler Bauernhauses; heute regionales Heimatmuseum mit wertvollem Ausstellungsgut.
Szenen vom Langnauer Markt.
Auf dem Dorfberg steht noch jetzt das Haus des einst weltberühmten Arztes Micheli Schüpbach.
Moderne Zeit in Langnau. ARA und eine Zugskomposition der EBT.

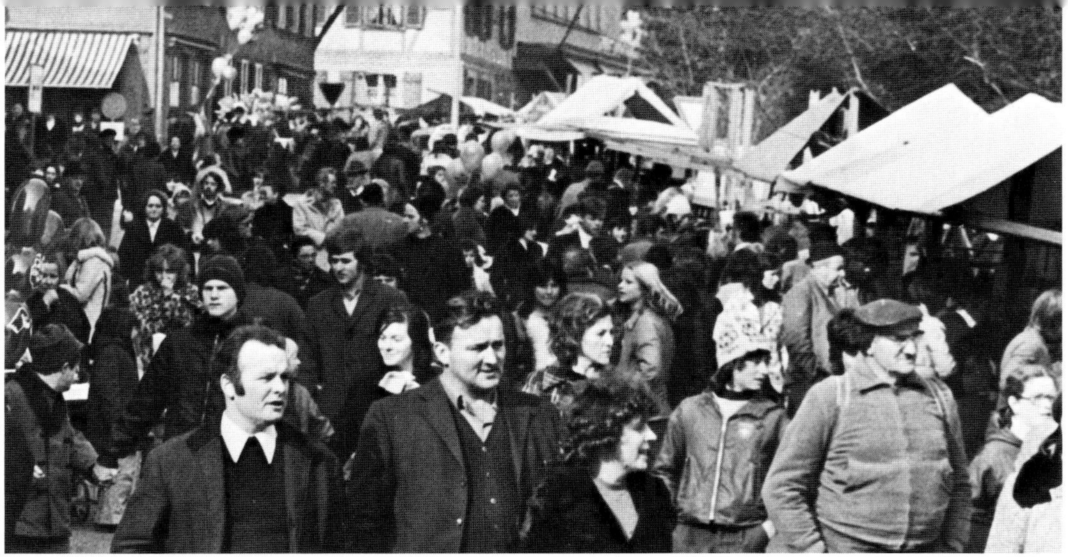

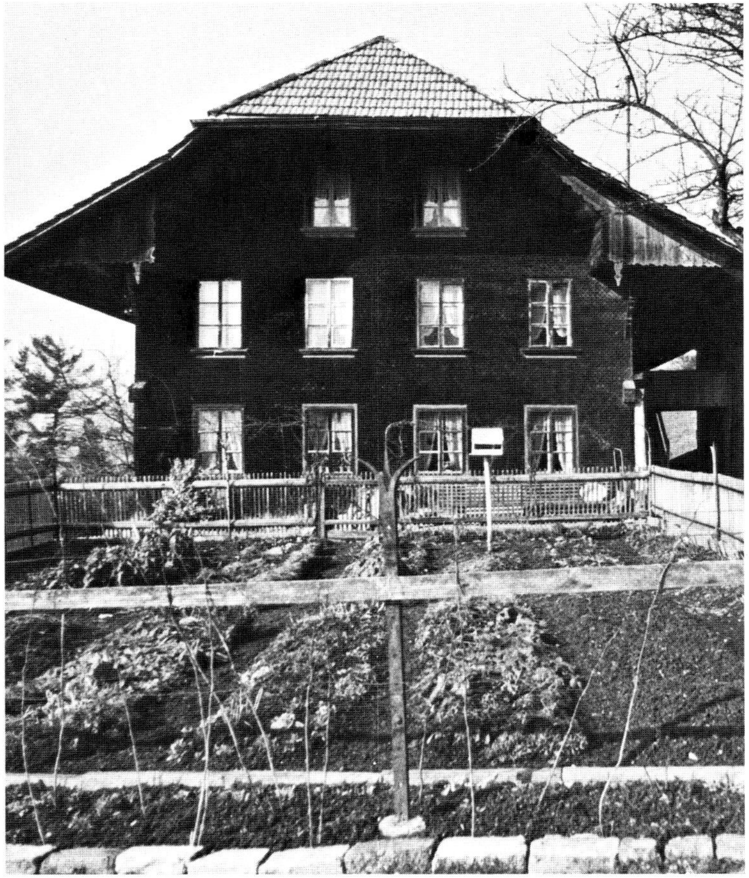

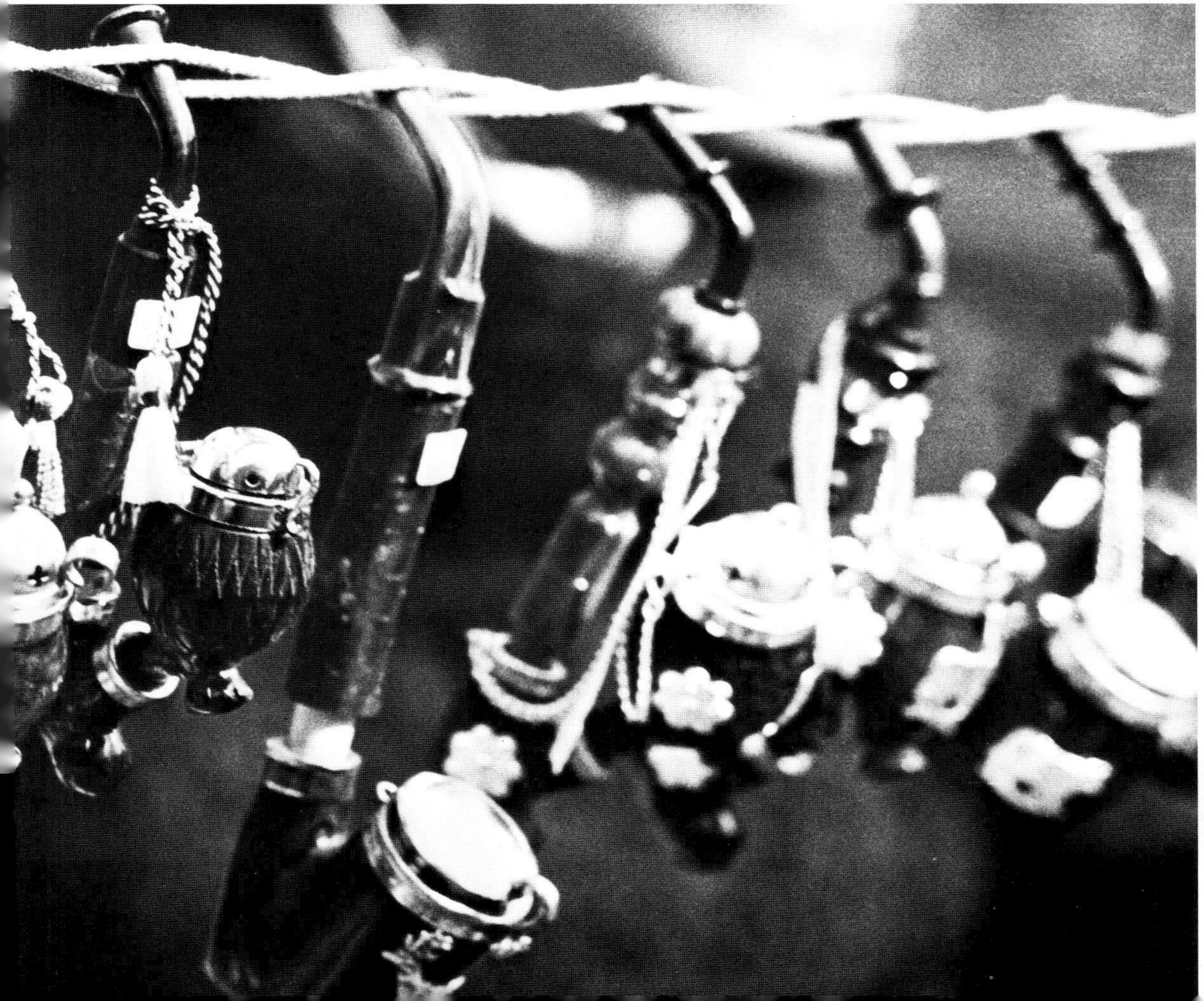

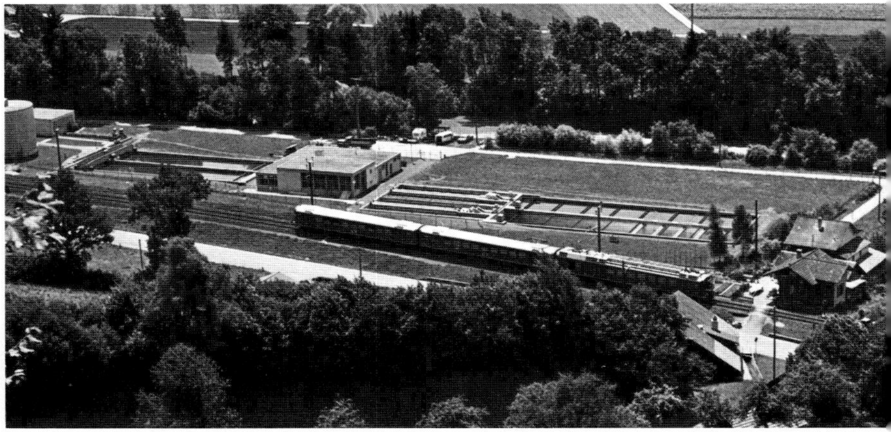

*Der Silberschmied beim Bearbeiten
von Trachtenschmuck.
Der Alphornmacher; seine Instrumente
finden ihre Liebhaber bis nach Amerika.
Der Schindelmacher; ganz allein
schnitt er die vielen tausend
Lärchenschindeln für das Dach der
Kirche in Lauperswil.
Drei Repräsentanten alten
emmentalischen Handwerks.*

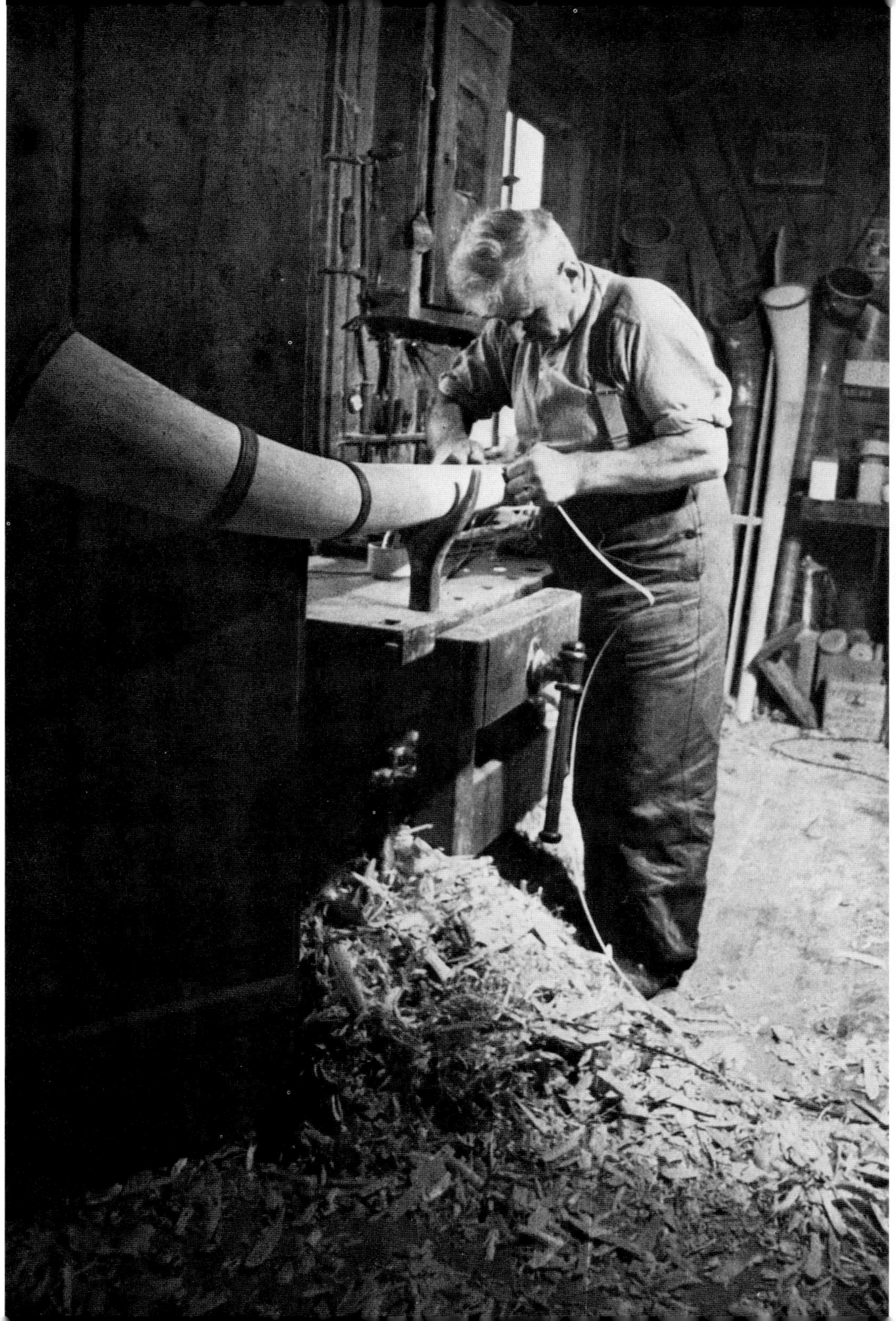

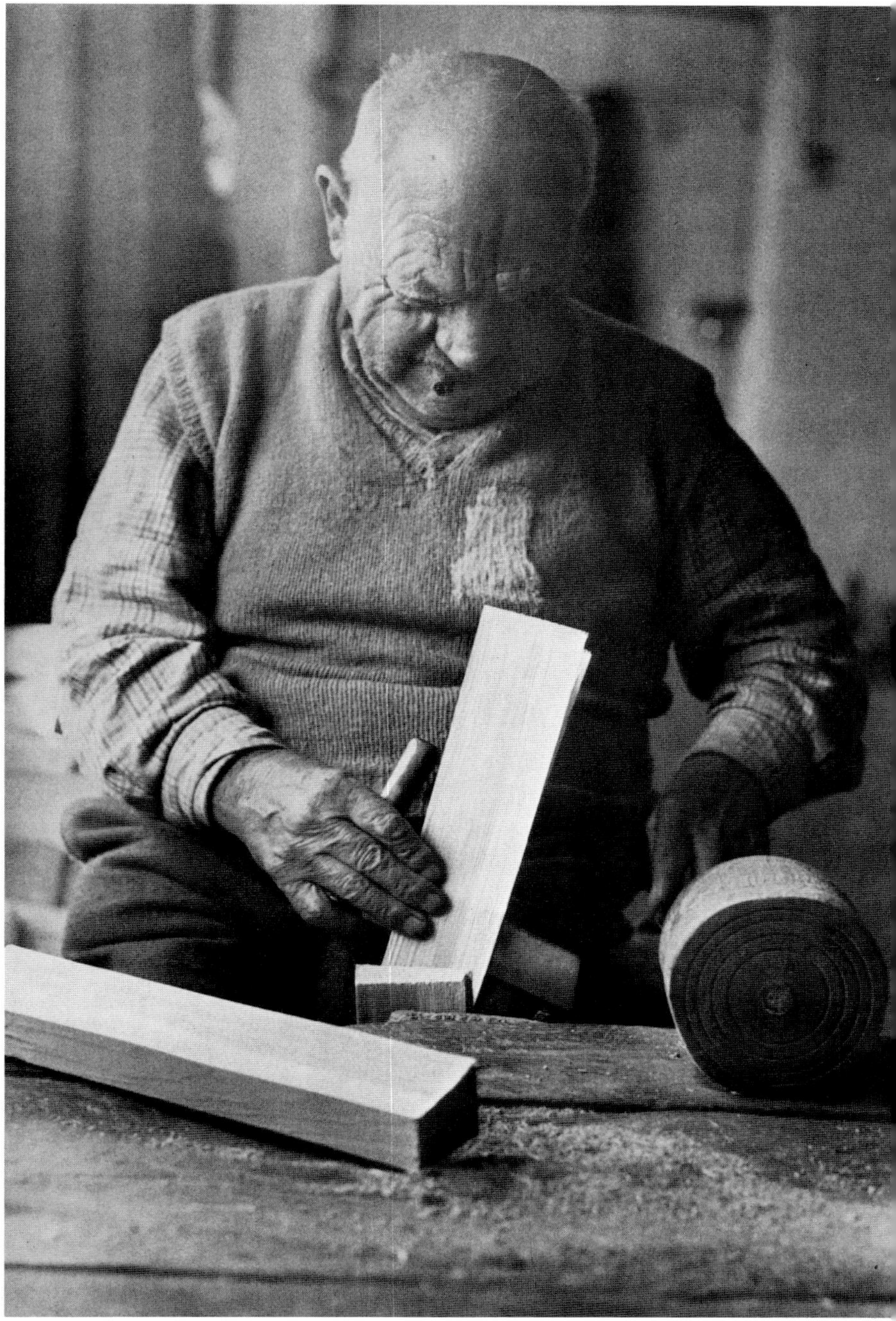

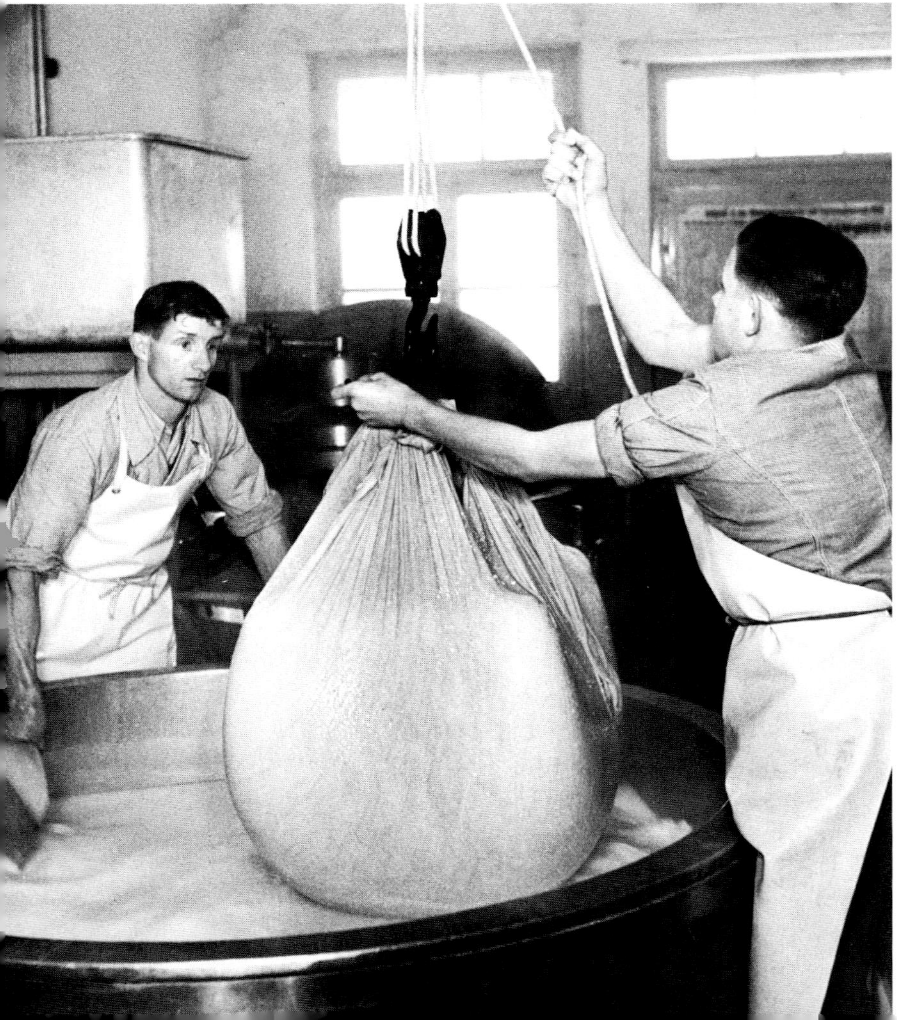
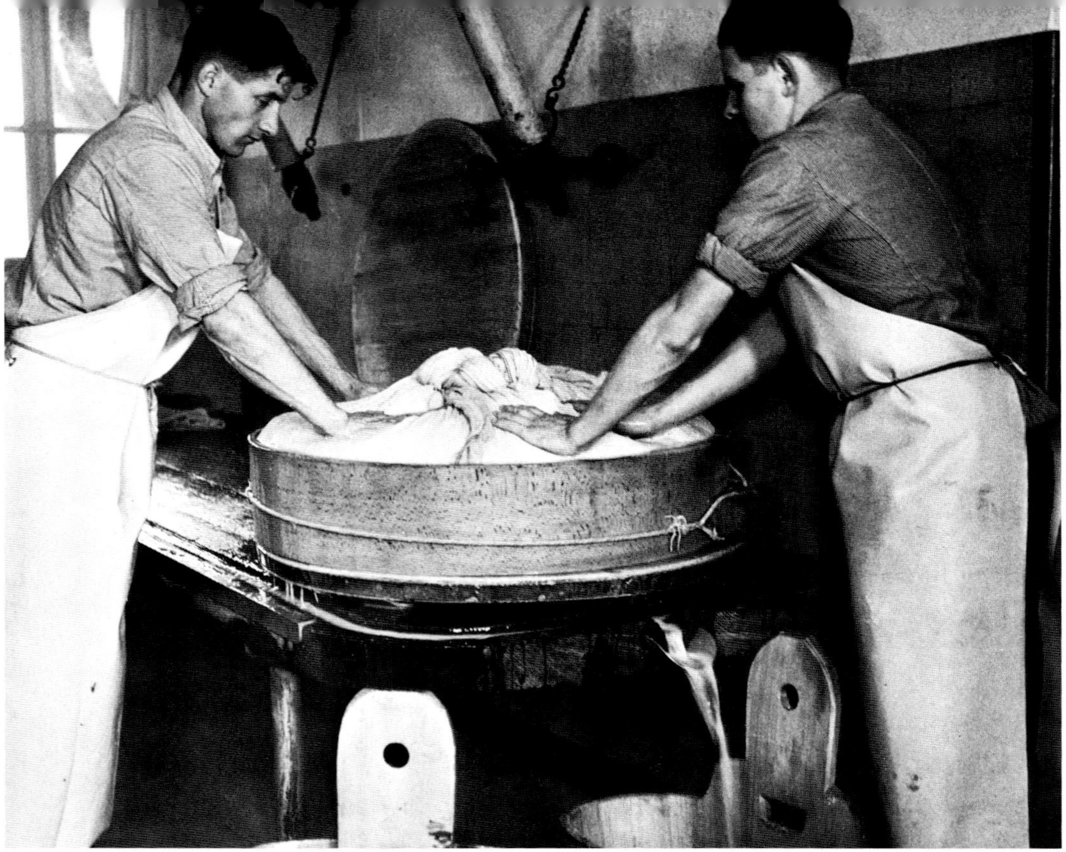
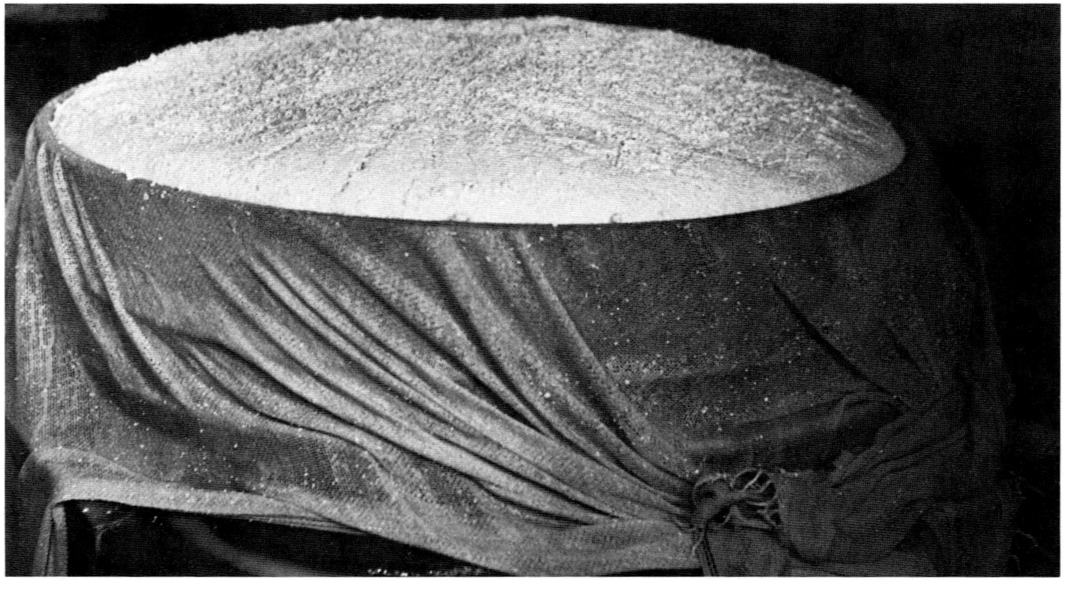

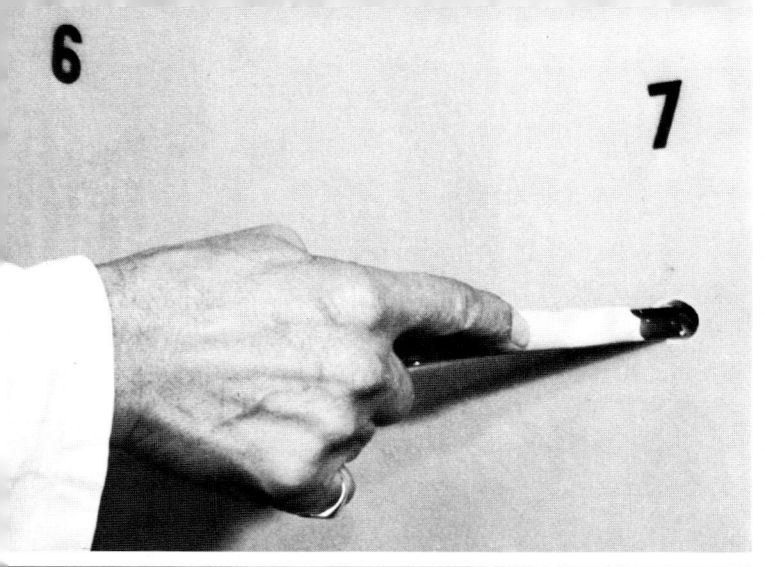

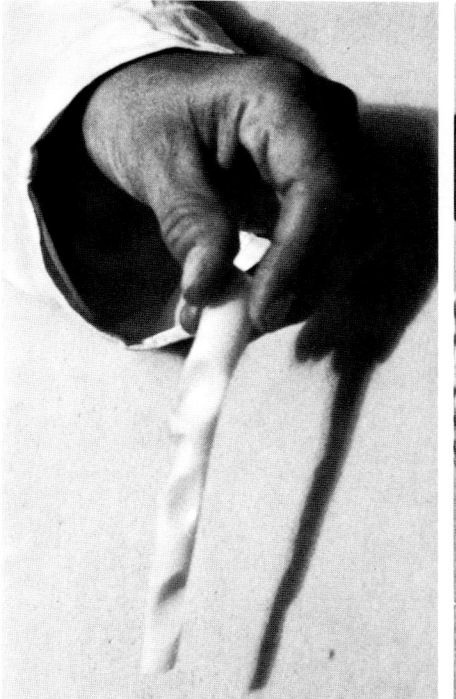

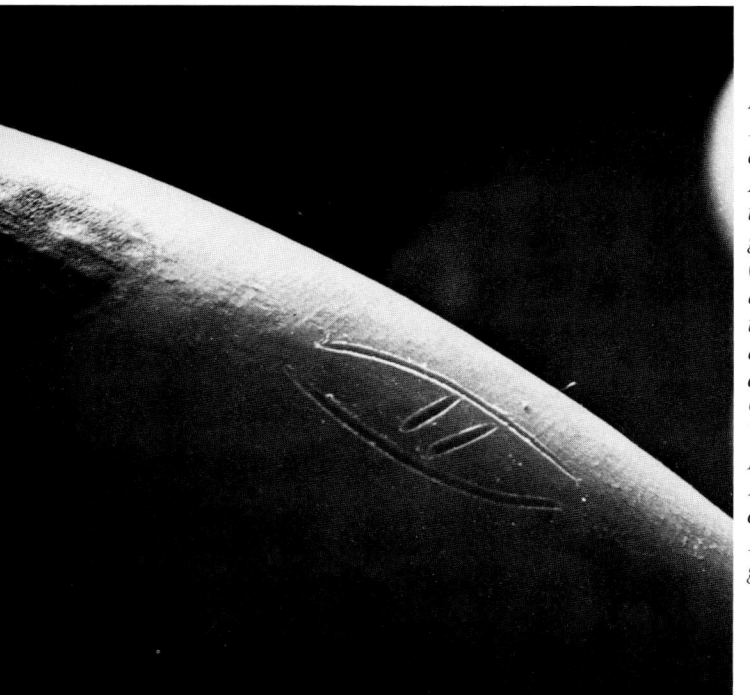

Man nennt den «Emmentaler» König der Käse, nur die beste Milch eignet sich dazu. Erfahrung und Fingerspitzengefühl, Ausdauer und Kraft sind nötig, damit er gelingt. Wenn der Käsekaufmann (der Käseherr oder Käsebaron) die Produktion einer Periode übernimmt, wird der Käse anhand des Böhrlings taxiert, Abklopfen lässt auf die Lochung schliessen; mit seinen Geheimzeichen markiert er seine Wahrnehmungen und das Gewicht in die Käserinde.
Das Käsewägen ist für alle Beteiligten ein wichtiger Tag. Milchlieferanten, Käser und Käsehändler feiern ihn nach getaner Arbeit.

*Die Bagischwand
vom Talboden aus gesehen.
Während im Tal unten
nebst Roggen sogar Weizen
angebaut wird, sonnt sich
oben am Hang Gerste.*

*Bagischwand. Von hier aus
hat man eine herrliche Aussicht
ins Emmental und die Stockhornkette
im Berner Oberland.
Von weit her sieht man die Kuppe
mit der schönen Linde.*

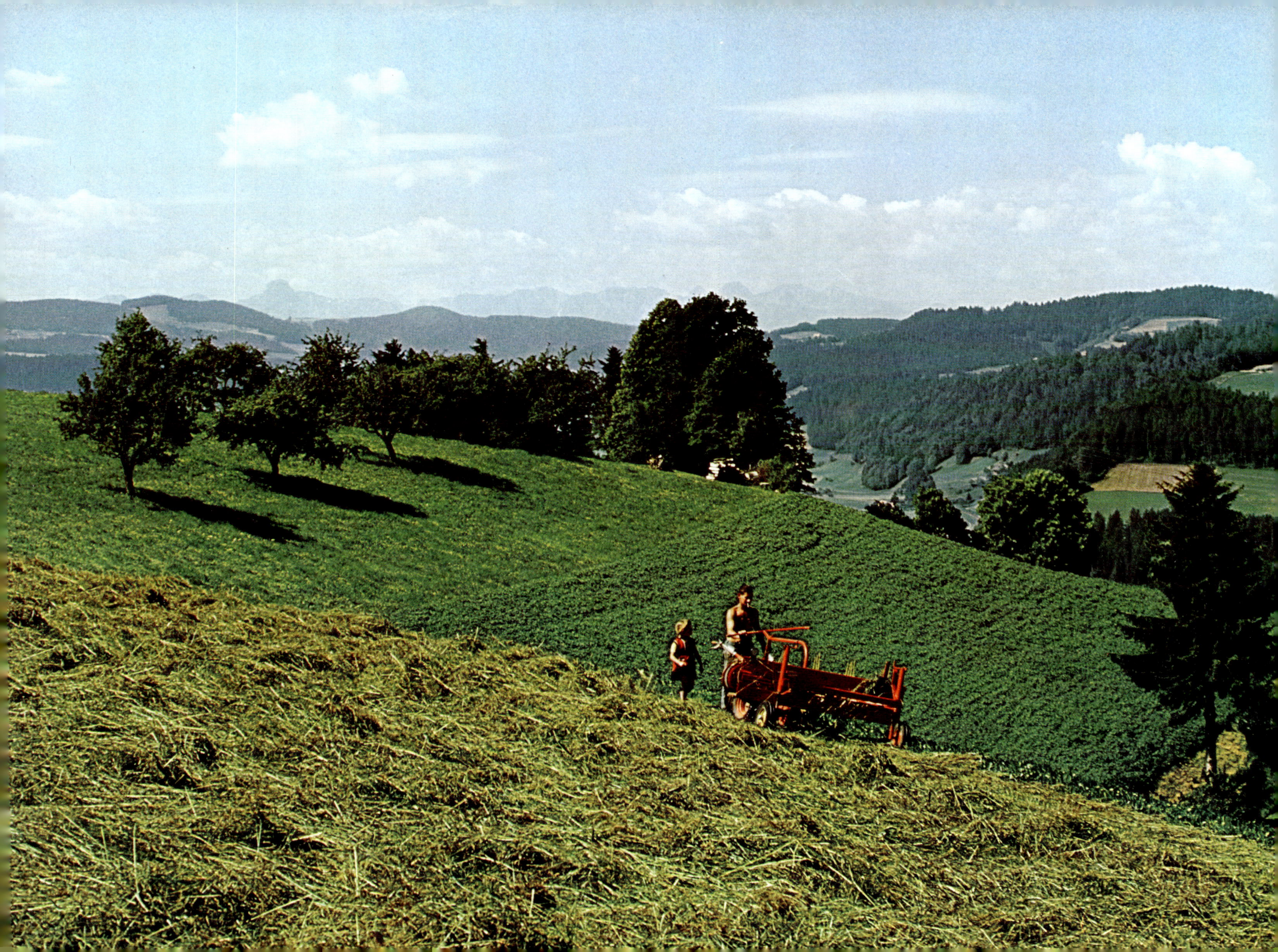

*Schön geschichtete Scheiterbeige, Vorrat für einen strengen Winter.
Nahe der Bagischwand und Langnaus steht der Wald von Dürsrüti. Nicht nur des Emmentals, vielleicht sogar Europas mächtigste Tannen sind hier zu bewundern.*

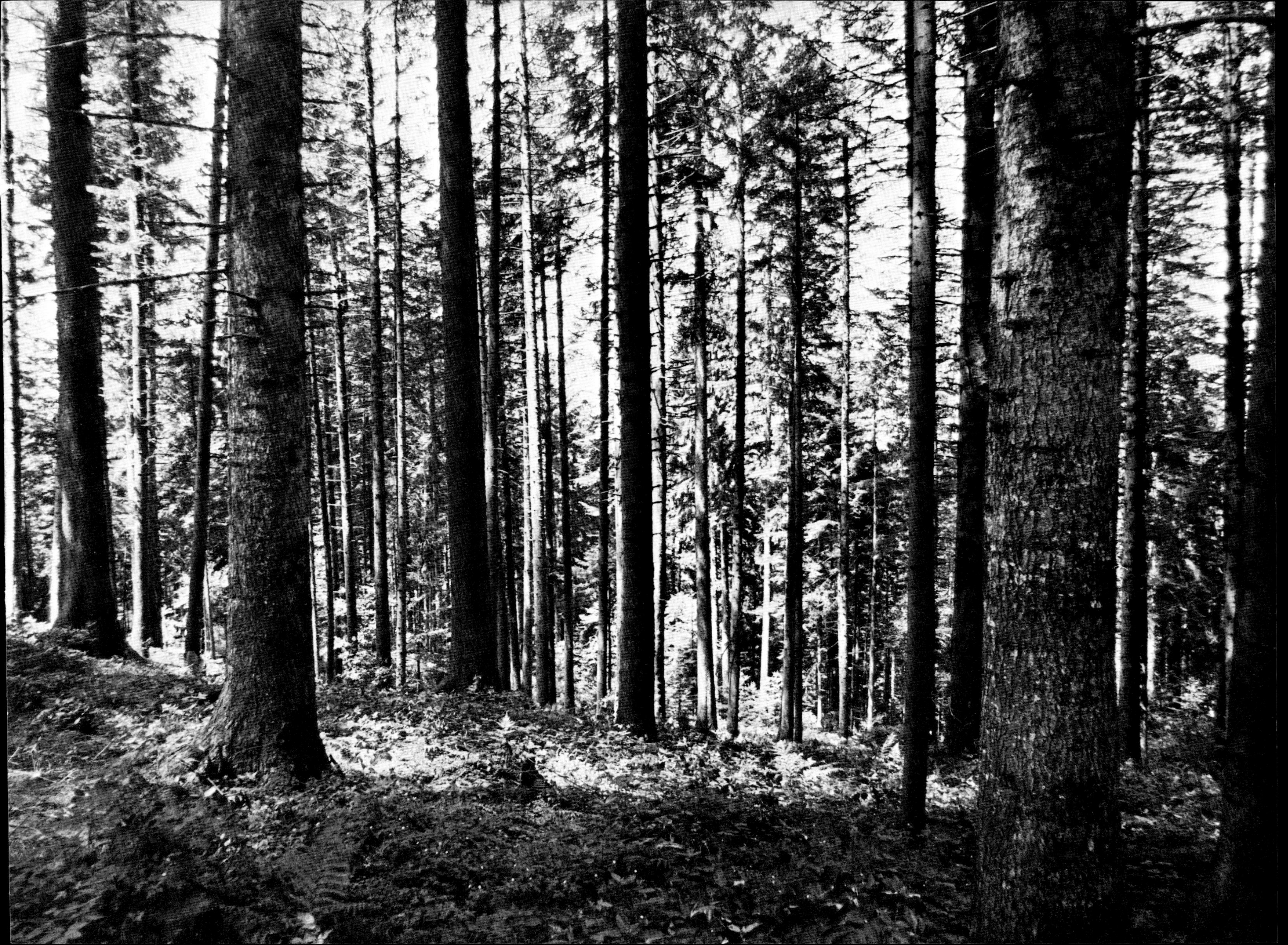

*Die Emme oberhalb der Brücke
Lauperswil/Neumühle.
Fischer und badende Kinder
bei der «Tromschweli»
unterhalb der SBB-Brücke
bei Emmenmatt.
Distanztafel und Ufersicherung.*

Emme Km 34.432
AB KT.-GRENZE GERLAFINGEN

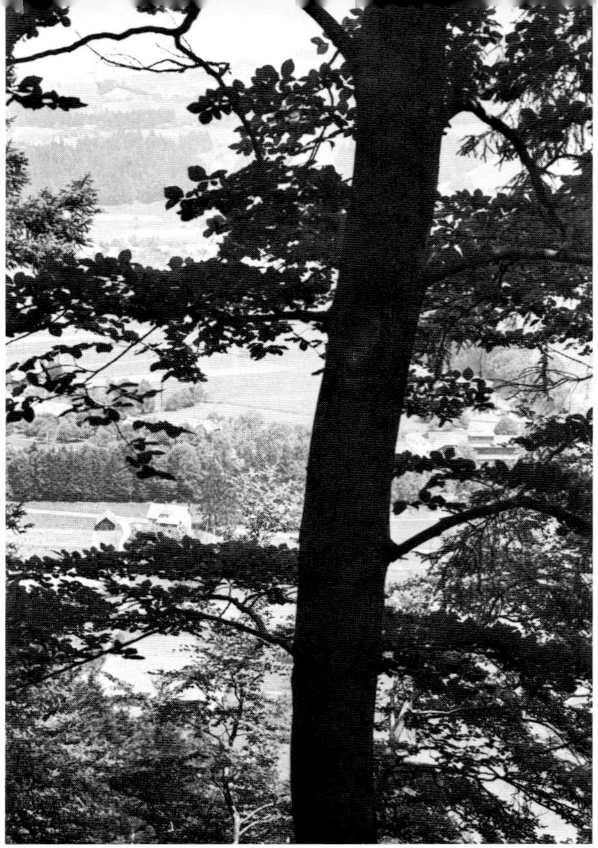
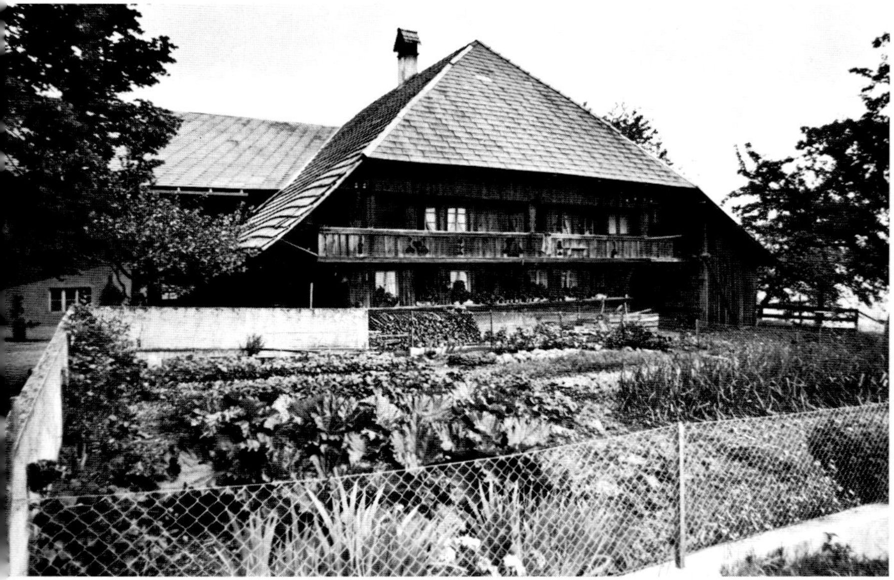
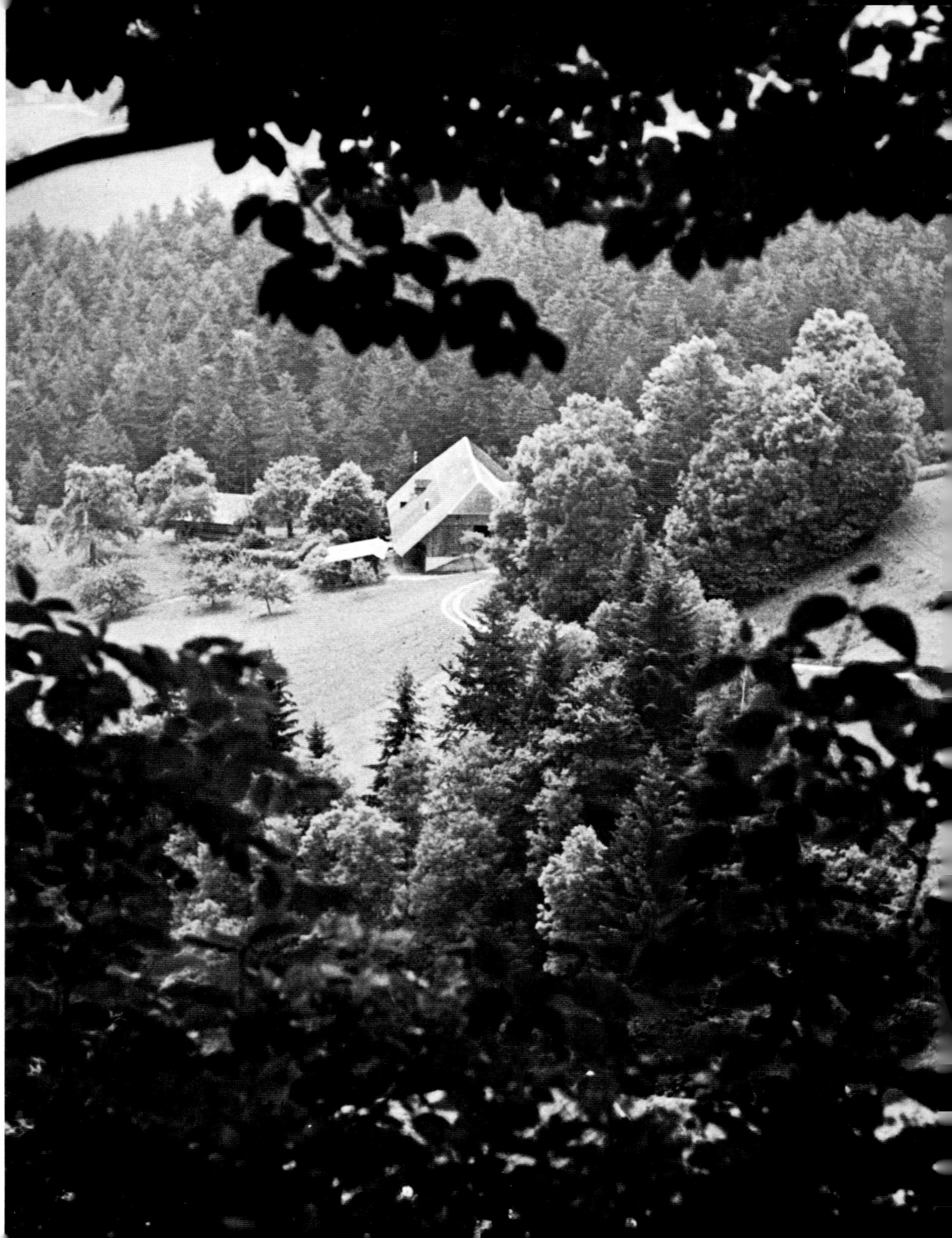

Rund um die Moosegg.
Von der Ruine Wartenstein sieht man hinab zum Emmeschachen bei Chalchmatt und Zollbrück.
Weiter oben der Hof Felbach und ein wie von Künstlerhand ins Rodungsland gebetteter, von Obstbäumen und Wald beschirmter Berghof. Die eigentliche Moosegg mit den Schulhäusern dreier Epochen ist ein vielbesuchter Ausflugsort.
Zu Füssen der Schachen (Auwald) der Ilfis und der Ort Langnau.

*Die Kirche von Lauperswil mit ihrem weissen Turm ist ein Orientierungspunkt des Tals. Das Pfarrhaus war ein Schlösschen der Herrschaft Wartenstein, man sieht noch den Burggraben. Das einstige Chalchmattbad ist wohl der schönste und mächtigste Fachwerkbau des Emmentals.
Die Holzstapel einer Sägerei in Zollbrück.*

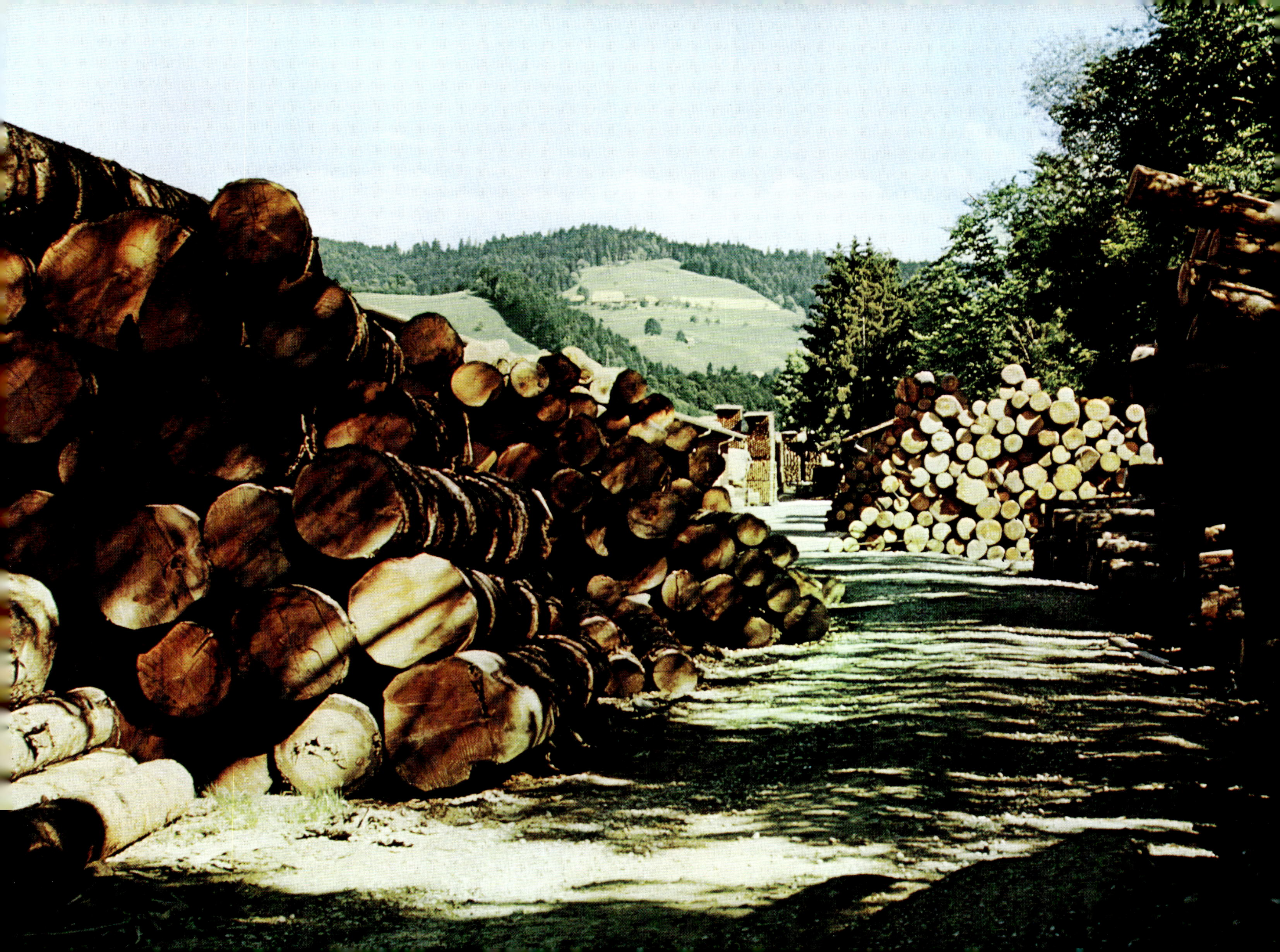

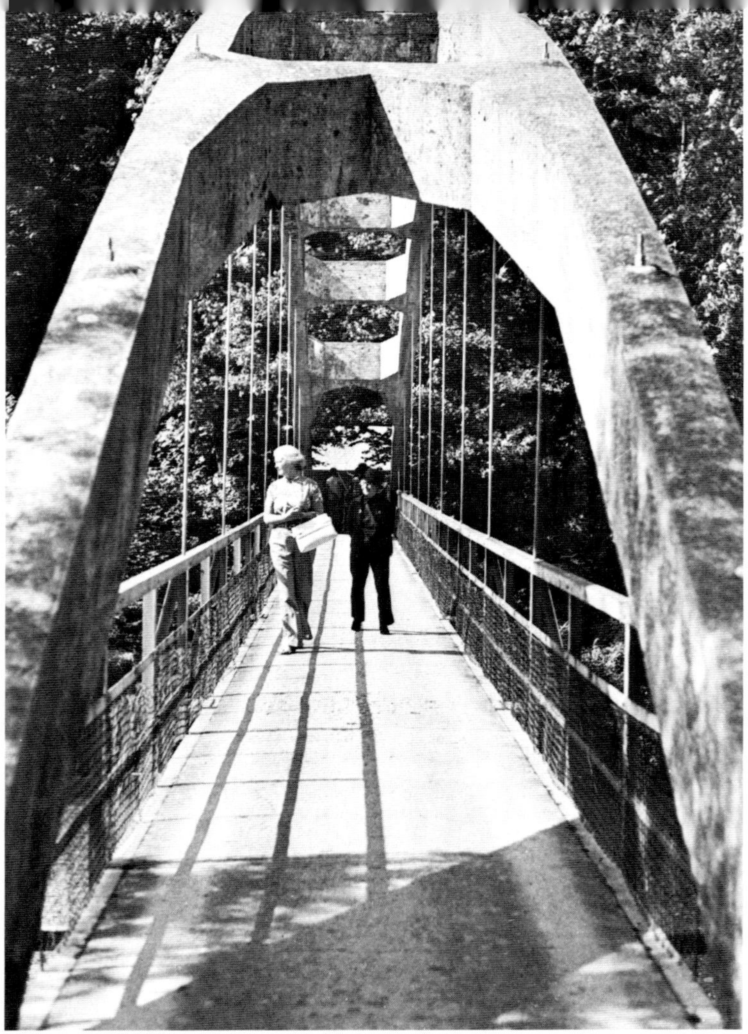
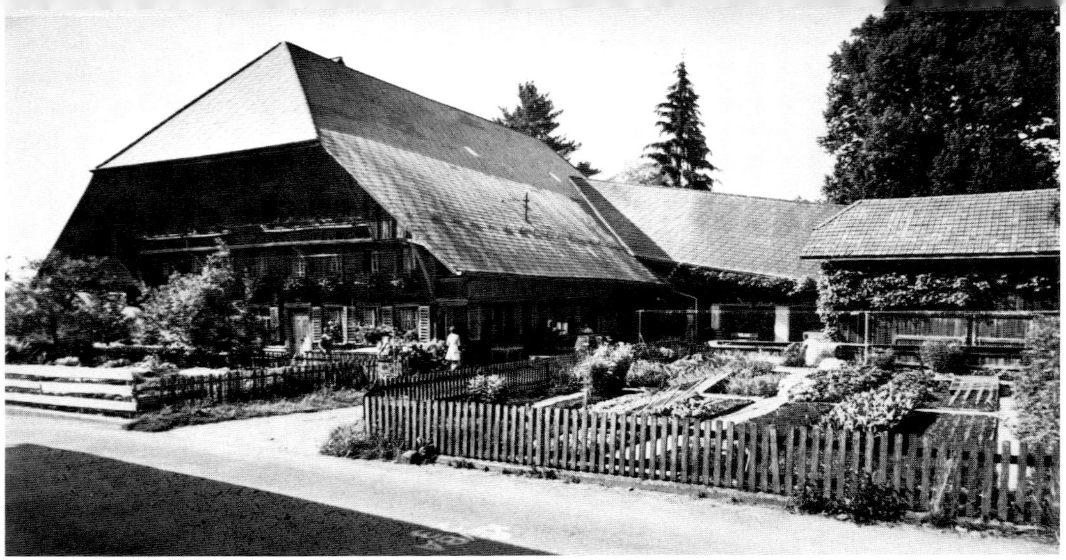
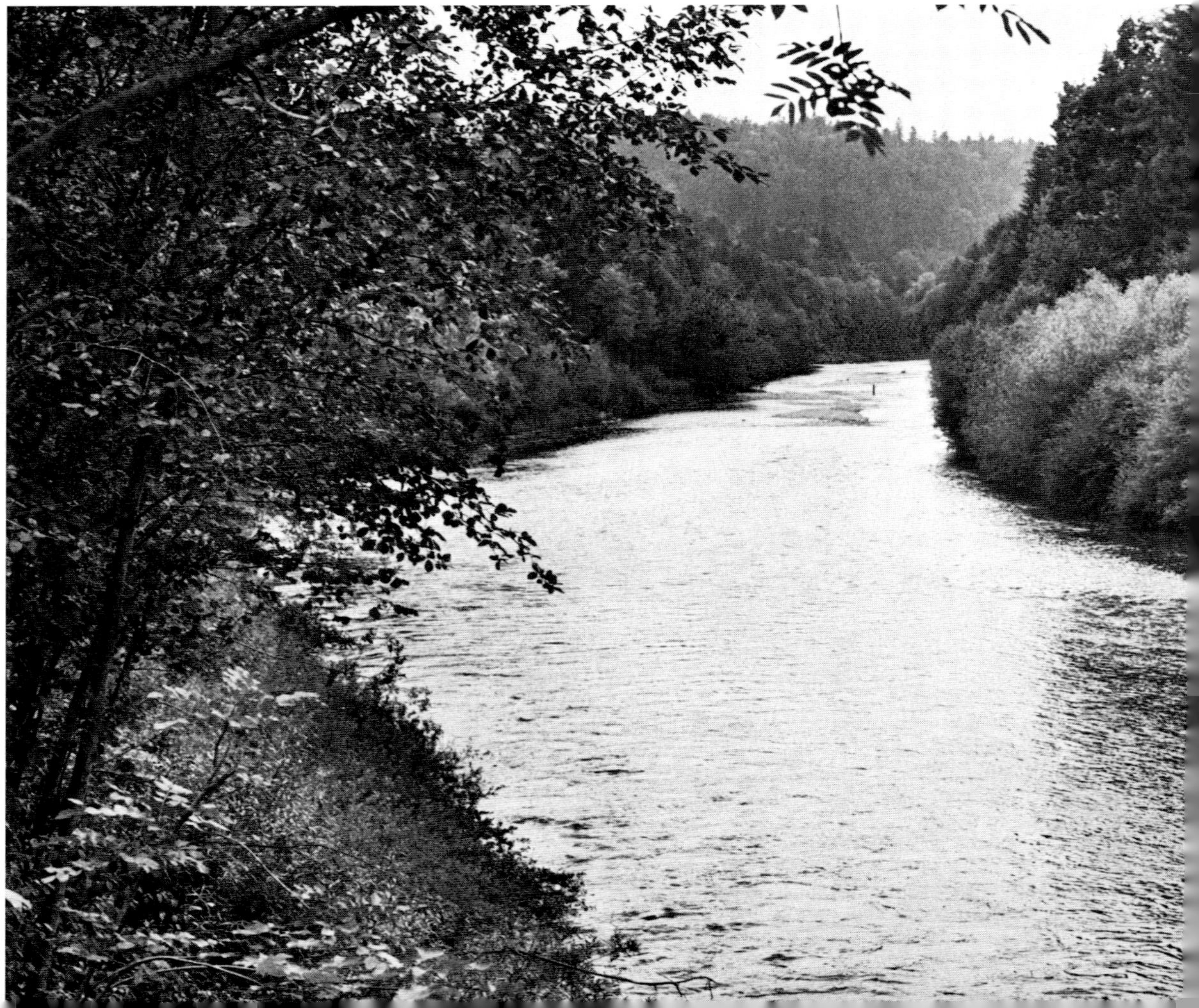

*Der Ramseisteg ist eine Verbindung mit
Rüderswil, dem Dorf des Bauernführers
Niklaus Leuenberger.
Schöne Bauernhöfe, Speicher und
Holztristen.
Die Emme Richtung Lützelflüh.
In der Spinnerei und Weberei Rüderswil
lassen Bäuerinnen Hanf und Flachs
für die Aussteuern ihrer Töchter
aufbereiten, zum Teil auch weben.*

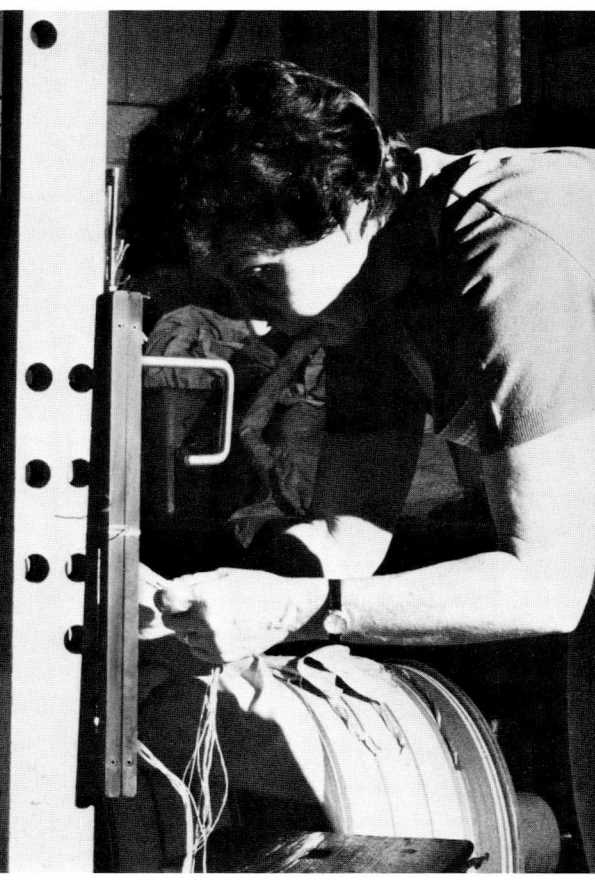

*Die Kirche Biglen birgt interessante Malereien.
Imposant ist der mächtige Zehntenspeicher.
Die Emme oberhalb und unterhalb des Ramseistegs.*

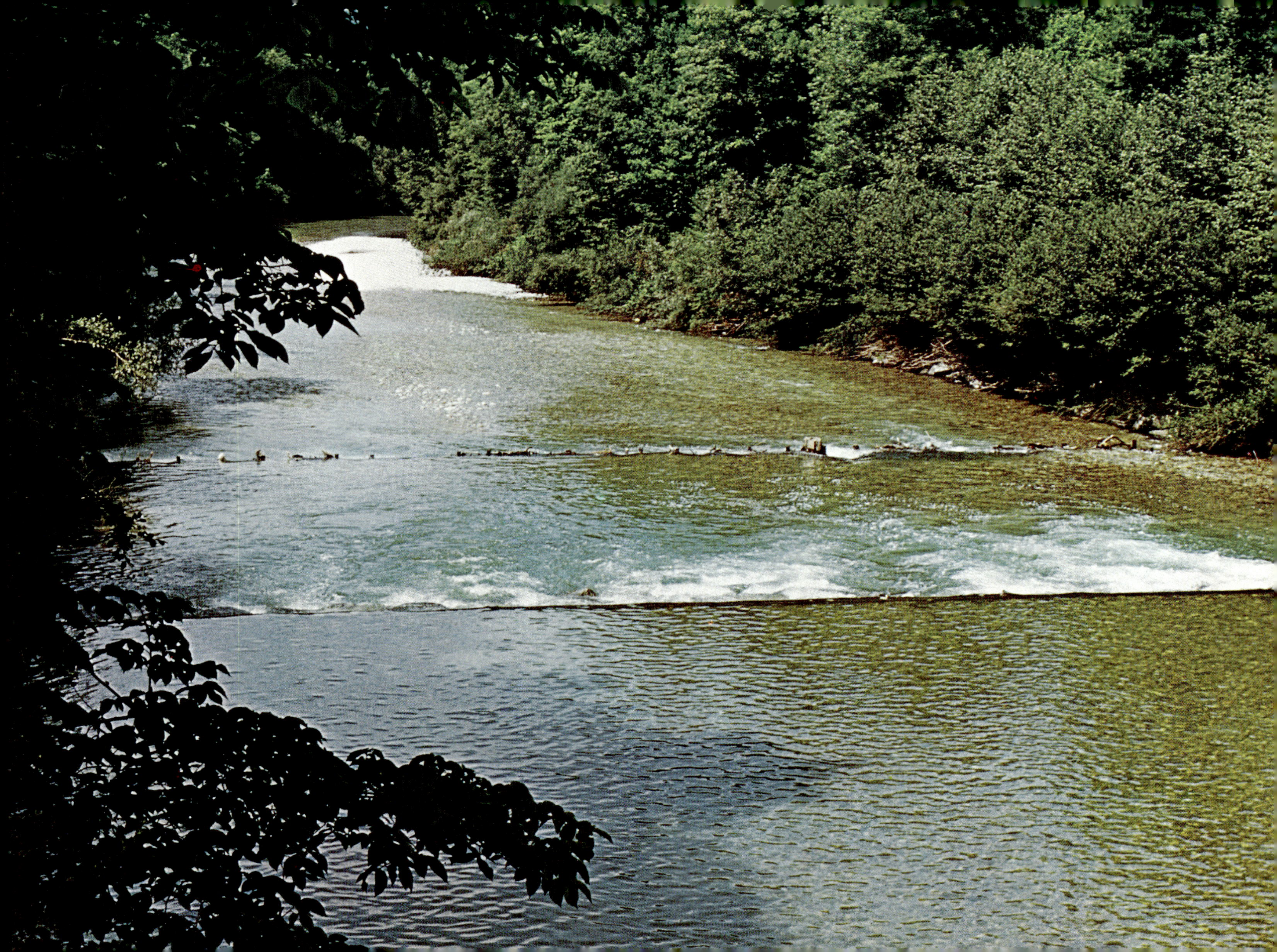

*Wegen der Hochwasser wurde das Land nahe am Fluss erst spät besiedelt; grosse Höfe in der Talebene sind selten. Für die Mosterei Ramsei werden die Äpfel direkt vom Grossraumwagen in die Behälter des Trottenhauses geschüttet.
Die Gohlhausbrücke bei Goldbach, Mündung der Grüne, die Emme unterhalb des Ramseistegs.*

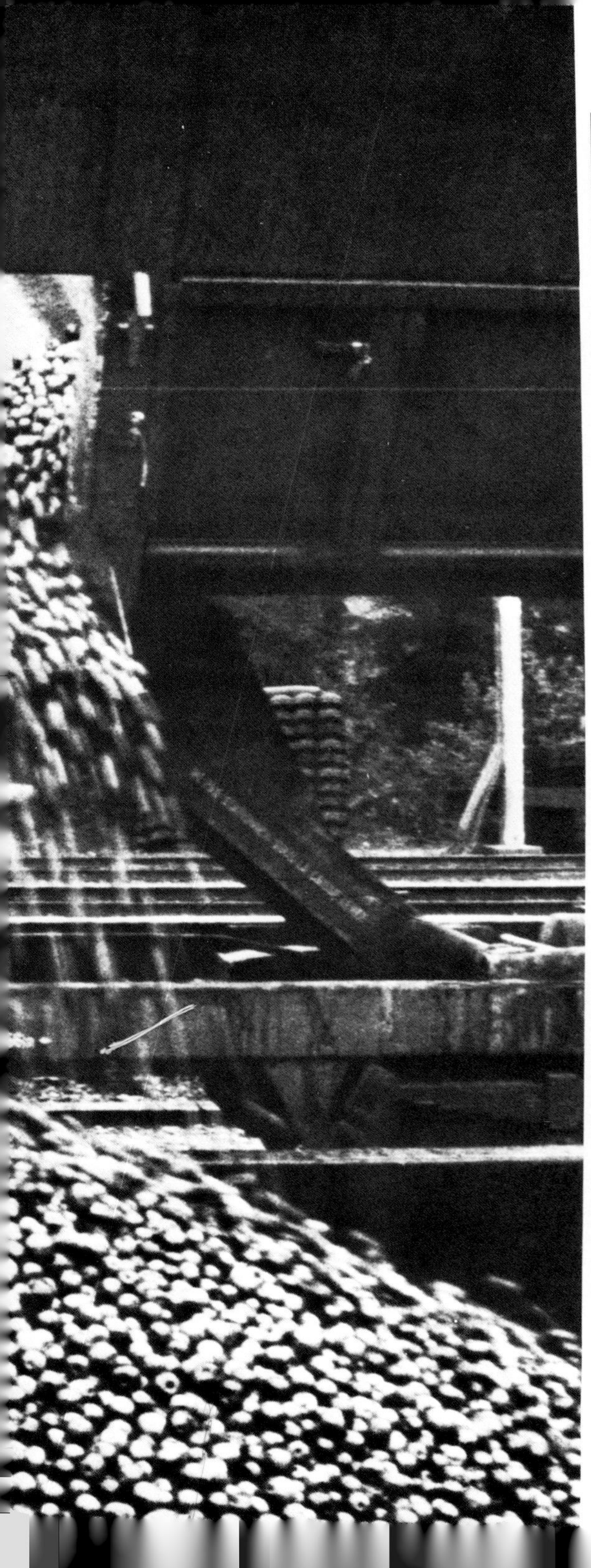
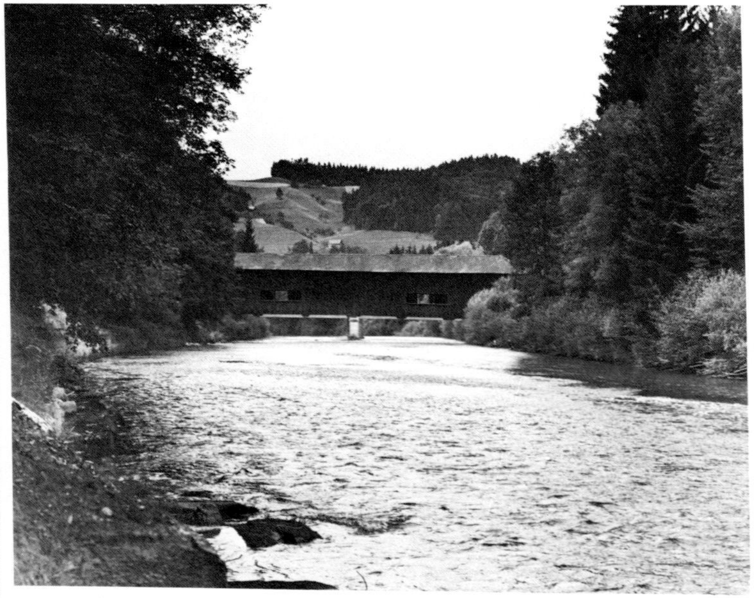
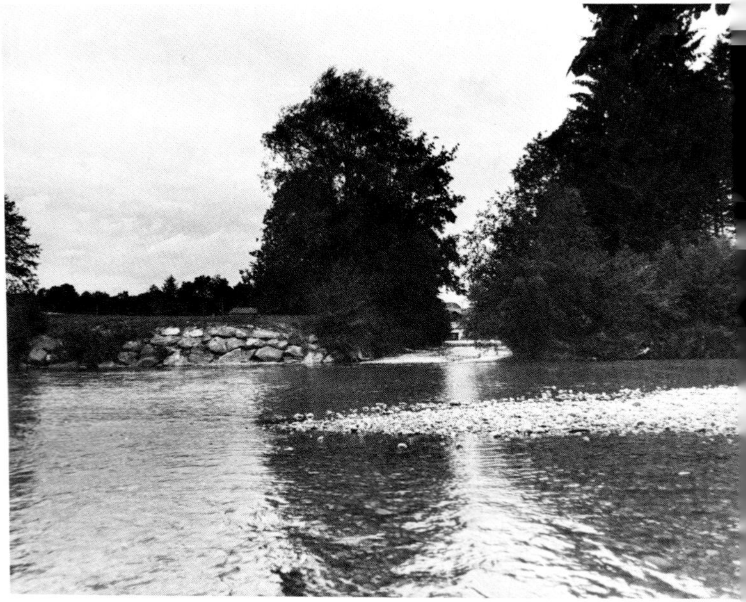
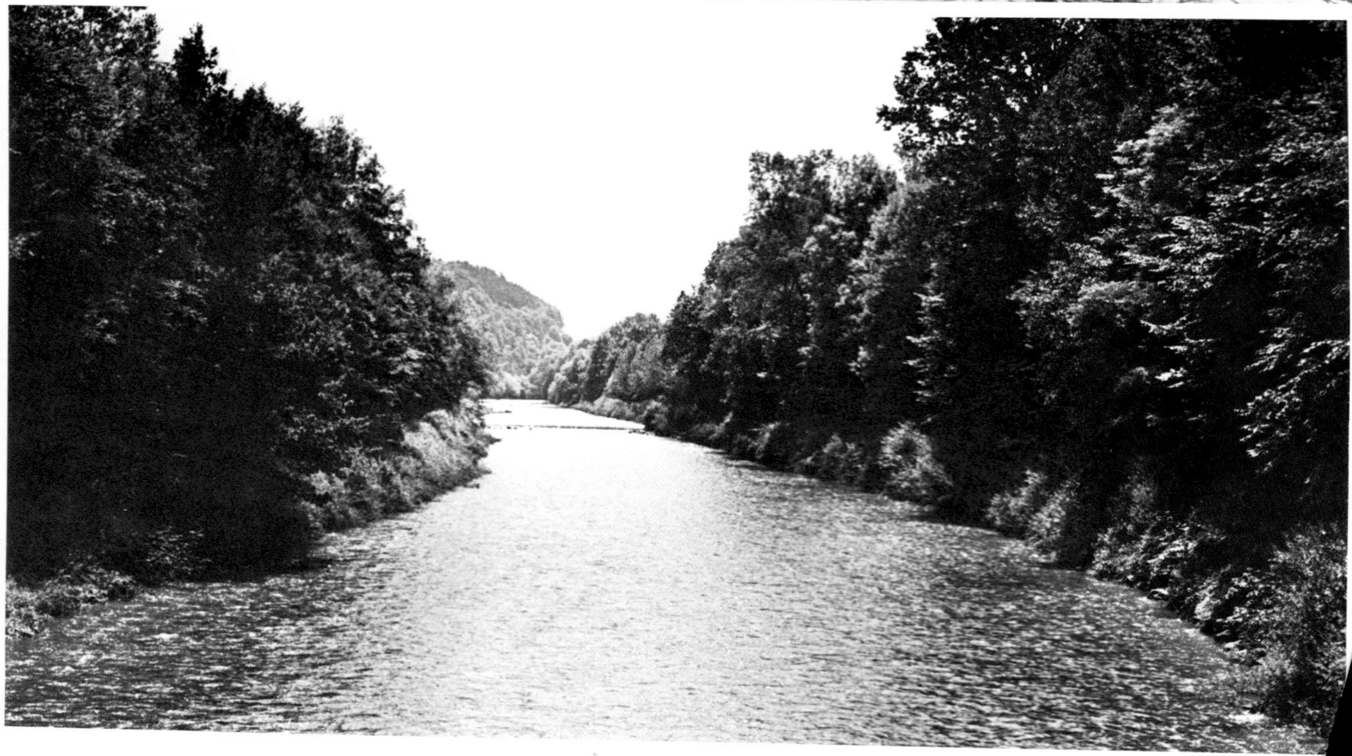

Hornussen ist ein altes Bauernspiel, das Kraft und Geschicklichkeit erfordert. Der Schläger schlägt den «Nauss», die Gegenpartei muss verhindern, dass dieser ohne Berührung mit einer «Schindel» zu Boden geht. Nach dem Seitenwechsel schlägt die andere Gruppe, dann werden die Punkte und der Sieger ermittelt.

Durch eine Stiftung des Edlen Lüthold von Sumiswald, durch den deutschen König, den Hohenstaufen Heinrich VII., dessen Vater, Kaiser Friedrich II., sowie den Ordensmeister Hermann Von Salza und den Bischof von Konstanz bestätigt, kam der Deutsche Ritterorden zu Besitz im Emmental und gründete eine Komturei mit dem üblichen Spital. Vierundzwanzig Komture regierten bis zur Reformation in Sumiswald. Noch heute ist das Ordenshaus ein «Spittel», ein Pflegeheim für alte Leute.

Vom Heiligenland-Pöli schweift der Blick weit über sorgfältig bebautes Land bis zu den Berner Alpen. Junges Paar vor dem Schloss Trachselwald, Sitz eines bernischen Amtes.

*Nächste Doppelseite:
Ein Nebelmeer füllt die Täler.
Von der Lüdernalp sieht man weit ins Land und hinüber zur Niesenkette.
Haus Buchi bei Vorder-Zitistu in der Morgensonne.
Dieses Haus enthielt ehemals eine Kundenwäscherei für die Bauern. Gewaschen wurde mit Lauge aus Buchenasche, was noch heute die schonendste Waschart ist.*

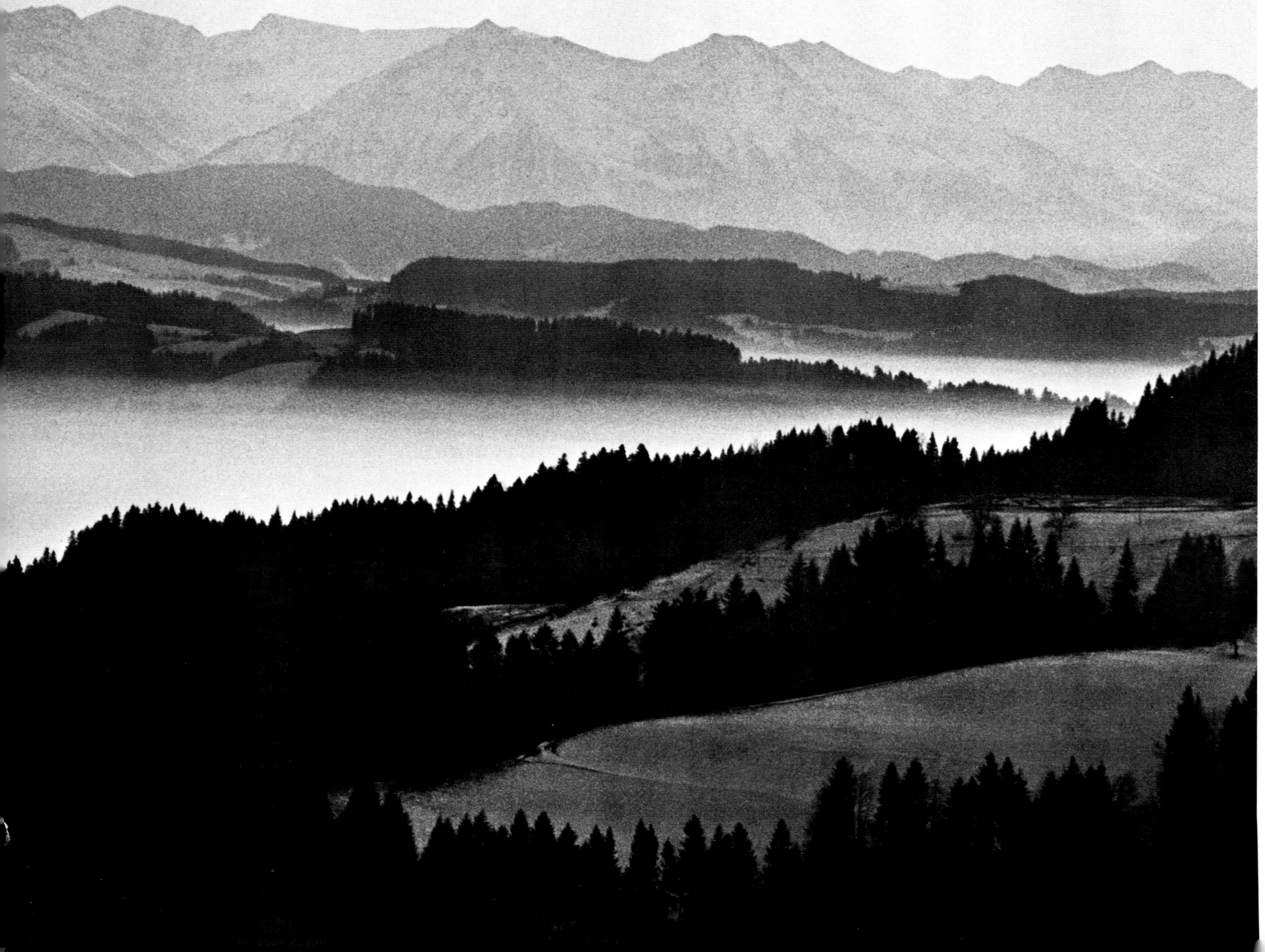

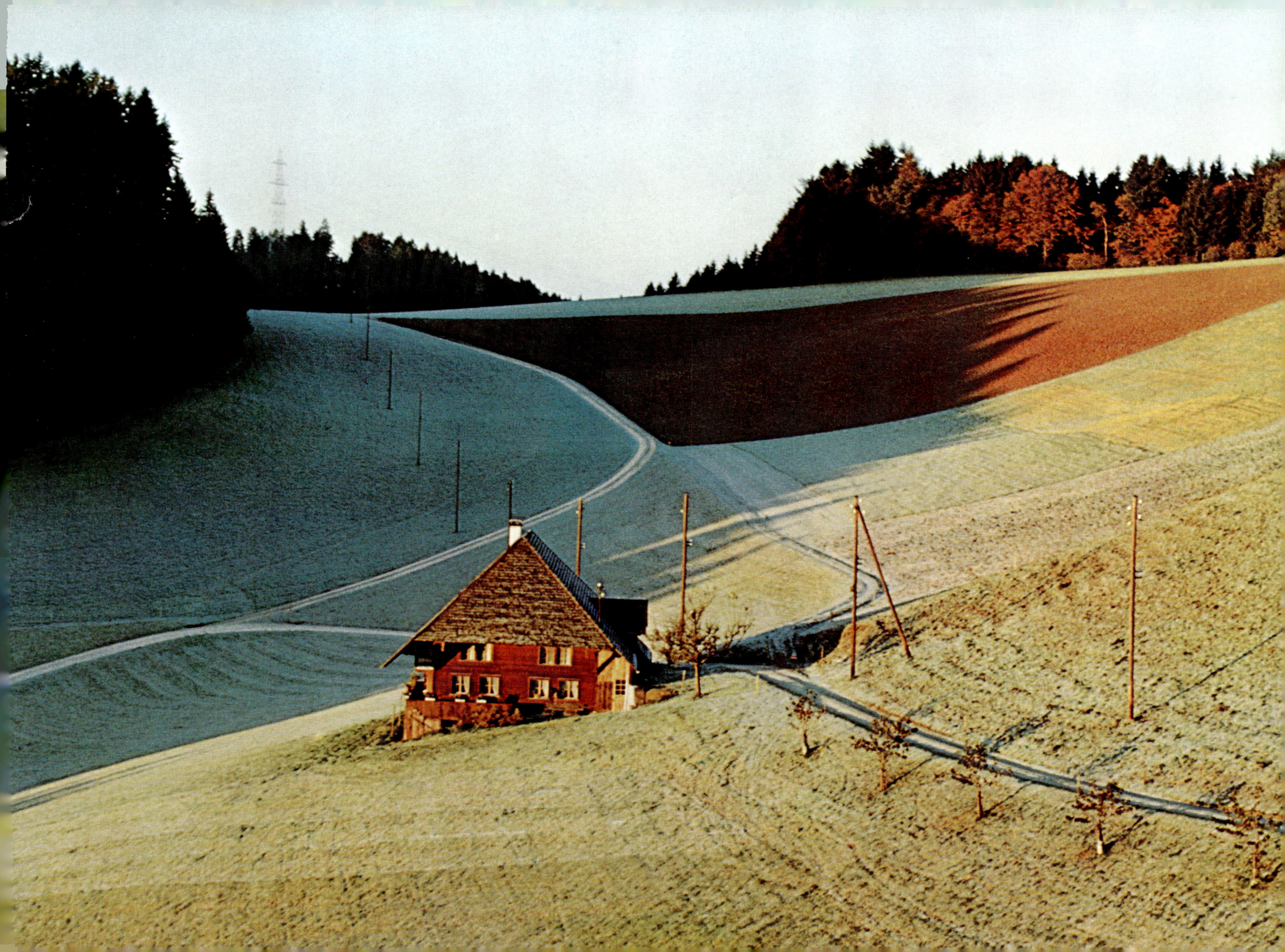

HIER RUHT
IM FRIEDEN GOTTES
ALBERT
BITZIUS
JEREMIAS GOTTHELF
VON BERN.
während 22 Jahren Pfarrer
dieser Gemeinde
GEB. DEN 4. OCT. 1797.
GEST. DEN 22. OCT. 1854.

JEREMIAS
GOTTHELF
1797–1854

in
Dankbarkeit gewidmet

1889

*Lützelflüh mit Kirche und Pfarrhaus,
Getreidesilos der Mühlen von Goldbach und
die Ebene zwischen Emme und Biglenbach.
Der Grabstein und das Denkmal des
Pfarrers und Dichters von Lützelflüh.
Einer der Waldhaushöfe in schönstem
Bauernland.
Blick ins Oberemmental mit Schibengütsch
und Berner Alpen.*

Vorn an der Emme in Kalchofen spielt Jahr für Jahr die Emmentaler Liebhaberbühne grossartiges Laientheater. Hier eine Szene aus einem ins Berndeutsche übertragenen Stück von Pagnol: «Dr Herr Topas». Gut gepflegter, reich mit Blumen dekorierter Speicher in Rüegsau. Die Anlage des einstigen Frauenklosters Rüegsau ist im heutigen Dorfkern noch erkennbar. Die bäuerliche Besiedlungsgeschichte lässt sich aus Landschaft und Hofnamen wie aus einem Buch lesen.

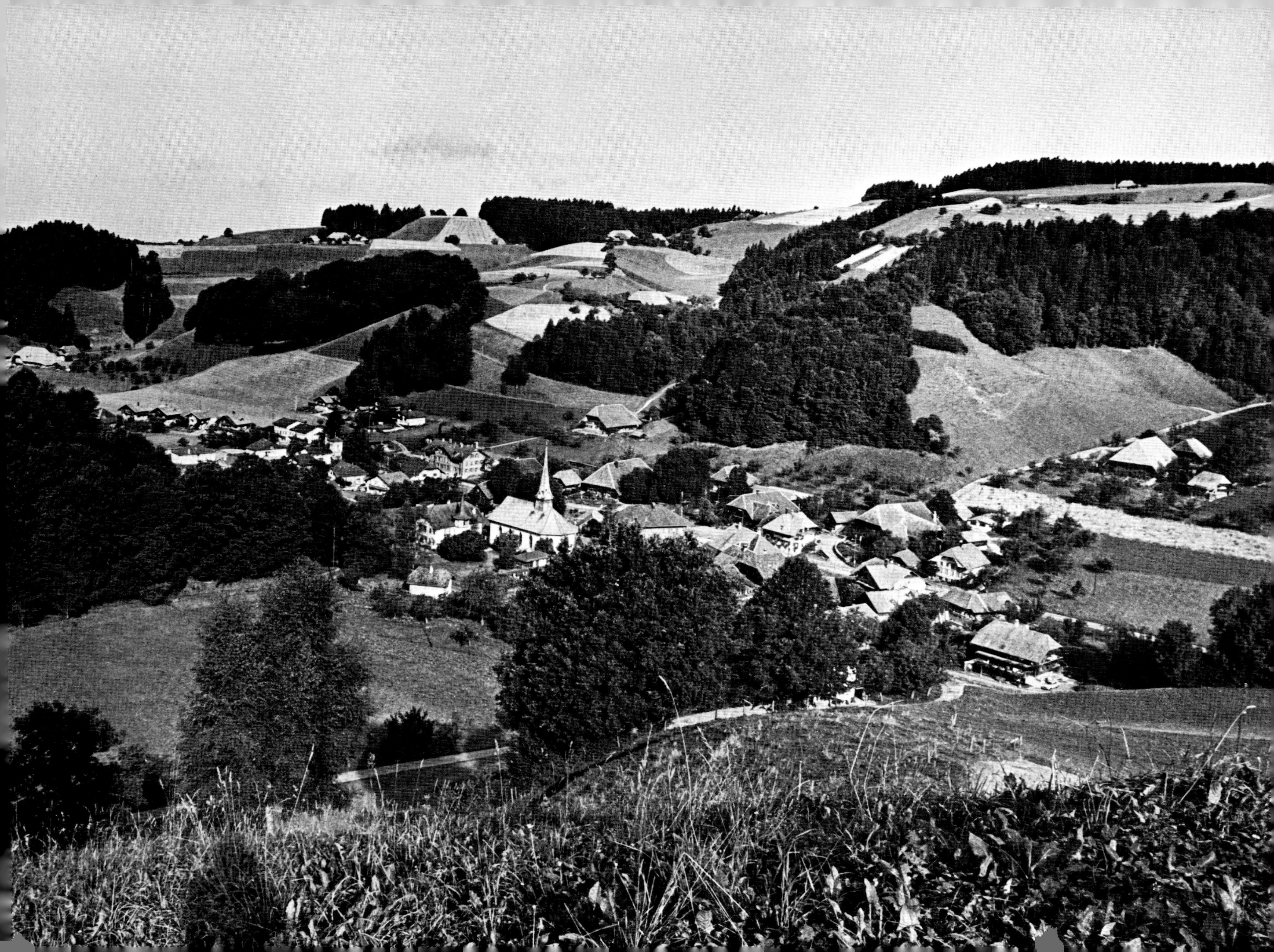

Die Haslebrücke ist mit ihren 57 Metern Spannweite sehr wahrscheinlich die grösste Holzbrücke der Welt. Man hat dieses frühe Ingenieurwerk demontiert und an einem neuen Standort wieder aufgebaut.

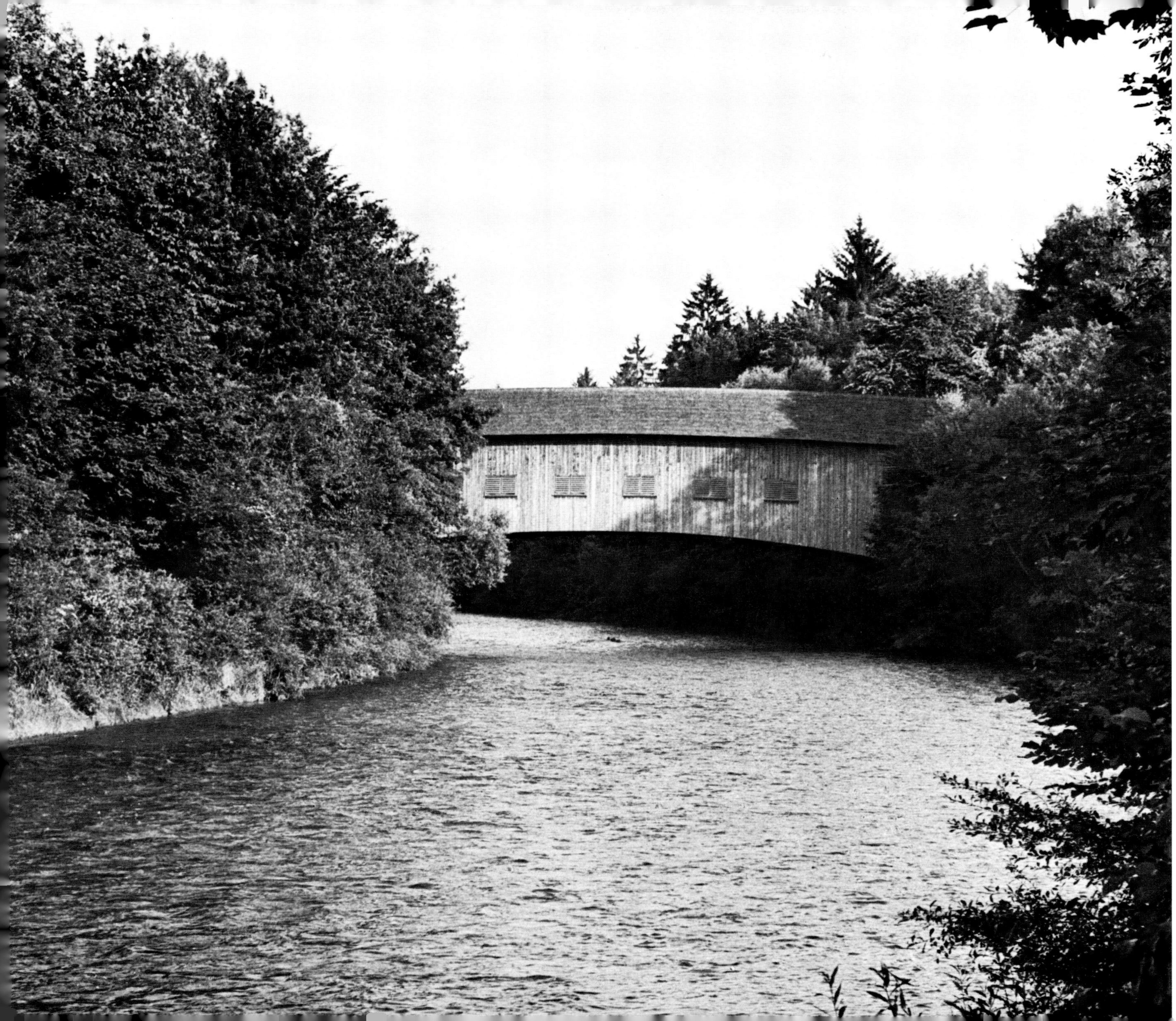

Die Welt ist verzaubert. Biecht (Rauhreif) überzuckert Baum, Gras und Strauch.

*Auf dem Heiligenland-Pöli
steht das Ehrenmal
der bernischen Reitersoldaten.*

*Rechte Seite:
Die Hirsegg,
ein schöner Weiler
im Waldbauernland.*

*Maienzeit in Busswil
mit seinem schönen
Ambeilerhof.*

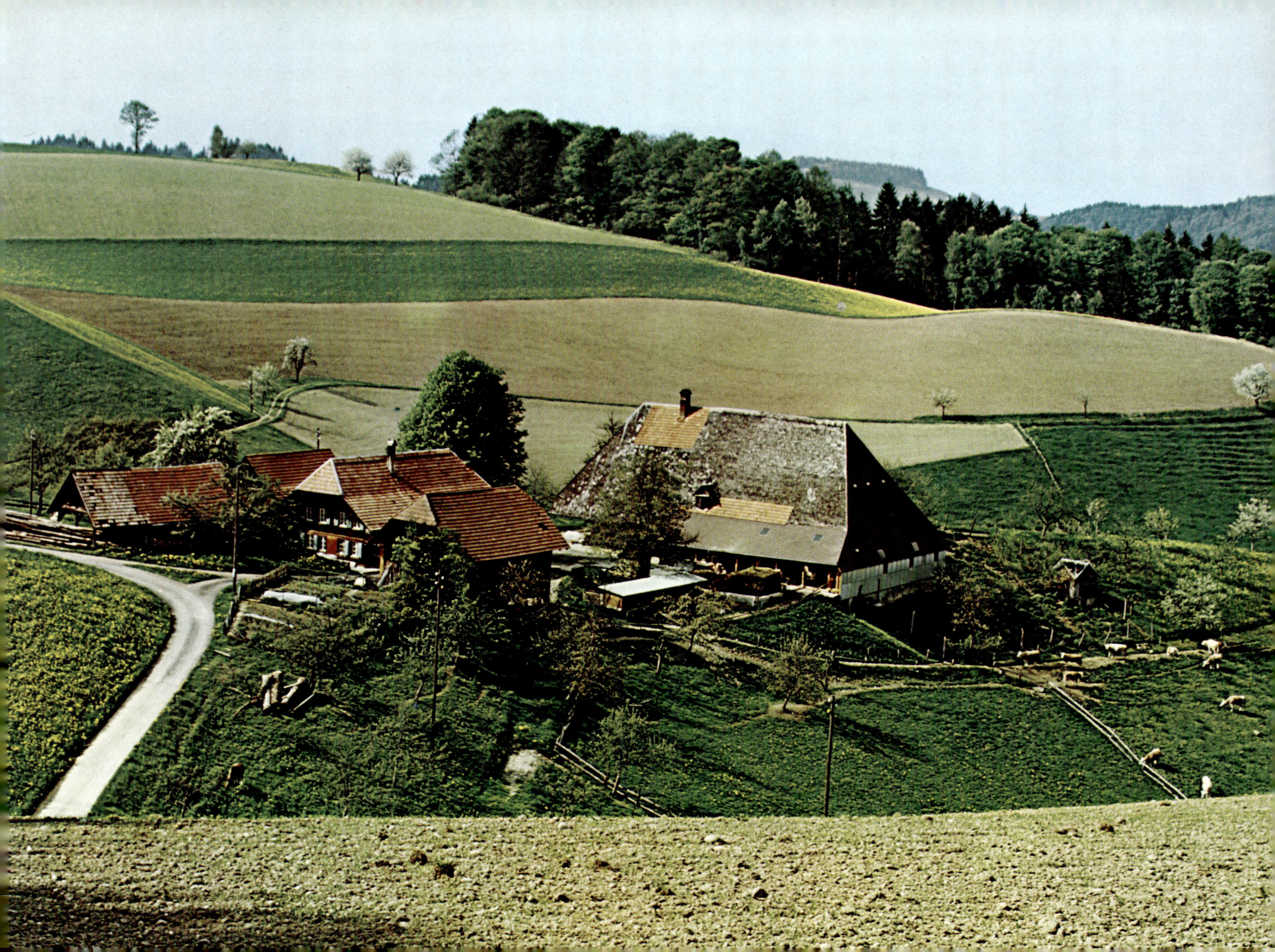

In Heimiswil im ältesten «Löwen» der Schweiz ist «Spinnet», ein vor hundert Jahren vom Bauernhaus ins Wirtshaus verlegter Brauch, der von den einstigen «Spinnstubeten» übrigblieb. So wie einst im Einzelhofgebiet am Spinnet die Gäste zum Dank für nachbarliche Hilfe bewirtet wurden, bewirtet heute die Wirtsfamilie die Frauen des Dorfes.

Vier- bis fünfhundert Tannen braucht es für ein Bauernhaus. Die Nachbarn helfen beim Bau und stiften Tannen. Wenn alles Holz gerüstet ist, wird der Bau bis zur «Ufrichti» in drei bis vier Tagen erstellt. Die «Ufrichti» vereinigt, nachdem der Bau eingesegnet wurde, Bauer, Helfer und Handwerker.

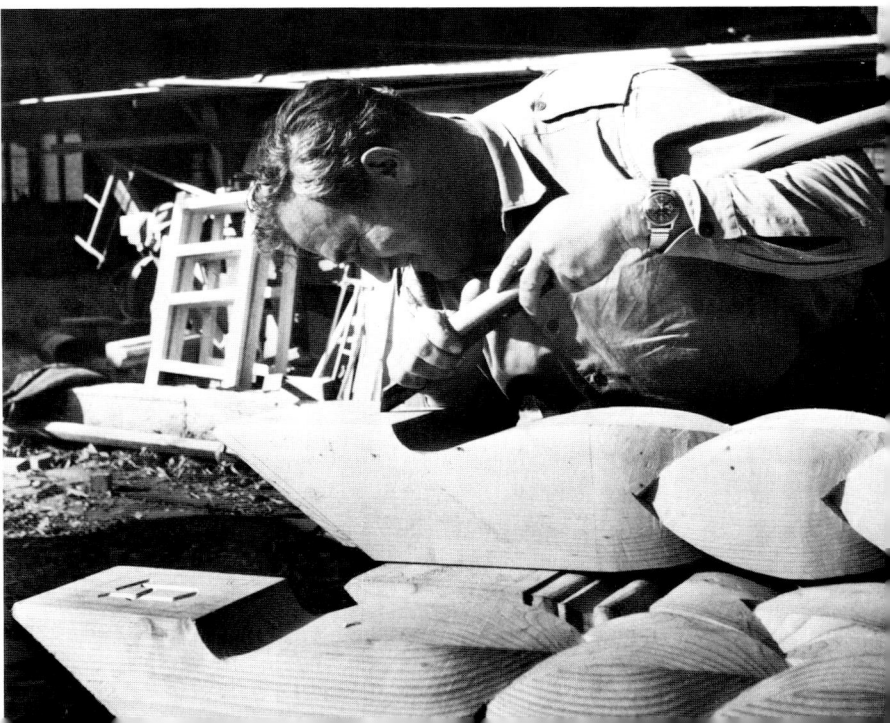

Das Emmental – Hirtenland oder Bauernland?
Die Chaseren im obern Heimiswiltal.

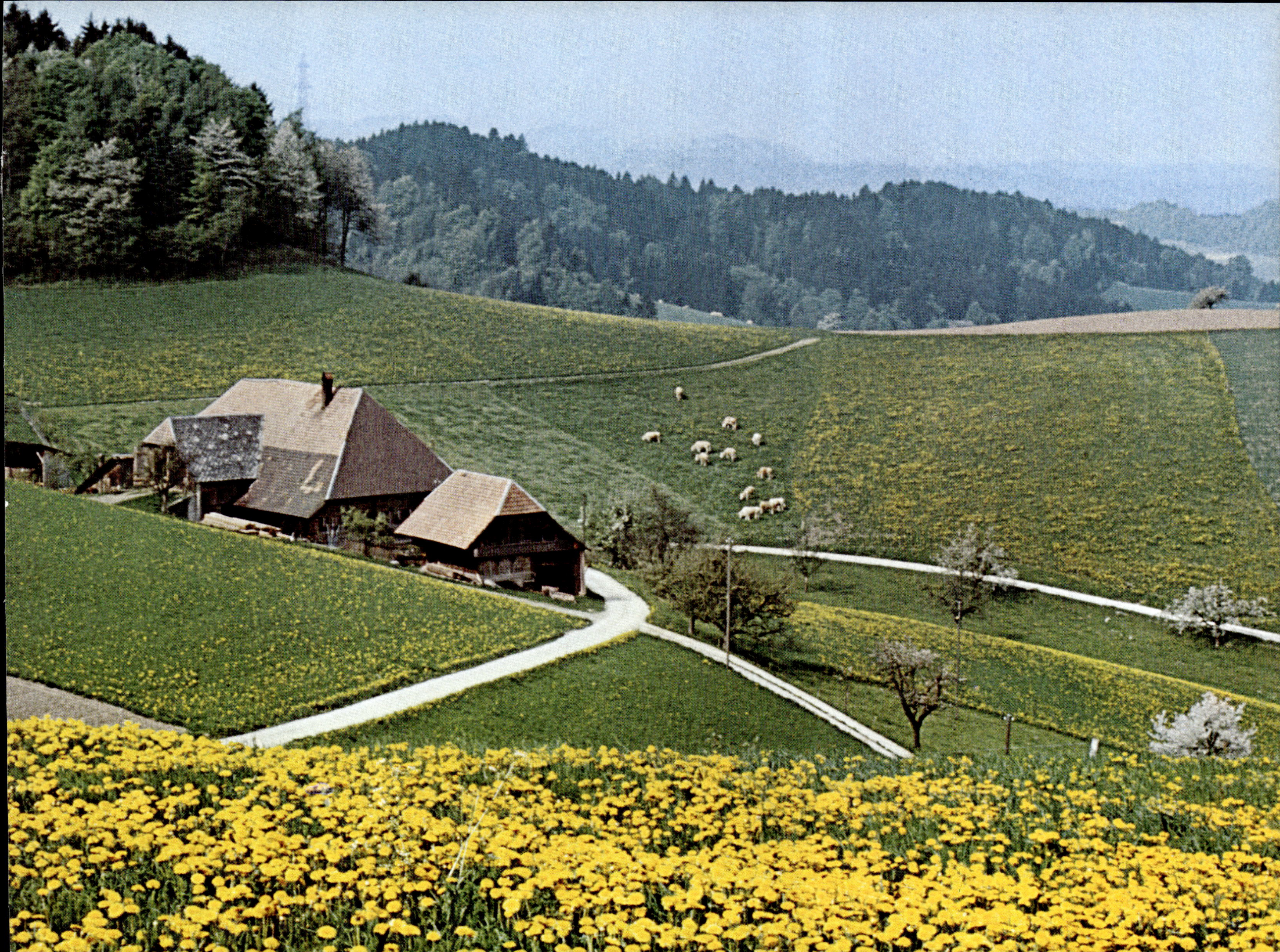

*Die Grafik des Bauern.
Alljährlich kann man sie bewundern.
Nie ist das Emmental schöner
als zur Zeit der Kornernte,
wenn Täler und Hügel bis hoch hinauf
voller Gold sind.*

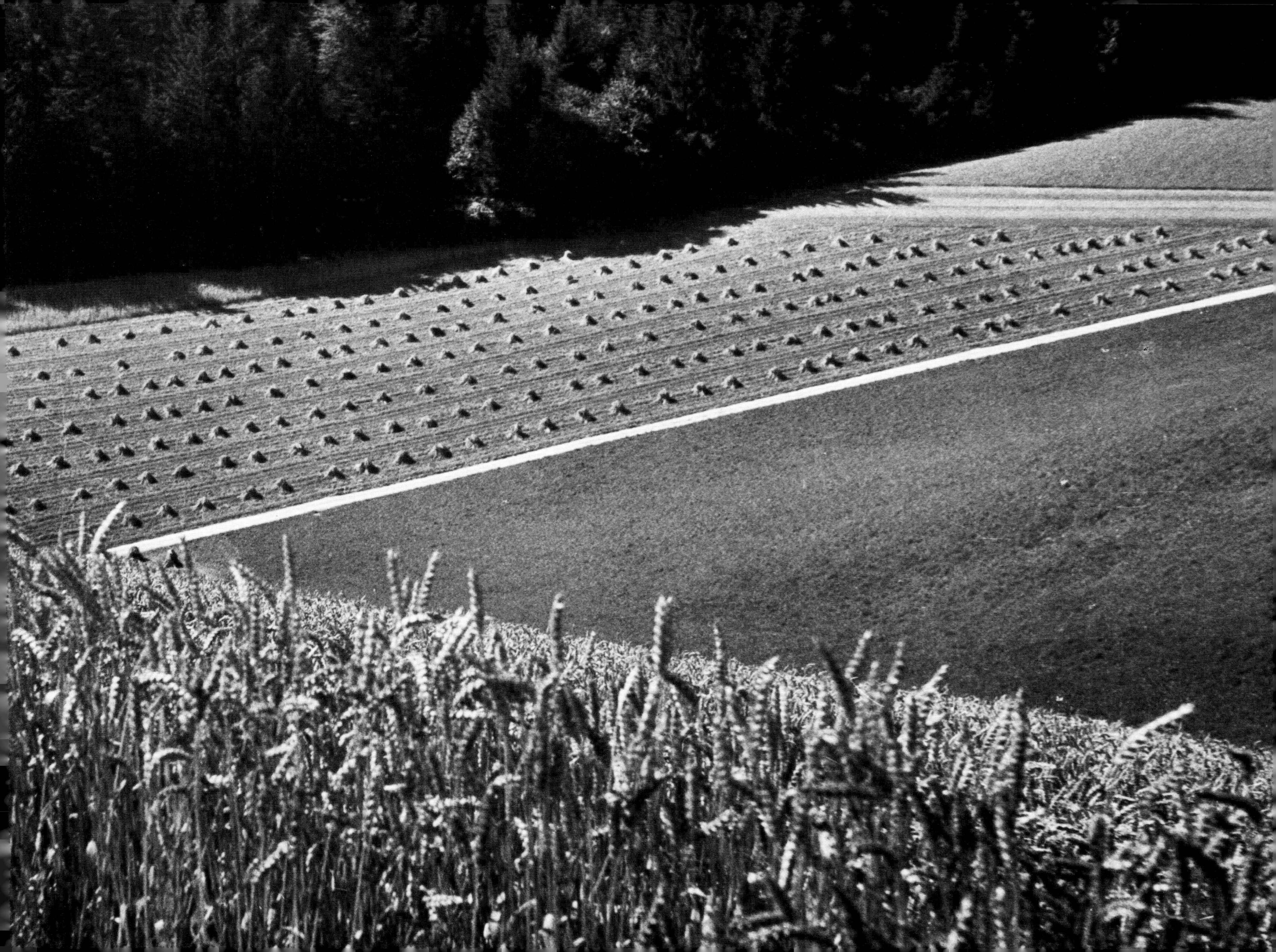

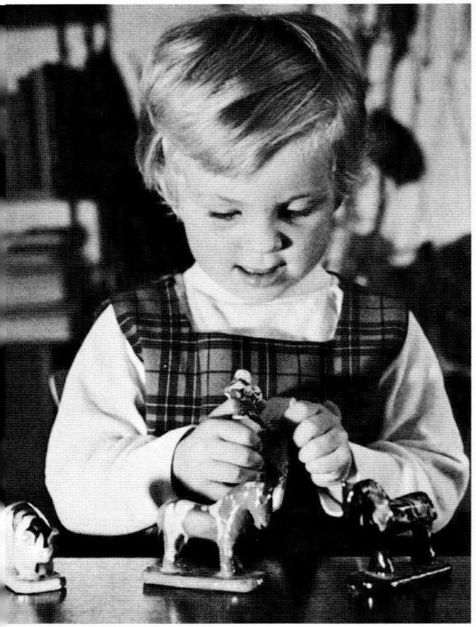
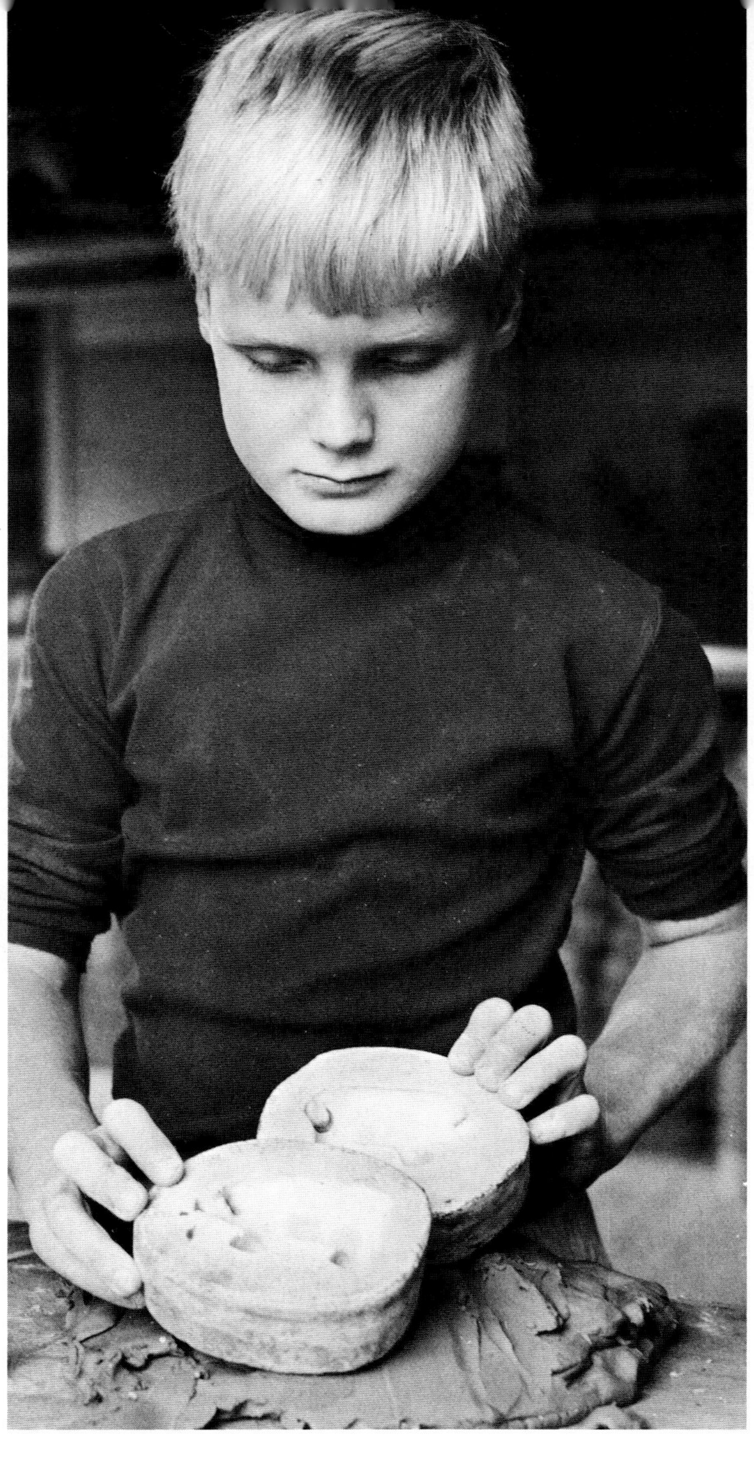
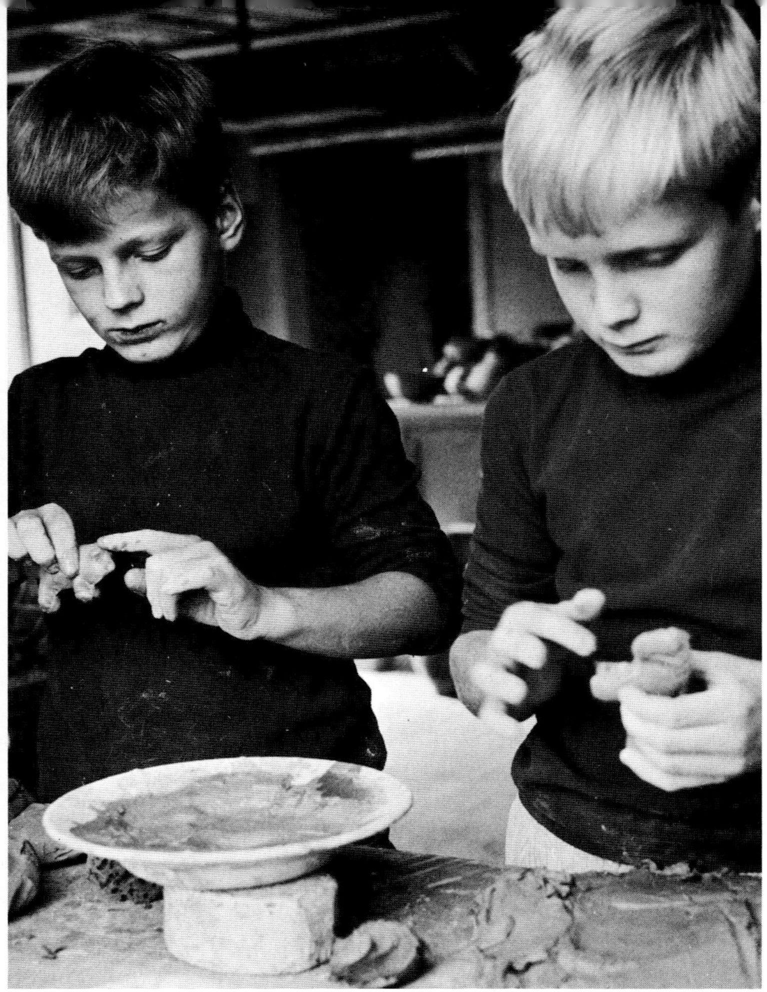

*Die emmentalische Töpferei ist meist
ein vom Vater auf den Sohn vererbter
Familienbetrieb. Wichtig sind die alten
Formen und Farben, aber auch das Können
der Malerinnen; wichtig die Verbindungen
mit freischaffenden Künstlern.
Waren es früher Handwerksburschen auf
der Wanderschaft, sind es heute oft
Malerinnen aus dem Balkan,
die neue Dekors bringen.*

*Im Schutze der Balm der Lochbachfluh stand die Stahlfabrik Max Schneckenburgers, des Dichters der «Wacht am Rhein». Das Lochbachbad mit seinem «Lochbachgränni», einem Hahnrei oder Bélier, eine derbe Anzüglichkeit auf den einstigen Badebetrieb.
Die alte Lochbachbrücke verbindet das Bad mit Oberburg.*

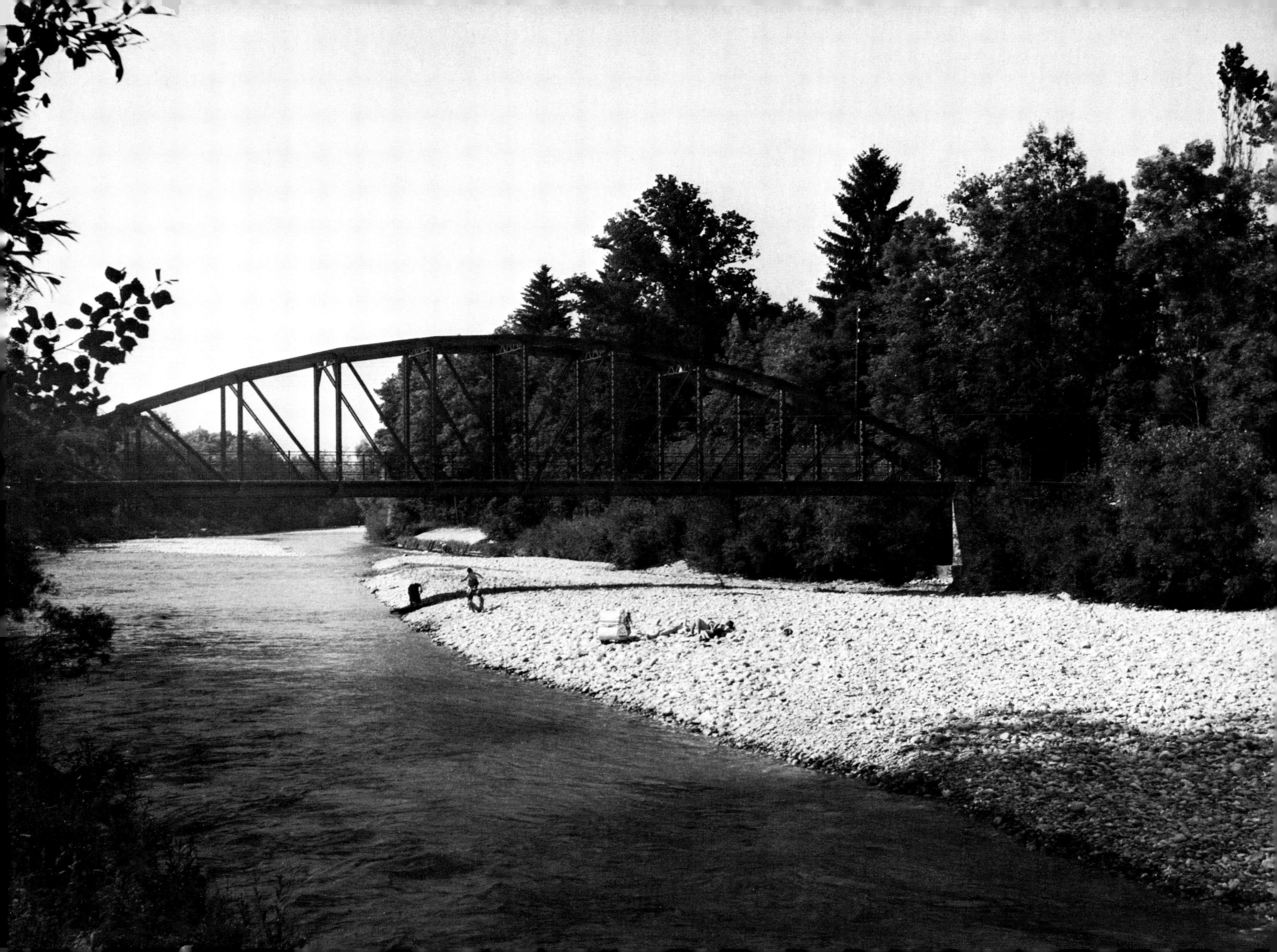

Wasserkraft bewegte einst das Hammerwerk der Hammerschmiede Oberburg, heute eine Gesenkschmiede. In einem kleinen Museum kann man Modelle und Verschiedenes aus der Geschichte des Betriebes besichtigen. Noch heute spannen sich geschmiedete Brücken über die Emme, die in Oberburg entstanden.

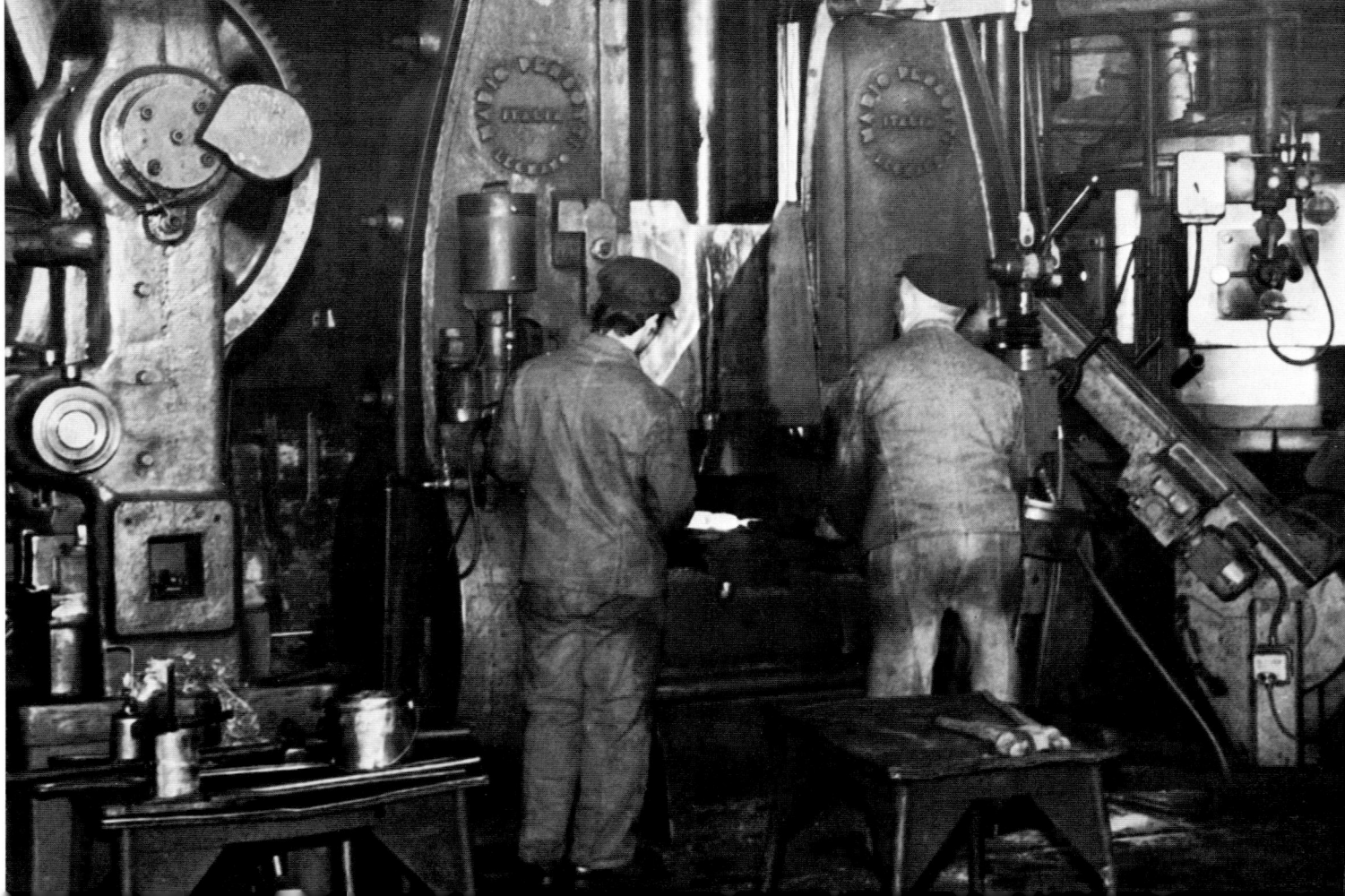

Auf dem Stalden hängt der Flachs zum Trocknen an der Laube. Pausenspiele in der Schule Schuposen. An der Kirchenmauer von Oberburg finden sich die Grabsteine der Pfarrer. Das Innere des Gotteshauses birgt ein interessantes Werk: Die heilige Sippe. Die Kinder sind Jesus und seine späteren Jünger mit den Eltern vor der gut erkennbaren Landschaft von Oberburg. Das Bild soll ein Schüler von Niklaus Manuel Deutsch, Elisius Walter, gemalt haben.

Burgdorf. Die Flühe sind weithin sichtbare Wahrzeichen und schützen das alte Landstädtchen vor dem bissigen Bisluft, dem Nordost. Zu Füssen der hundert Meter hohen Sandsteinfelsen, einer war einst der Emme ein Riegel, fliesst der Fluss jetzt in weitem Bogen hinaus in die Ebene. Ab und zu trotz allen Schutzbauten immer noch ein gefährliches Wasser.

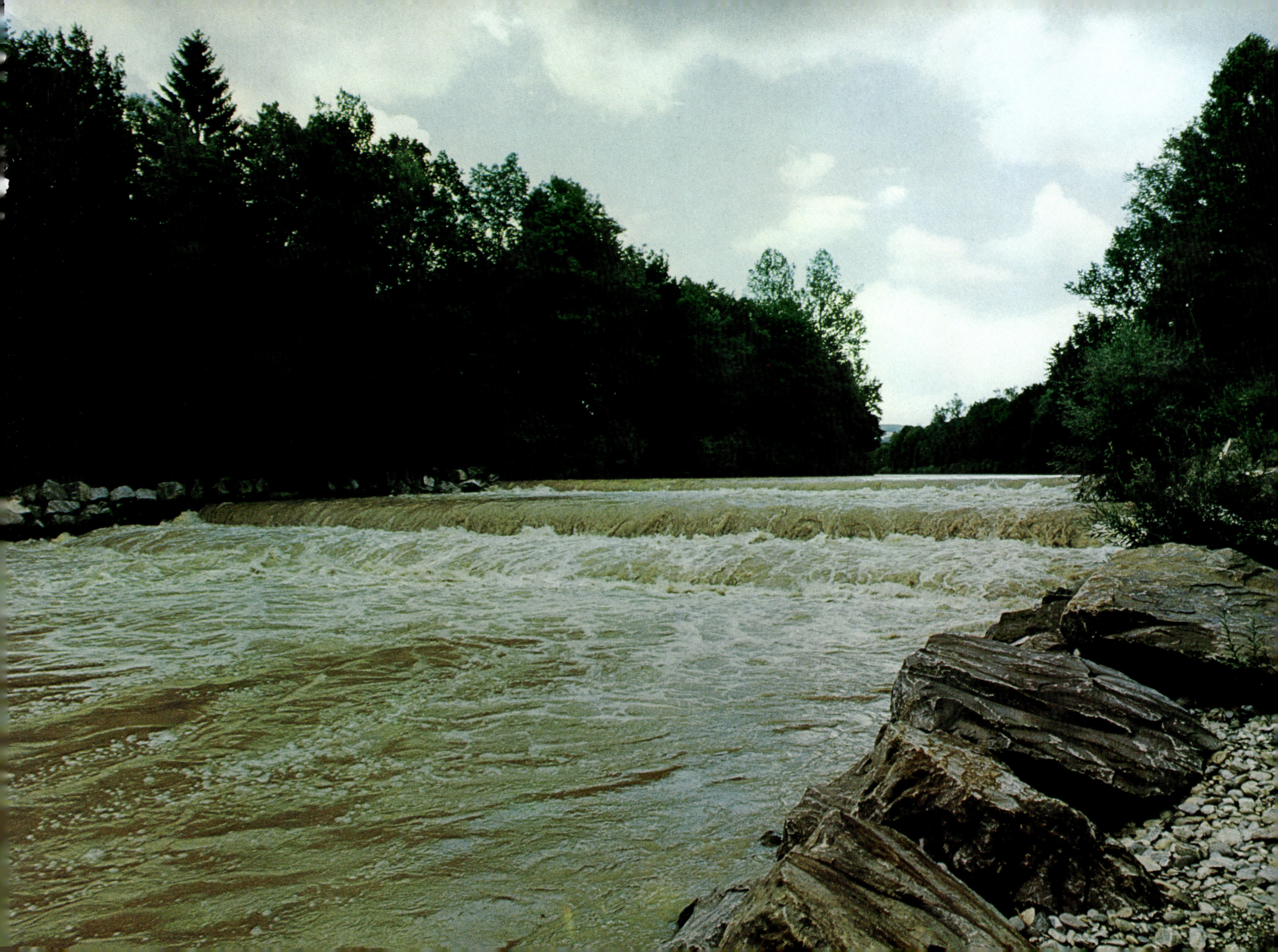

*Burgdorf. Strassen und Bahnen,
darunter die erste elektrische Vollbahn
Europas, die BTB, verbinden das einst
verträumte Landstädtchen mit der weiten Welt.
Die Emme, ehemals wichtiger Verkehrsträger,
hat seit dem Aufkommen der Bahnen ausgedient.*

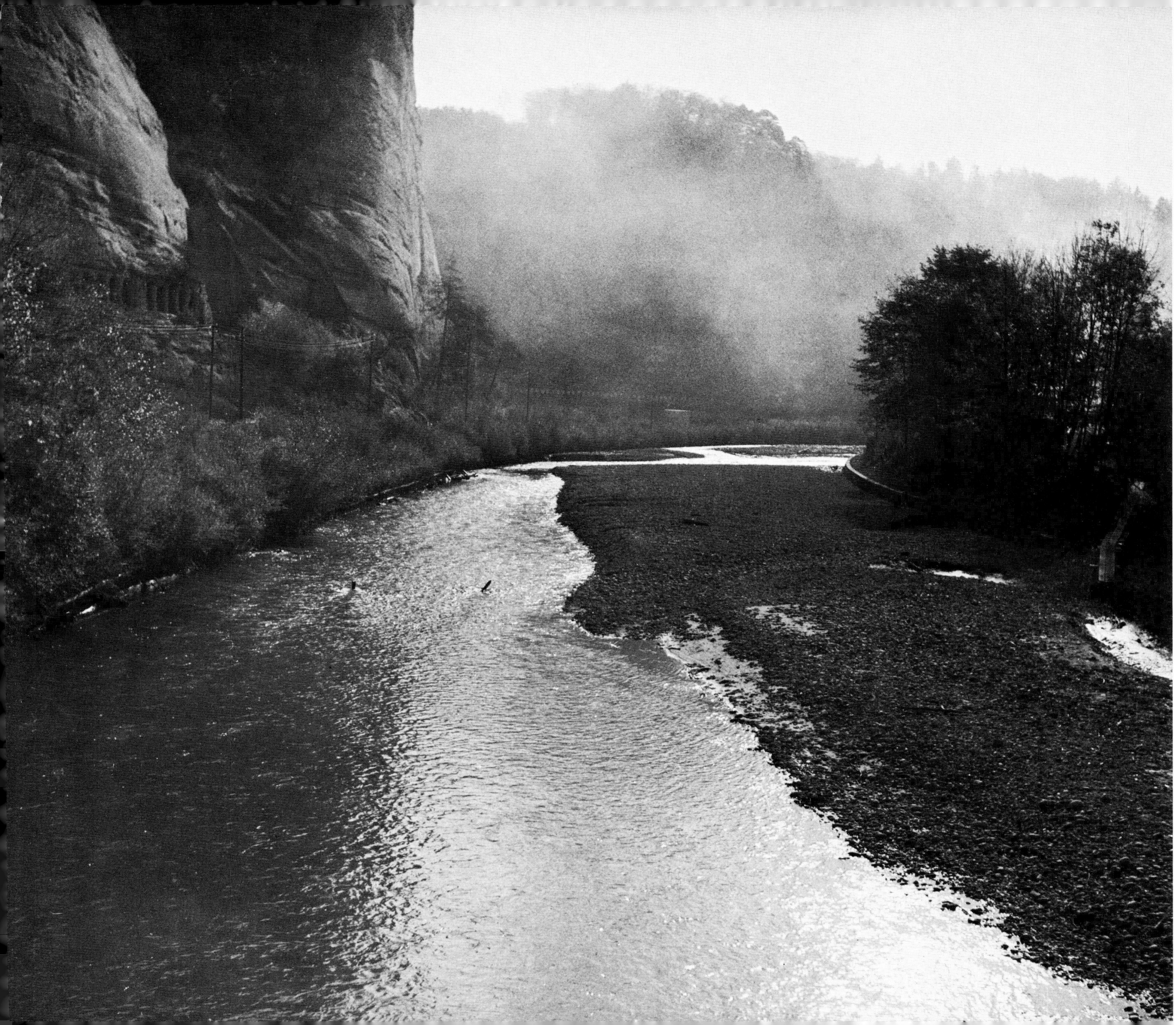

*Burgdorf. Die Schützenmatte, der Festplatz,
wo sich die Jugend noch heute an der Solennität,
dem Kinderfest, zu Spiel, Wettkampf und Reigen trifft.
Hier werden Ausstellungen und Springkonkurrenzen der
Reiter, Turnfeste und Kadettentage durchgeführt.
In den Flühen klettern die Buben seit alten Zeiten.
Von Süden, da wo der Emme abgezogenes Wasser
die ersten Turbinen treibt, nähert man sich der Stadt,
entweder auf dem sonnigen äusseren oder dem
schattigen inneren «Däntsch», dem Damm.*

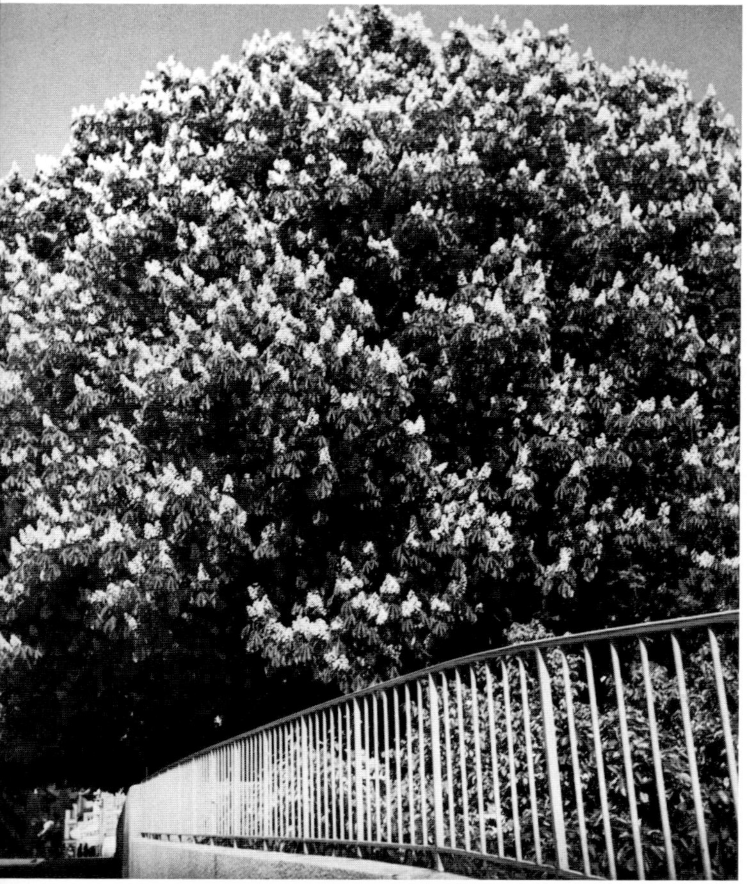

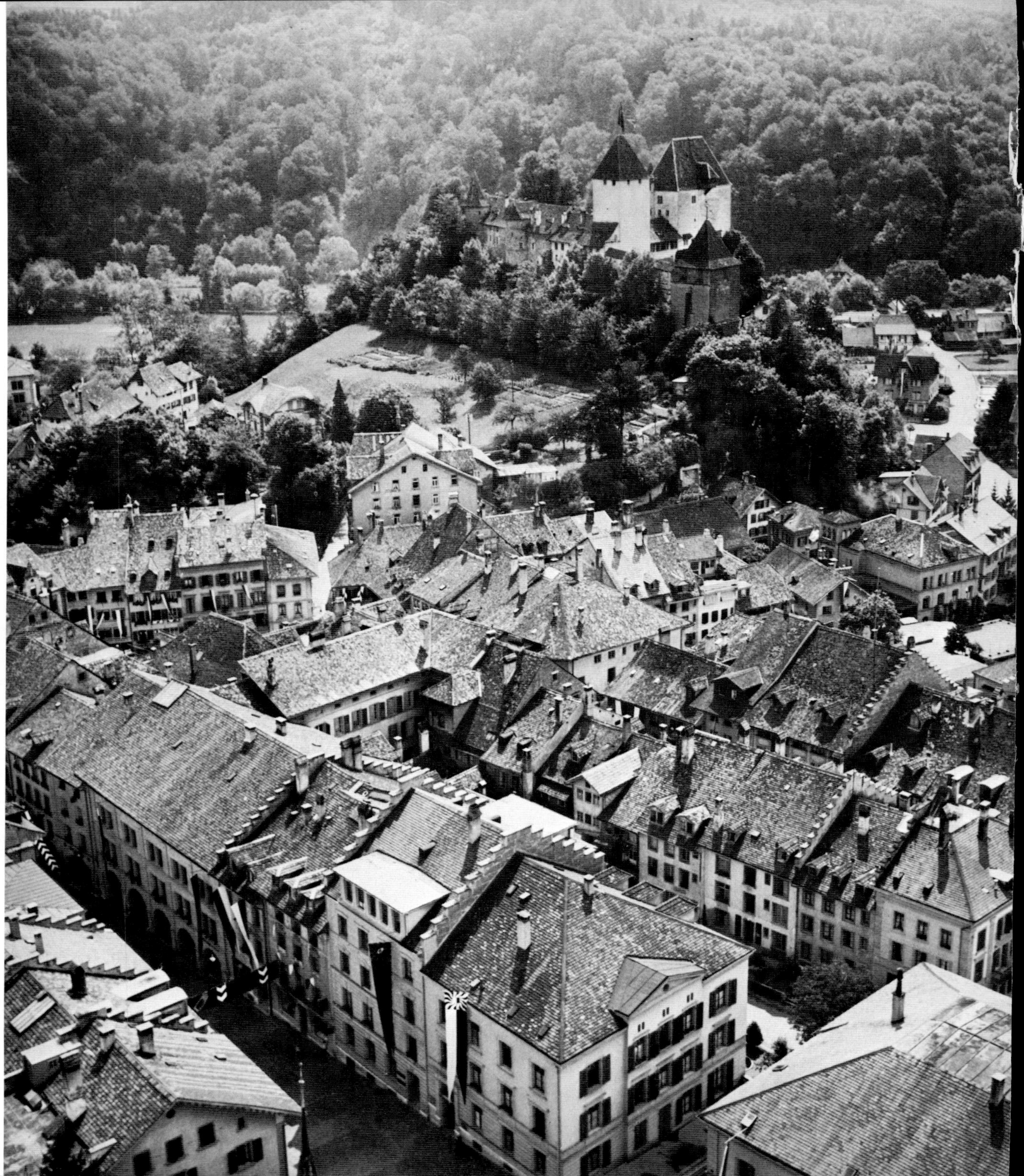

*Burgdorf. Metropole des Oberaargaus,
Tor zum Emmental und dessen Festung.
Aus einer zähringischen Residenz
hat es sich zur Industrie- und
Handels- und Schulstadt entwickelt.
Einst eine Republik in der Republik,
haben sich in Burgdorf bis heute
Reste geistiger Unabhängigkeit
erhalten.
Zähringen, Kiburg, Habsburg, Bern
waren nacheinander Landesherren.
Pestalozzi hielt im Schloss Schule;
die Brüder Schnell stürzten von hier aus
das Patrizierregiment, mit ihnen
verbunden war Gotthelf, der Gottes-
streiter, Politiker und Dichter.*

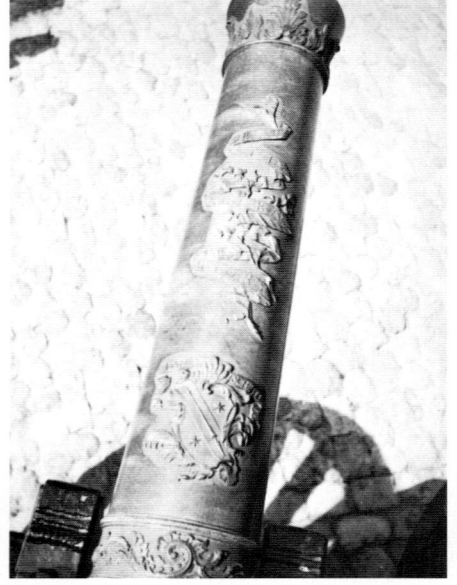

Der Handel mit Erzeugnissen und Produkten des Hinterlandes war und ist für Burgdorf wichtig. Die Maritz erfanden die erste Geschützbohrmaschine und kamen in Frankreich und Holland zu hohen Ehren. Das Geschlecht der Fankhauser, dessen Reichtum vom Leinwandhandel kam, stellte der Stadt tüchtige Venner, Bern erfolgreiche Offiziere und bis in unsere Zeit Gelehrte. Ihr einstiges Stadthaus enthält noch heute viele Kostbarkeiten, ein Prunkzimmer und den Prophetensaal. Heute ist das Haus der Sitz der Buchhändler- und Verlegerfamilie Langlois, die die ersten Werke Gotthelfs herausbrachte.

Die Solennität, das berühmte Kinderfest, zu dem die Burgdorfer aus aller Welt in ihre Jugendstadt zurückkehren. Seit zweieinhalb Jahrhunderten ist sie immer gleich schön.

Der Markt machte früher, neben der Ringmauer, die Stadt aus. Auch heute ist ein «Burgdorf-Märit», der Kalte oder der Maimarkt ein wichtiges, Stadt und Land verbindendes Ereignis.

Burgdorf erhielt einst als Auszeichnung für Tapferkeit einen Goldreif um sein Stadtwappen. Heute ist Burgdorf eine «Stadt im güldnen Ring», wenn auf den Höhen, der unteremmentalischen Landschaft und den Ebenen der oberaargauischen Kornkammer das Korn reift.

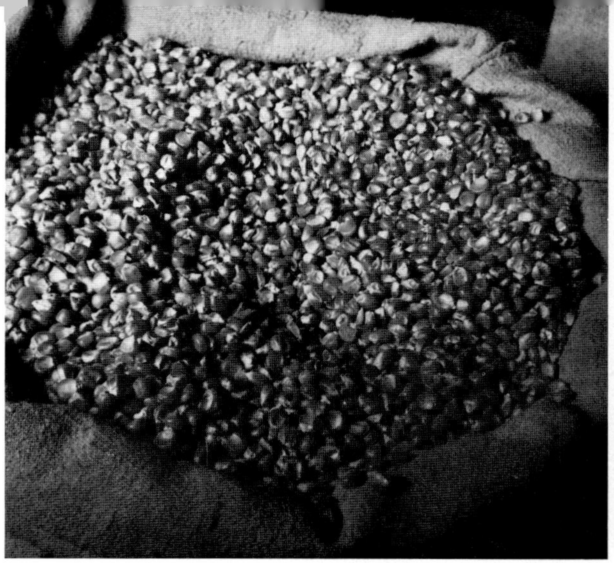

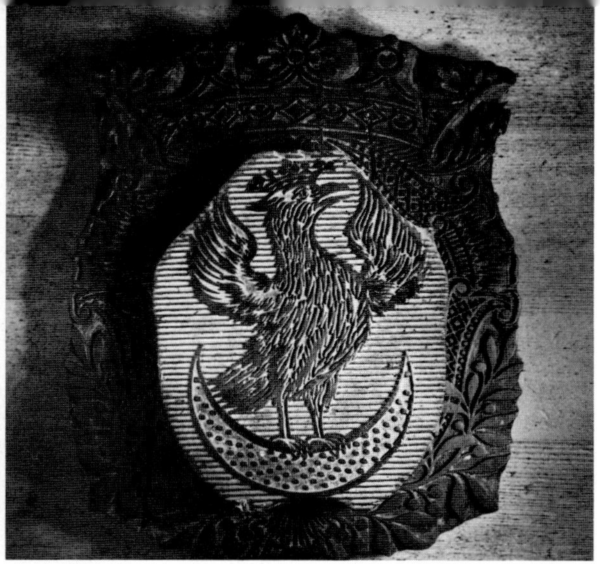

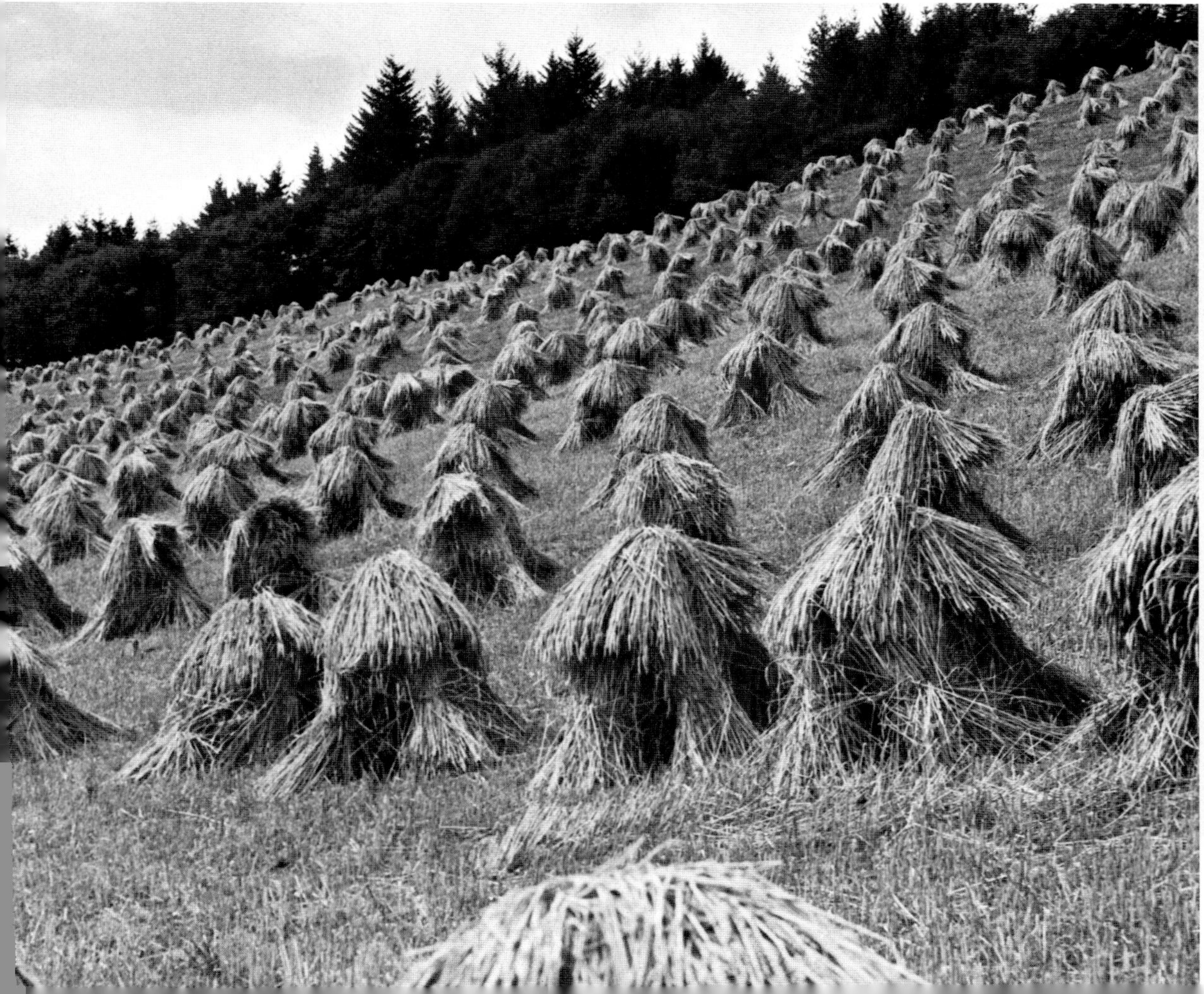

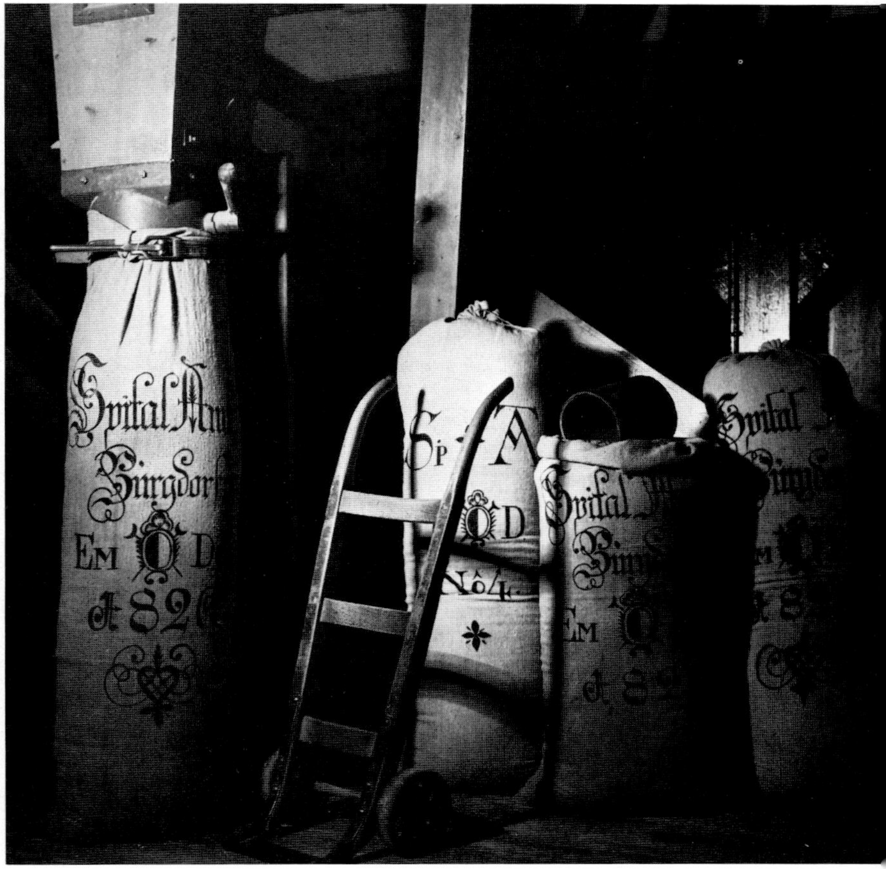
Spital
EM

Für Kenner ist das Baden im Fluss schöner als in jedem andern Gewässer. Vom Lohberg ob Ersigen hat man eine eindrückliche Rundsicht über die grosse Ebene der Kornkammer.

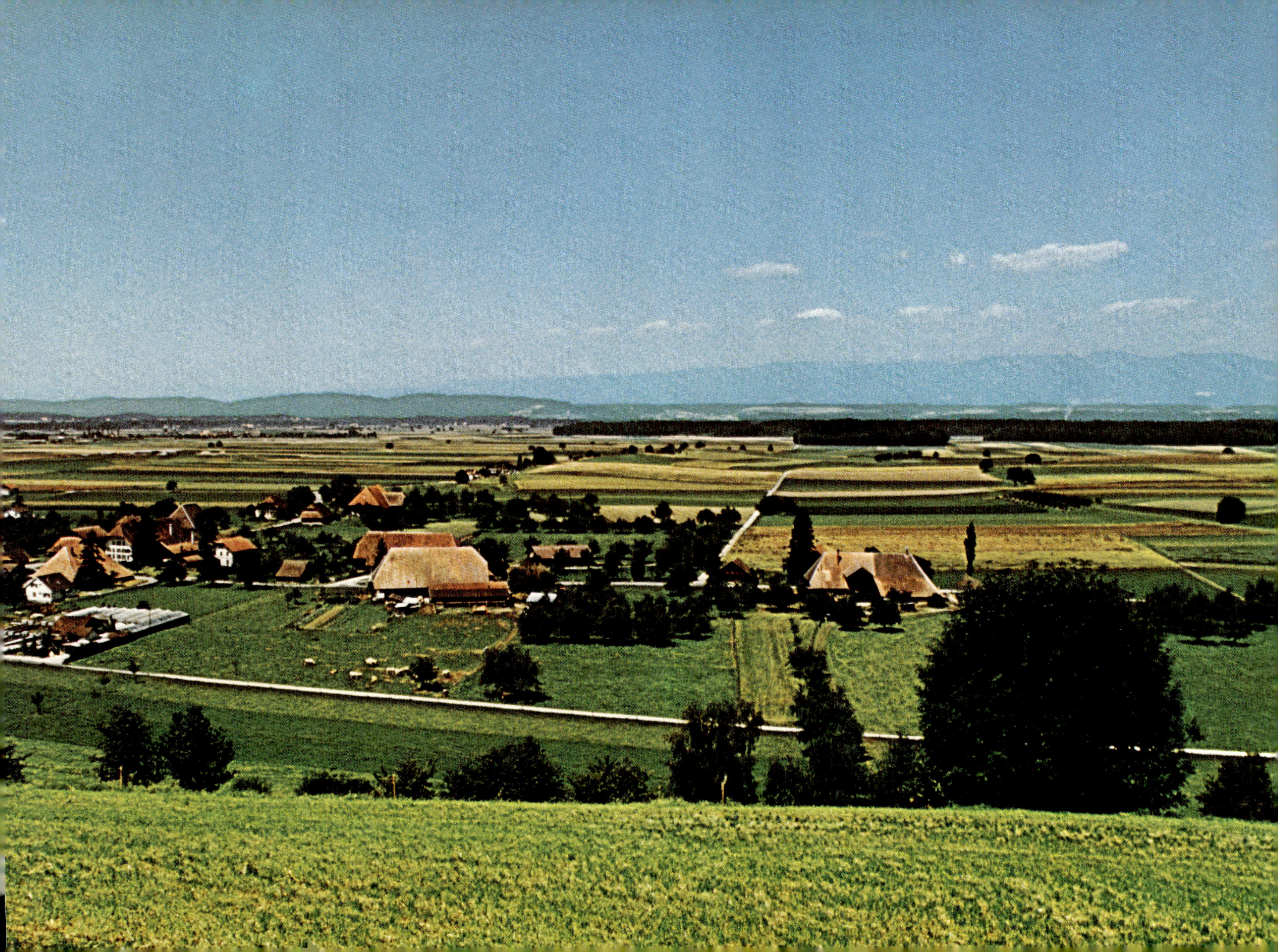

*Kirchberg, ein reiches Industriedorf.
Am einstigen «Königshof» vorbei führt
heute die Autobahn über die Emme.*

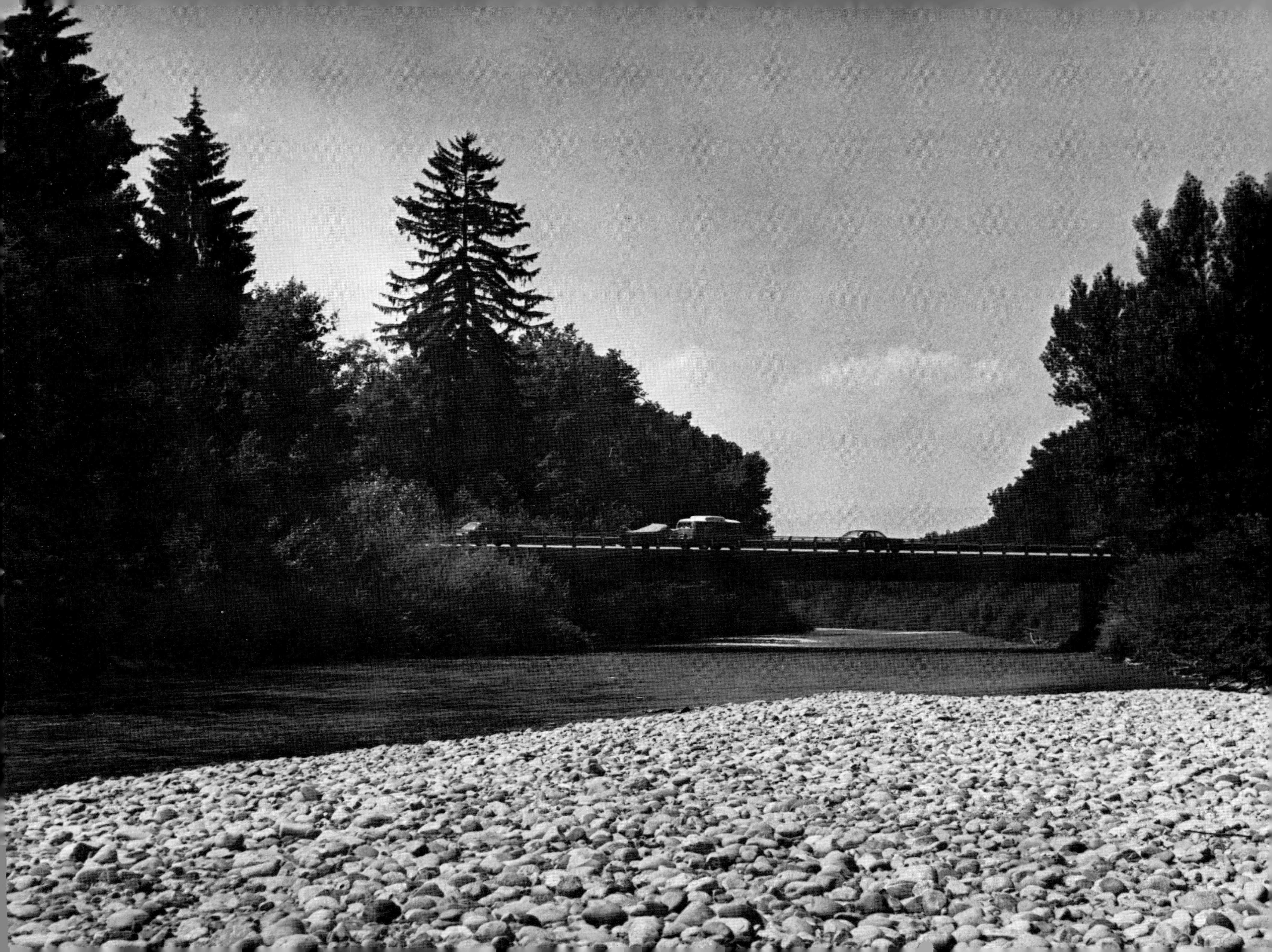

Bei der «Tromschweli», dem Querriegel, hofft ein Fischer auf Beute. Diese Schwellen sollen das Auskolken des Emmebettes durch den zu stark korrigierten Fluss verhindern.

Das Herrenhaus des Kleehofs bei Kirchberg ist ein bernisches Denkmal. Bevor Pestalozzi nach Burgdorf ging, war er Elève bei dem grossen Pionier des Landbaues, Johann Rudolf Tschiffeli, durch dessen Methoden die Gegend zur Kornkammer wurde. Die Emme bei Kirchberg.

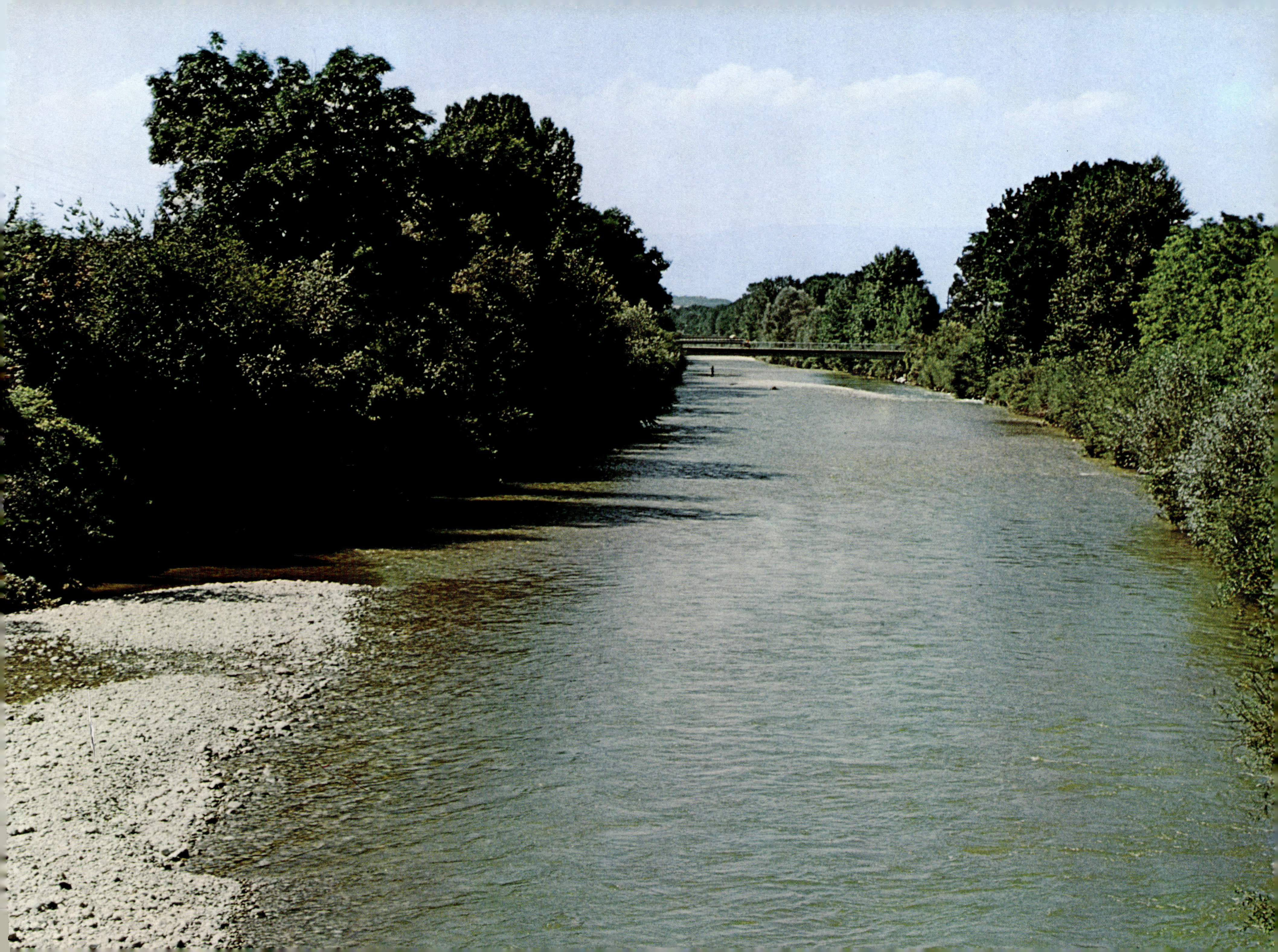

In der weiten Ebene, der Kornkammer, das reiche Utzenstorf. Hier lernte Gotthelf das Bauernleben kennen. Der «Spycher» von Annebäbi Jowäger, ein Meisterwerk handwerklichen Könnens. Neben dem Dorf das Wasserschloss Landshut, uralt, vorzähringisch, später Dichtersitz, dann Mittelpunkt eines Amtes. Das «hüpsch adelich kleinot» birgt heute in seinen Mauern das Schweizerische Jagdmuseum.

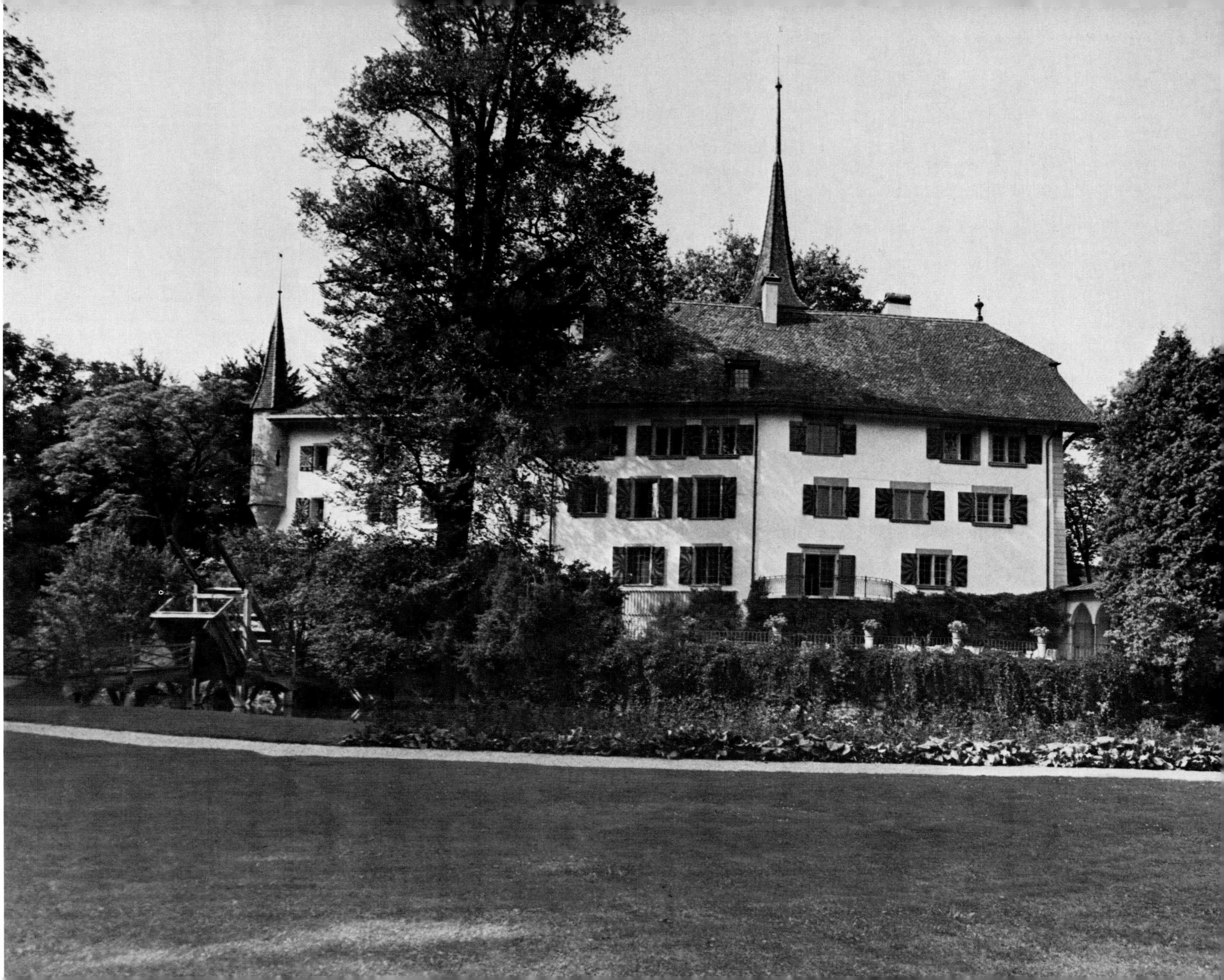

Oberhalb von Bätterkinden mündet die Urtenen in die Emme, der aber gleich wieder Wasser abgezogen wird. Kanäle und kanalisierte Emme, beidseitig von Wald und Schachenwald begleitet, am Rande der grossen Ebene; das einstige Wildwasser scheint gezähmt.

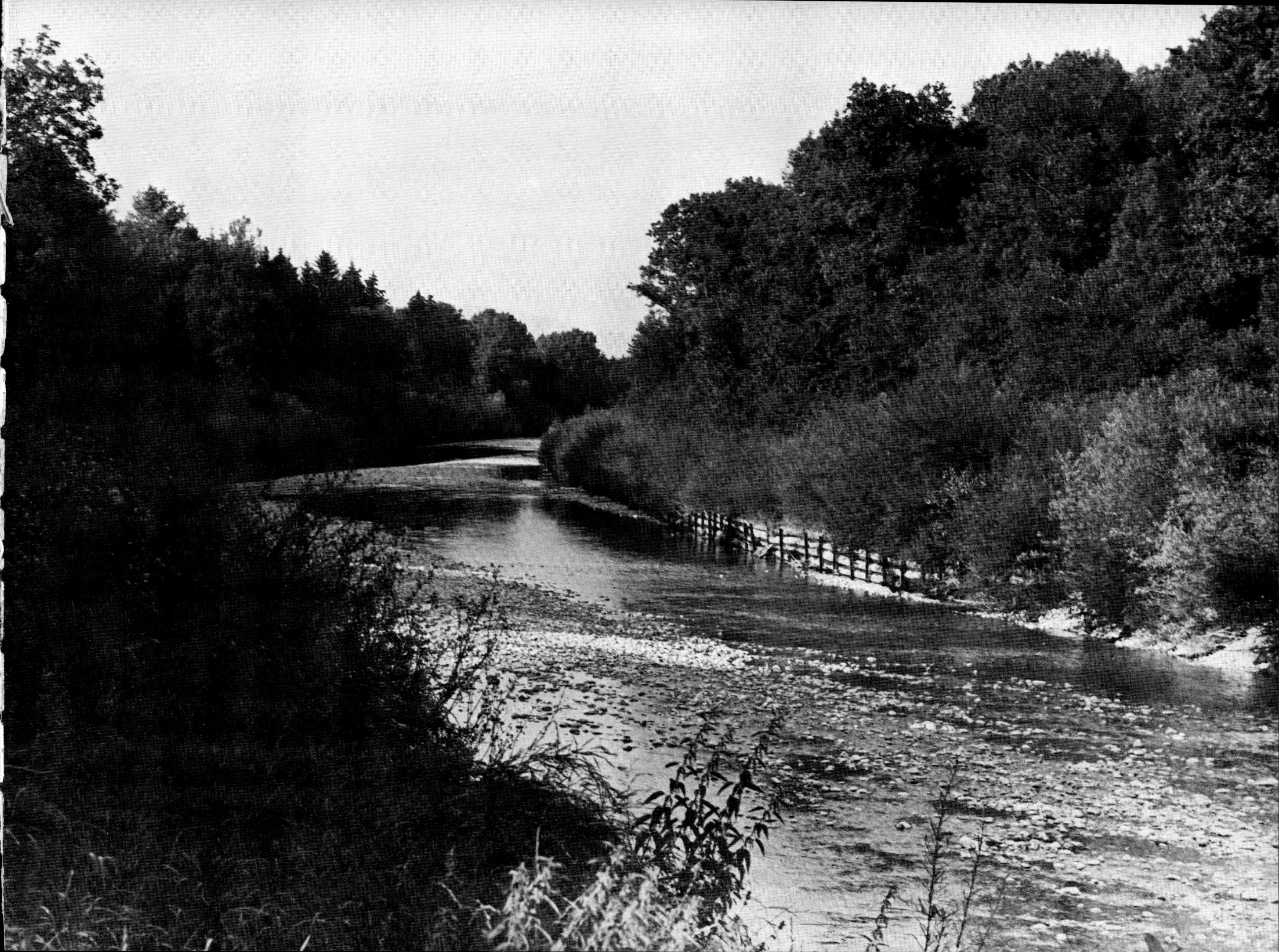

*2500 Meter vor der solothurnischen
Grenze befindet sich eine Kontrollstation
des Gasverbundes.
Unter einem Steg mündet der Limpach
in die Emme.
Gegenüber dem Industriedorf Wiler
liegt, langgezogen, der Altisberg,
mit Flühen und schönem Wald.
Diesem entlang fliesst die Emme
durch eine wenig gestörte Landschaft.*

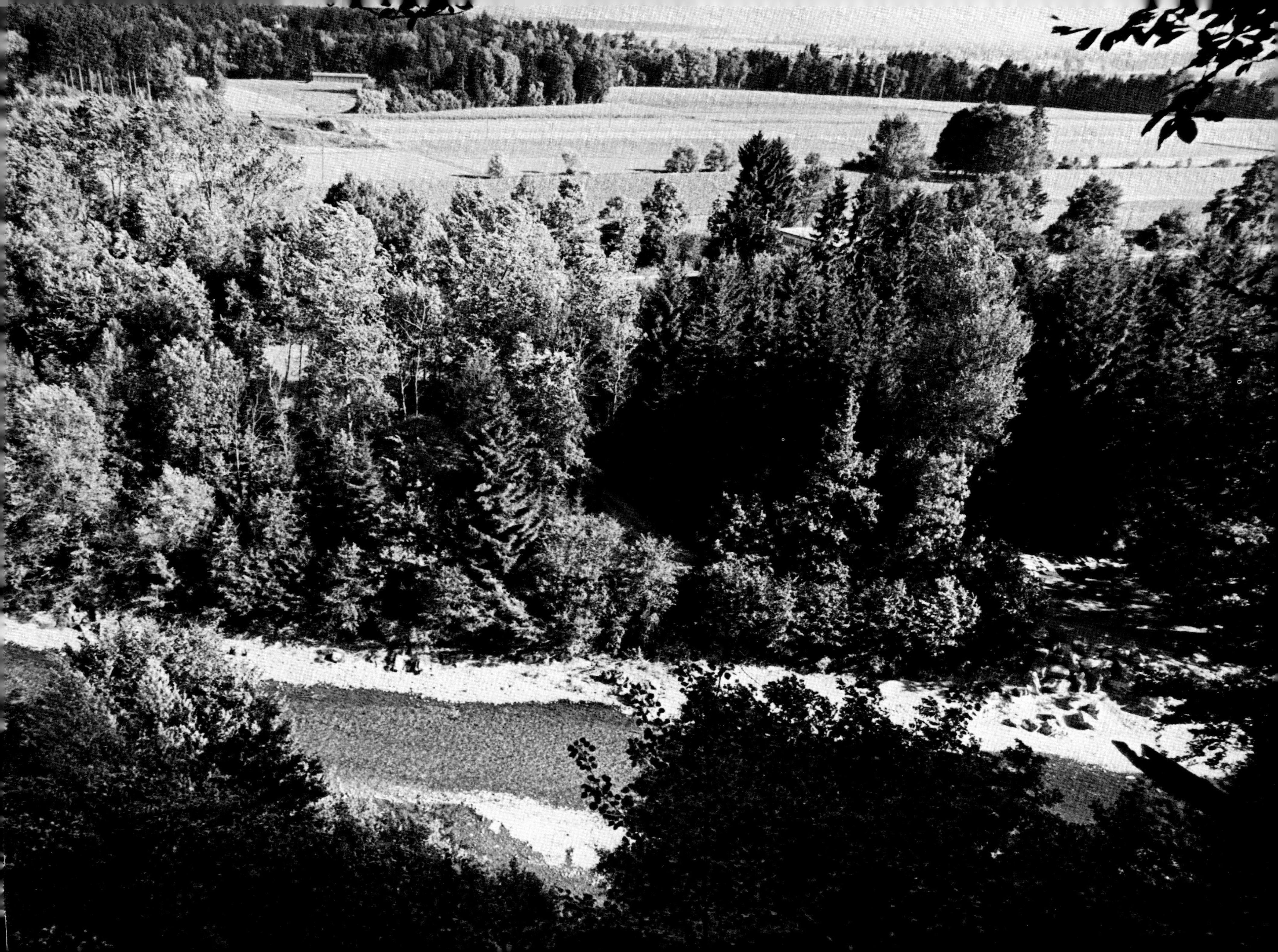

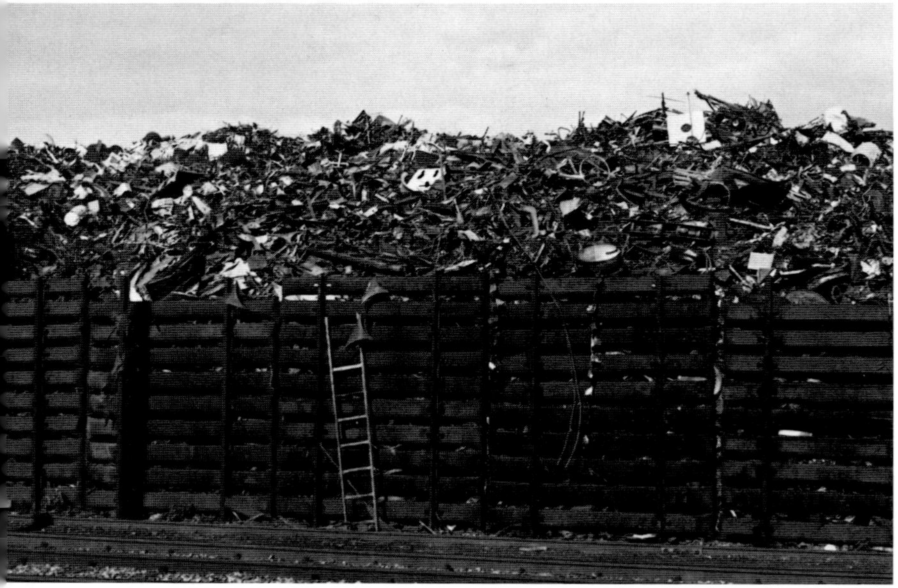
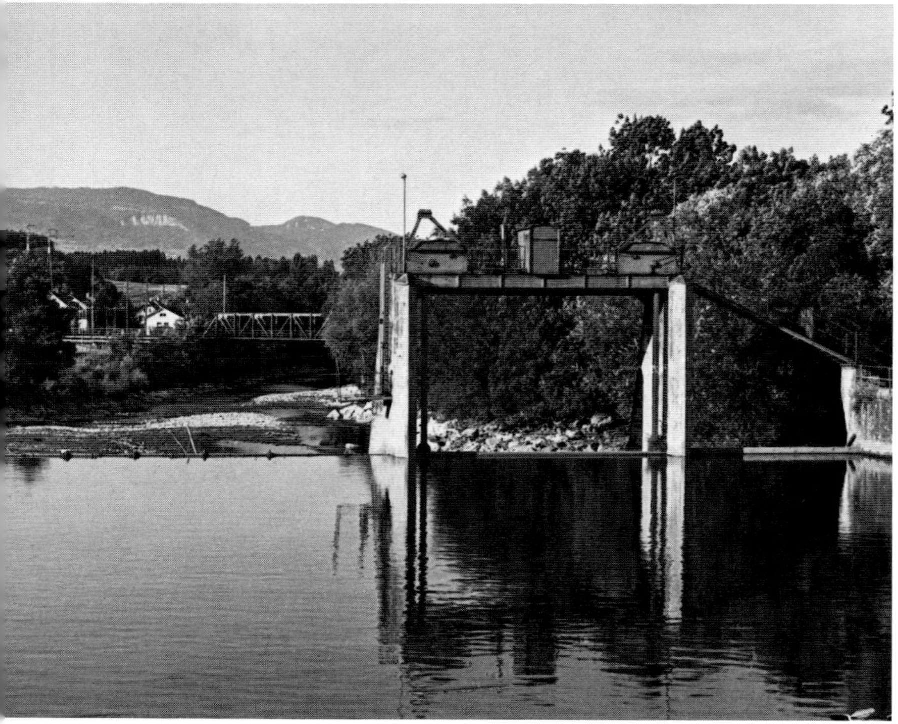
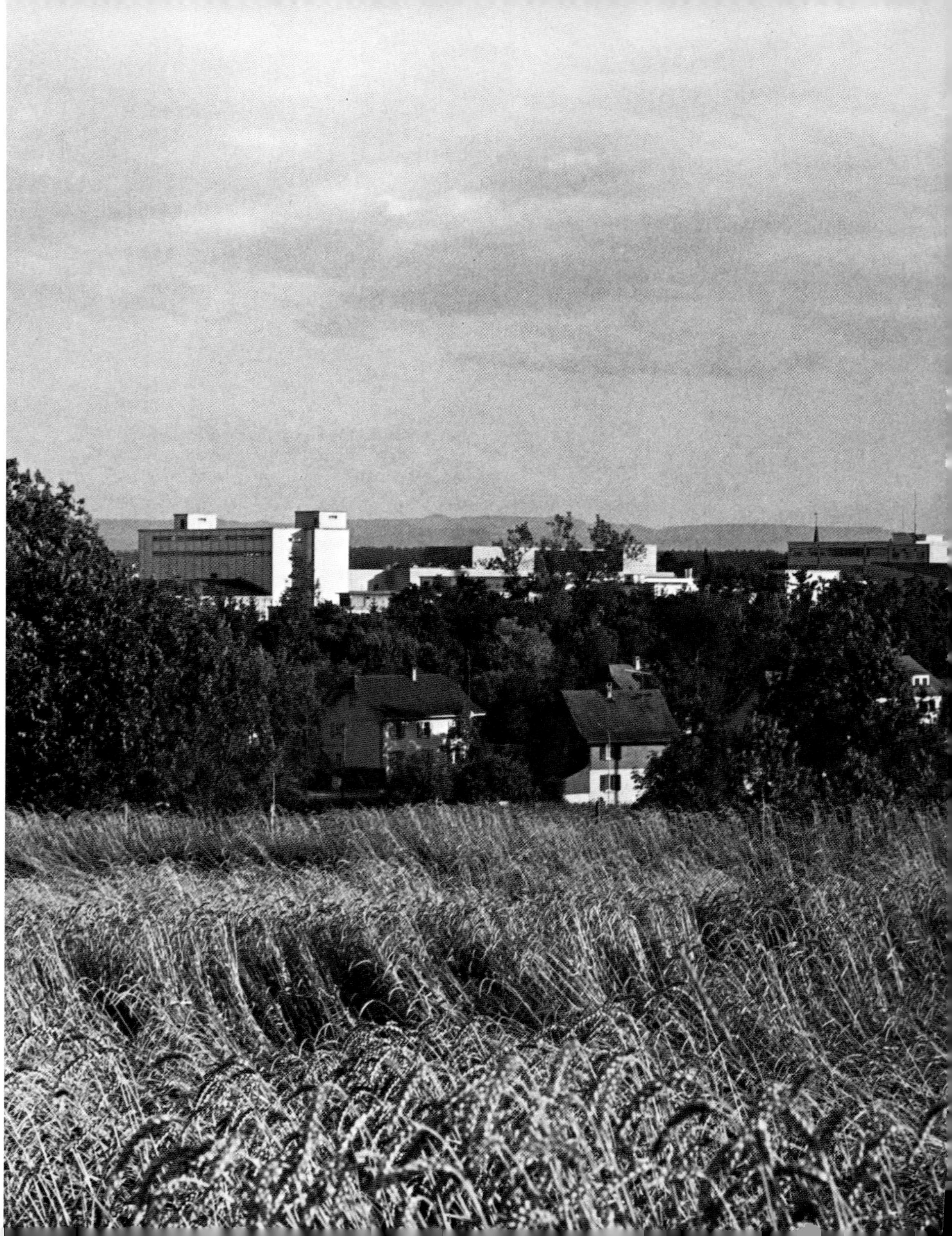

*Gerlafingen mit den Von-Roll-Eisenwerken,
die sich bis auf Biberister Boden ausdehnen.
Biberist mit der Papierfabrik und all den
dazwischen und angrenzend entstandenen Fabriken
prägt diese Region. Trotzdem, schnell ist man,
sei es von der Fabrik oder von den Wohngebieten,
mitten im Bauernland oder im Wald.*

*Nächste vier Seiten:
Die Emme nähert sich immer mehr dem Jura,
dem blauen Schild des Landes, zu dessen Füssen
die Aare, geklärt in manchem See, dahinzieht.
Bald wird sie die Emme aufnehmen, die nach
80 Kilometern ihren Lauf beendet hat.*

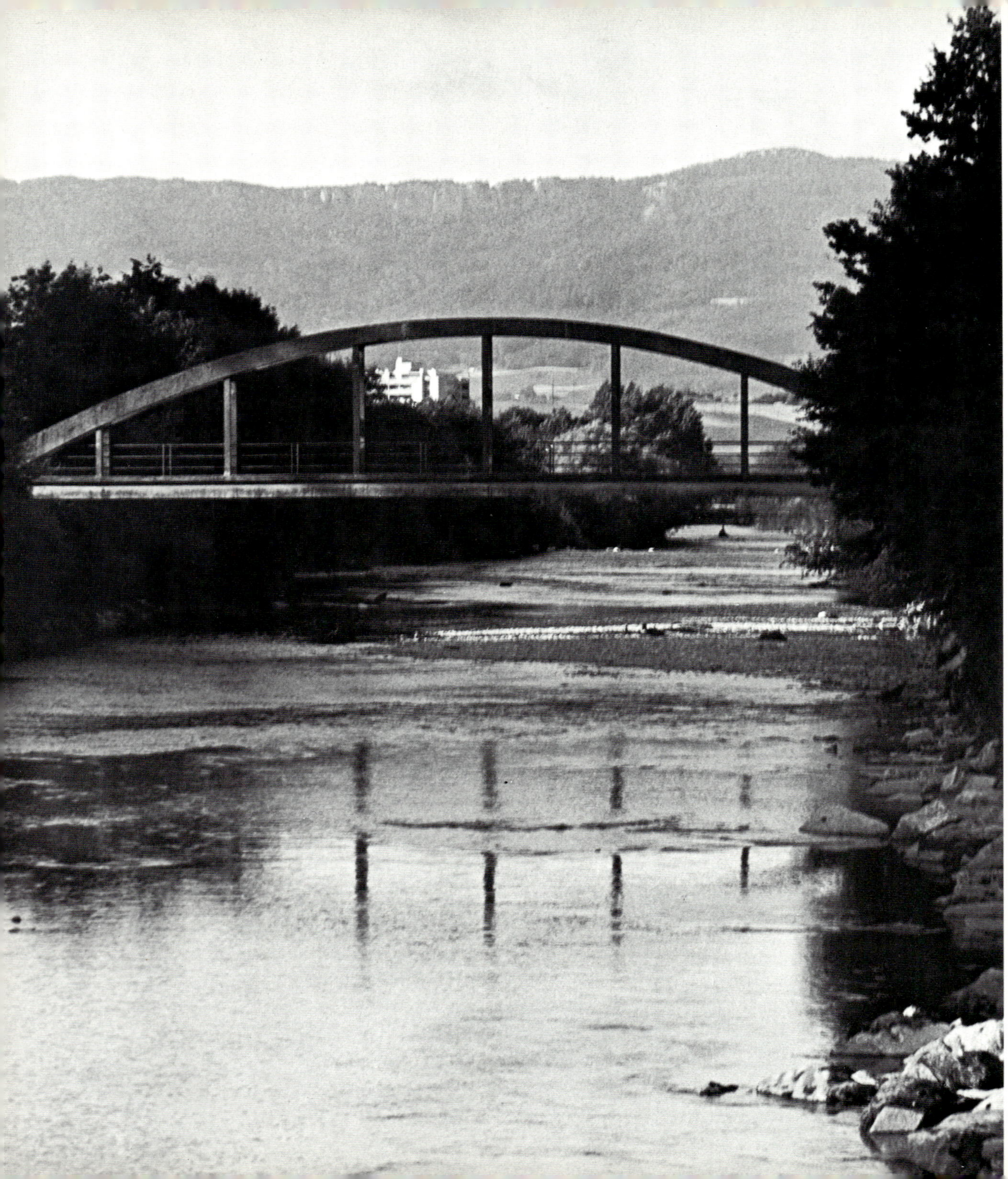

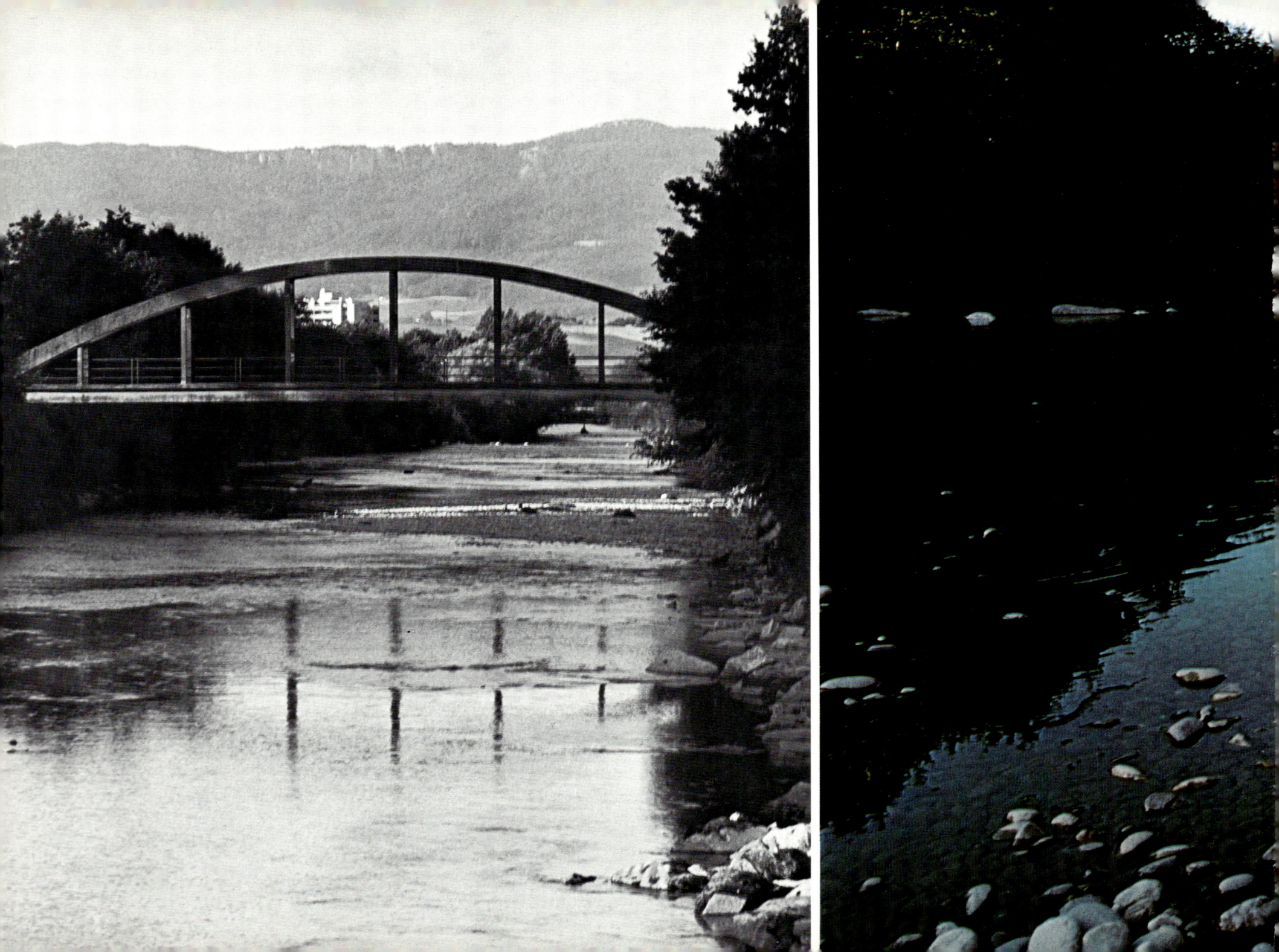

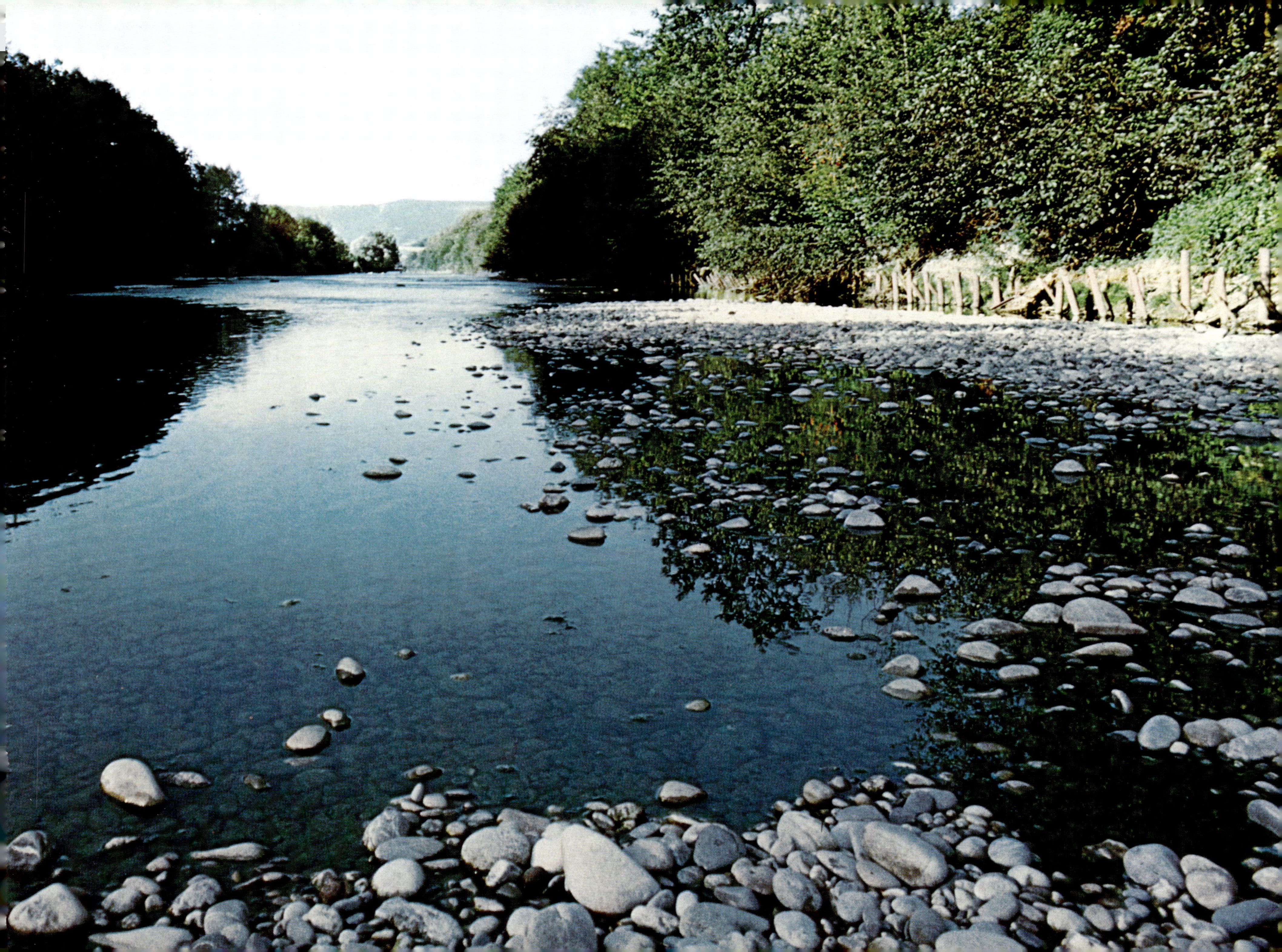

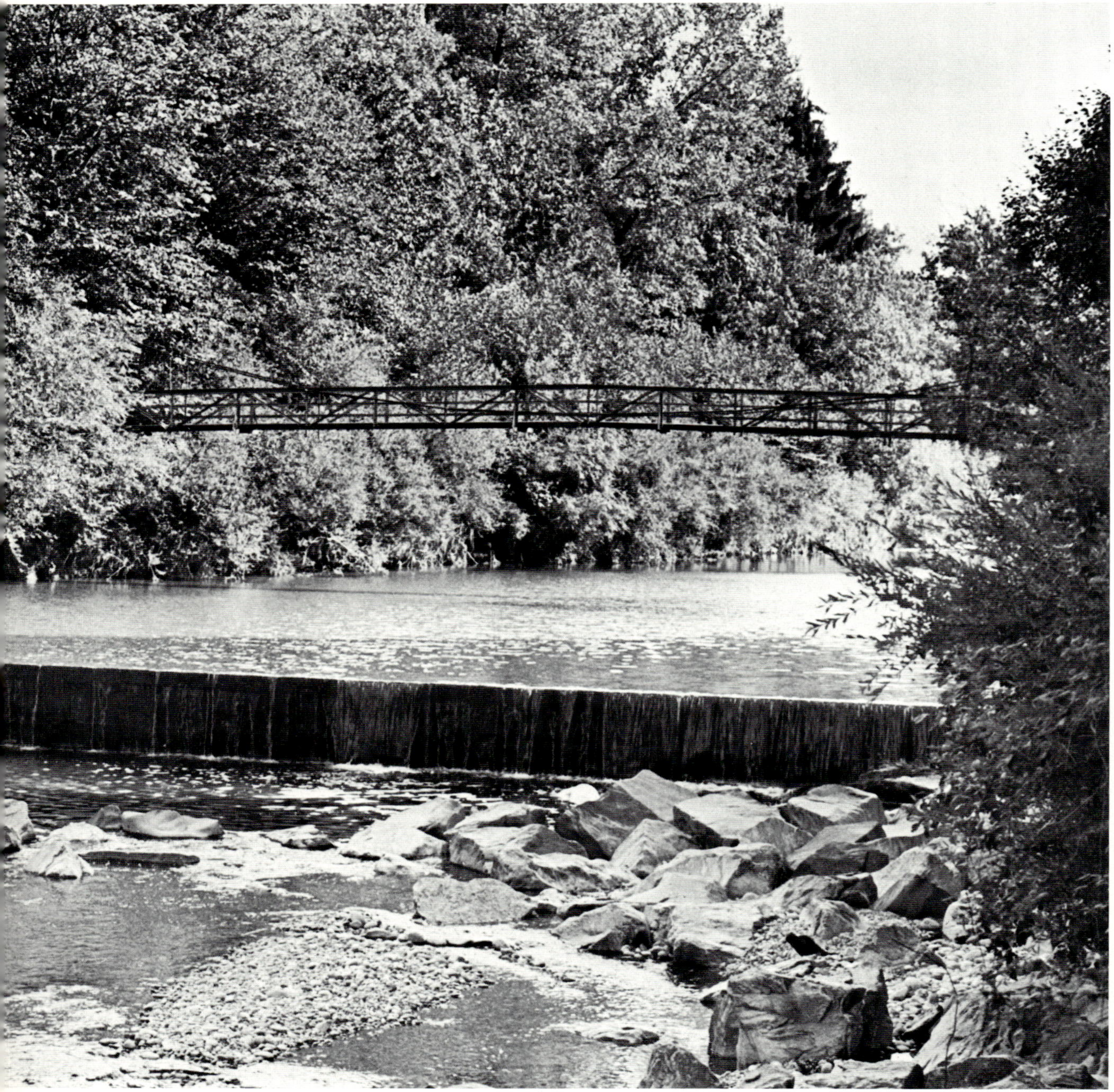
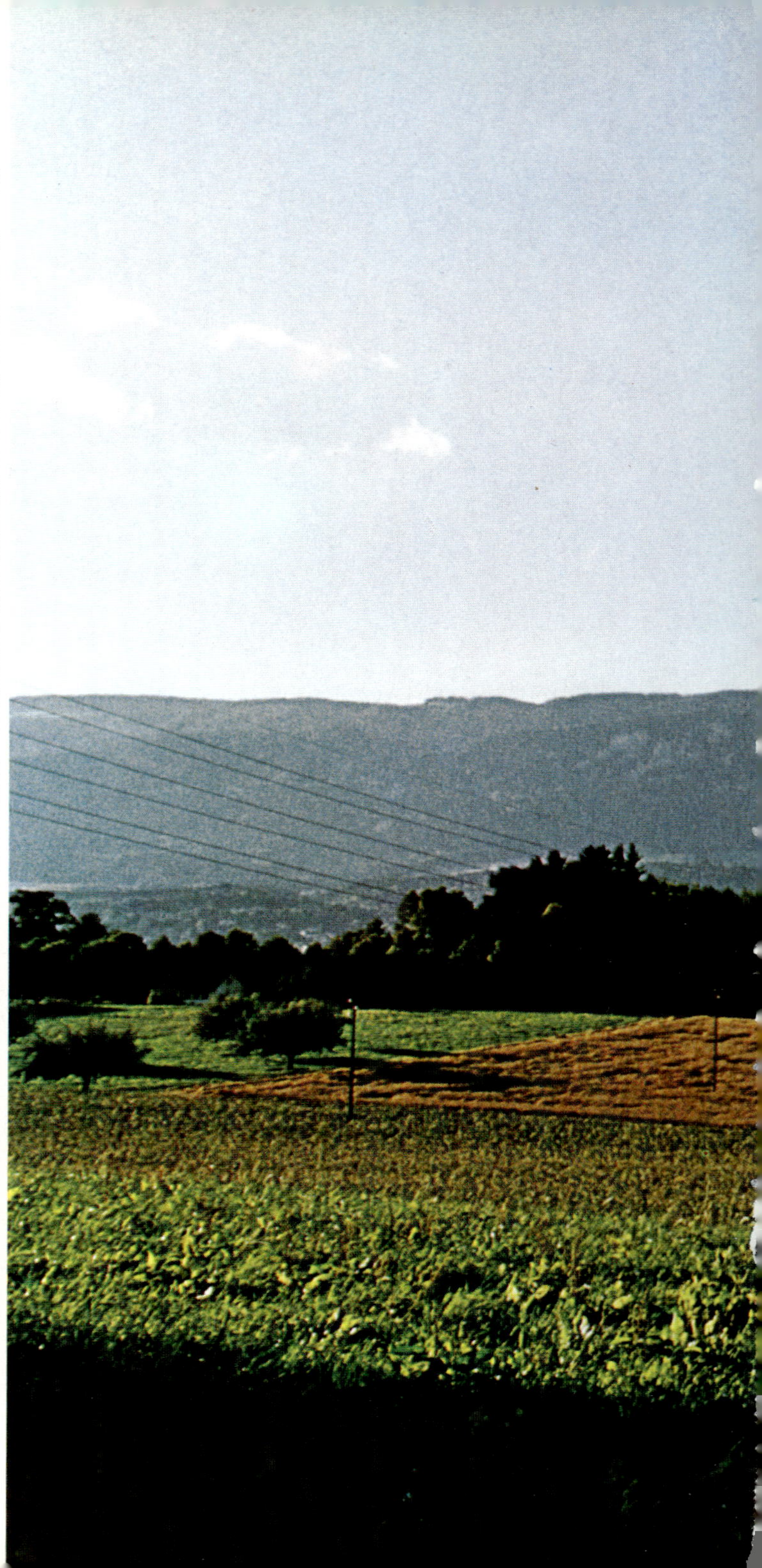

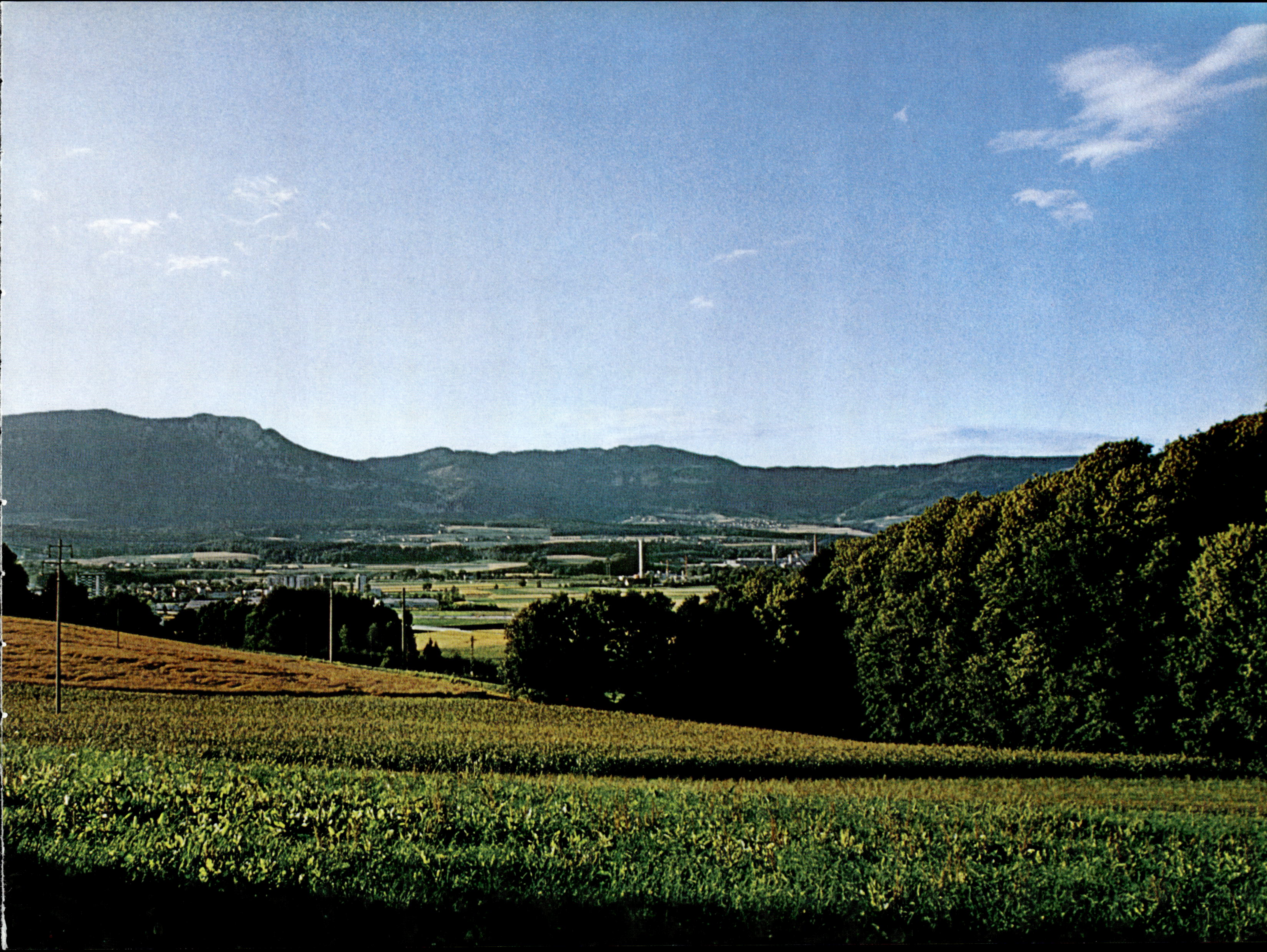

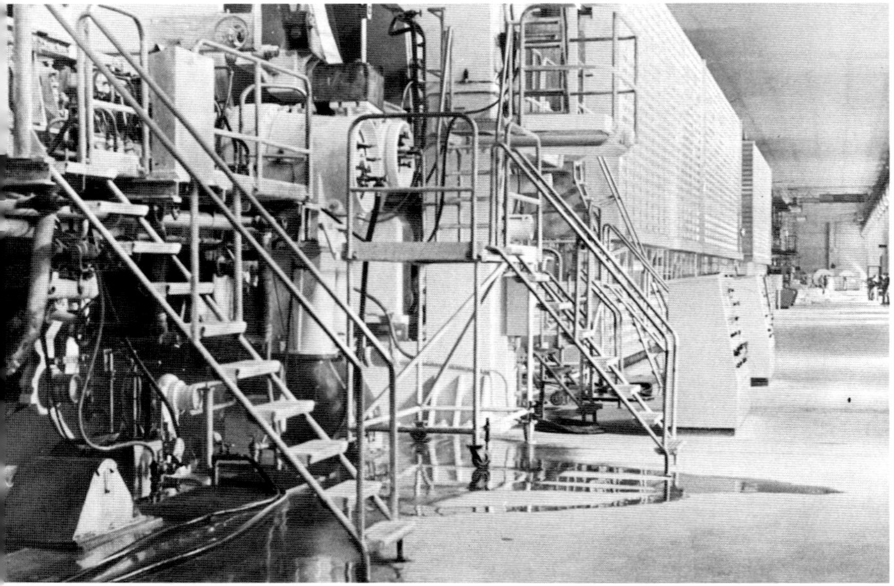

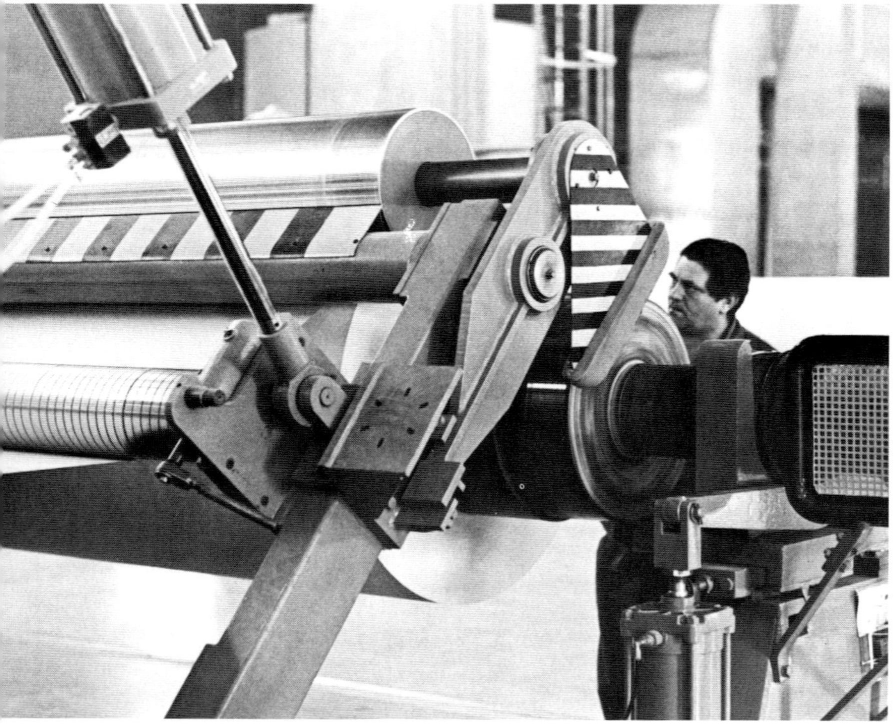

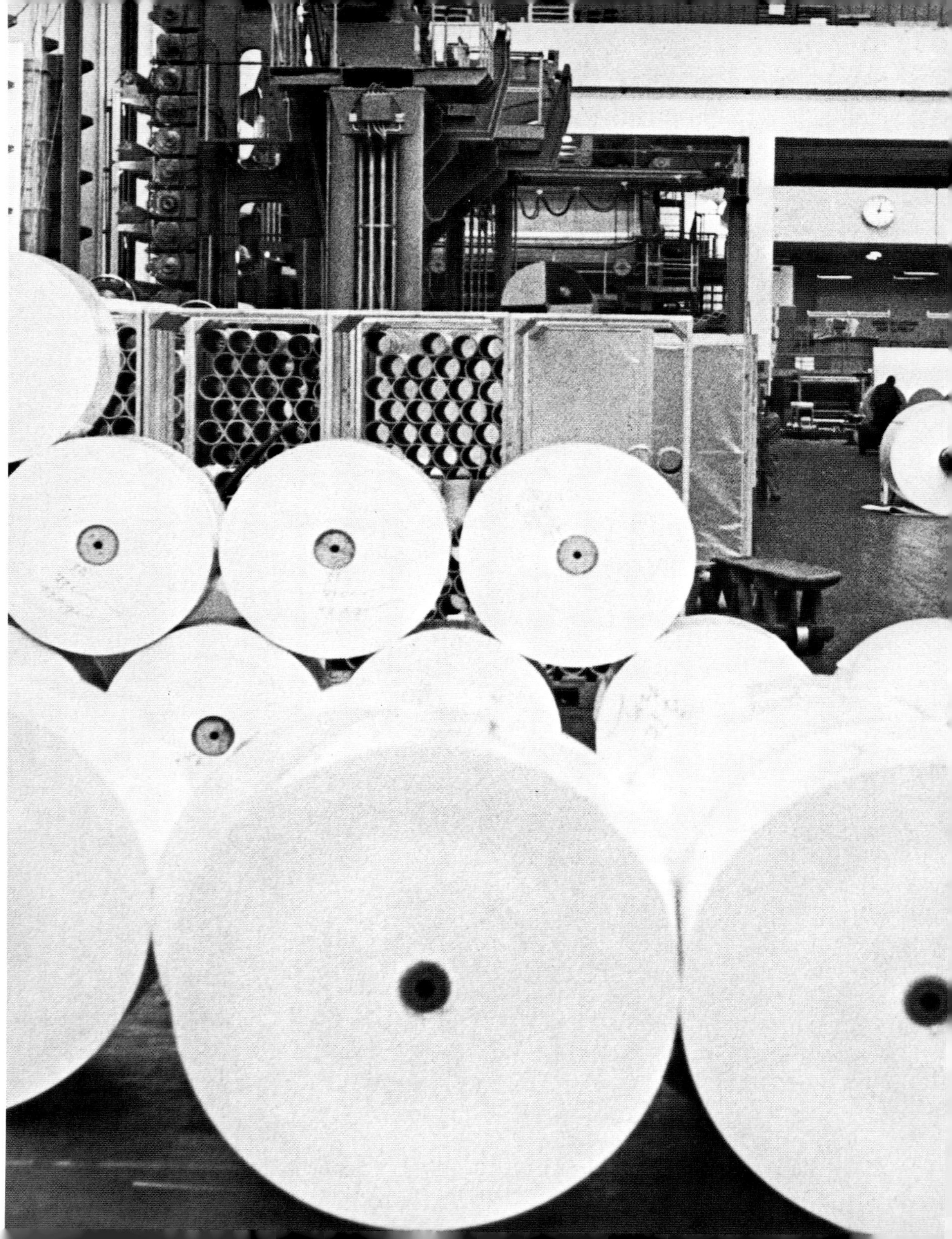

*Die Papierfabrik Biberist und die Von-Roll-
Eisenwerke in Gerlafingen, beide gerade
wegen der Emme hier angesiedelt,
sind Grossbetriebe. Sie geben einer wachsenden
Bevölkerung Arbeit und Brot und dem Land eine
gewisse Unabhängigkeit.*

*Die Kraft des Wildflusses scheint gebrochen, Teile seines Wassers sind in Kanäle abgeleitet, das Kiesbett flach geworden, die Steine kleingeschliffen;
doch dieses Bild kann täuschen, denn immer noch verfrachtet die Emme mit den Hochwassern grosse Mengen Geschiebe in die Aare, mit der sie sich beim Emmenspitz vereint.*

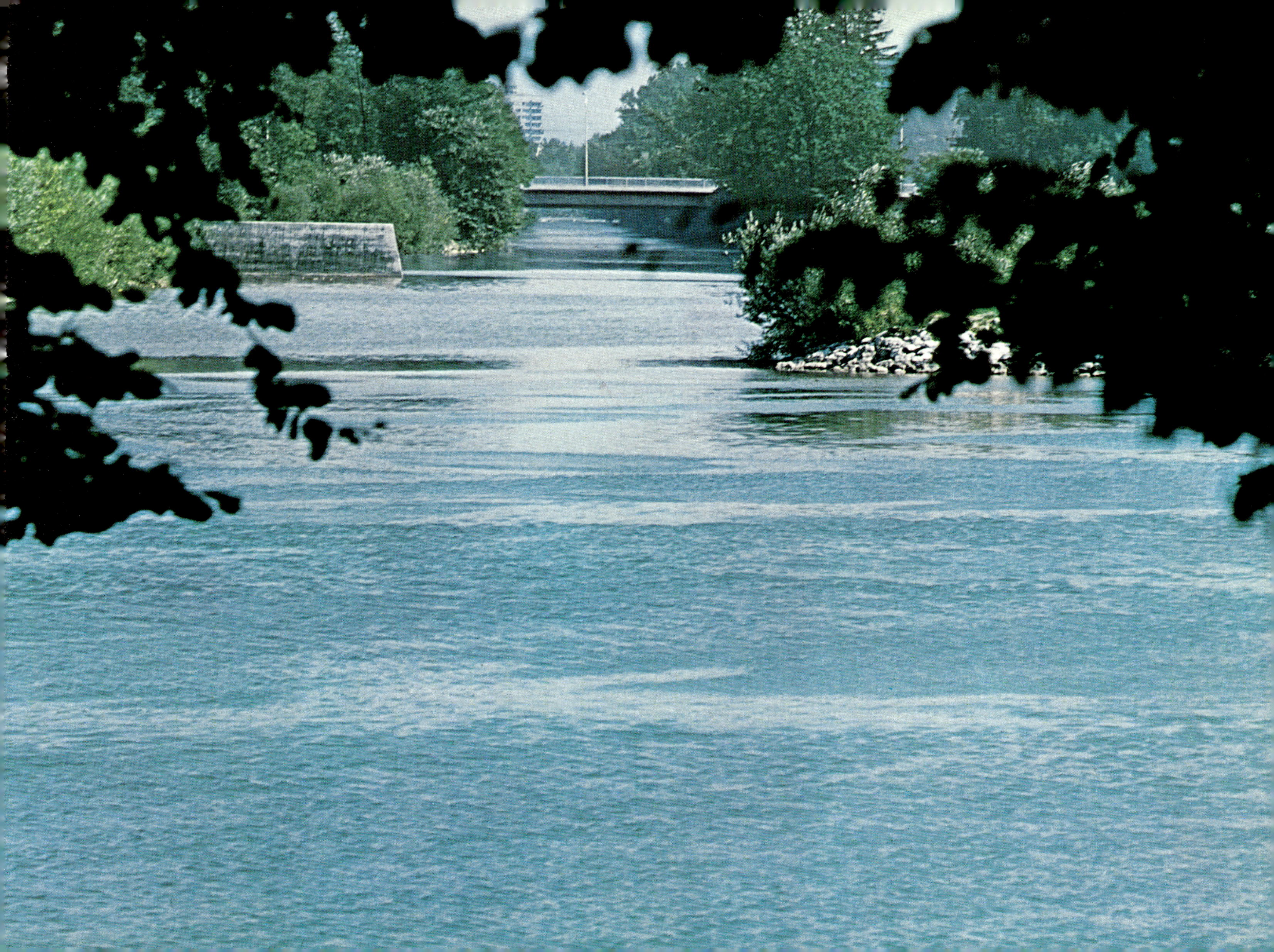

Inhalt

Vorwort — 5

Das Wildwasser aus den Hochweiden — 7

Die junge Emme in Hochtal und Schlucht wird ein Fluss — 19

Die Emme – Herrin einer Landschaft — 36

Die Region Burgdorf — 83

Die Emme fliesst durch die Kornkammer von Bern — 91

Die Emme als Industriefluss — 105

Dieses Werk wurde in der Vogt-Schild AG,
Druck und Verlag in Solothurn, hergestellt.
Der Text wurde in 14 Punkt Times-Antiqua
auf Film gesetzt. Der Druck erfolgte im
Offsetverfahren. Das Papier lieferte die
Papierfabrik Biberist. Die Aufnahmen stammen
von Walther Stauffer, die Zeichnungen von
Christine Egger. Der Text von René Neuen-
schwander wurde vom Verlag bearbeitet.
Die grafische Gestaltung besorgte Rudolf Käser.
Sämtliche Fotolithos haben 60er-Raster und
wurden von Schädeli + Bugman in Thun her-
gestellt. Den Einband führte die Buchbinderei
Burkhardt in Zürich aus.

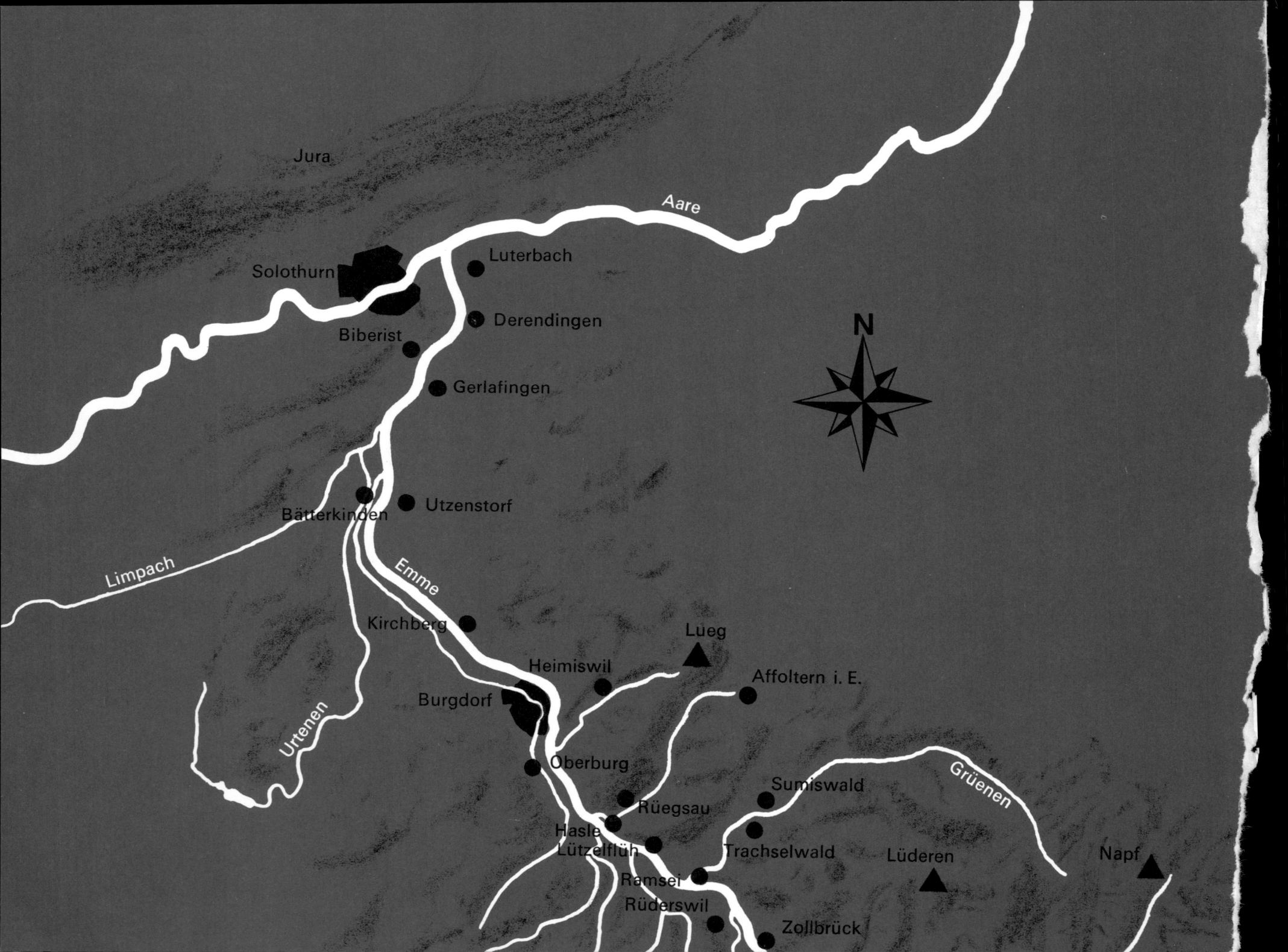